Marina Küffner

Auflehnung, Antriebslosigkeit, Antidepressiva und Apokalypse
Existenzielle Rebellion im Film seit James Dean

Marina Küffner

Auflehnung, Antriebslosigkeit, Antidepressiva und Apokalypse

Existenzielle Rebellion im Film seit James Dean

MÜHLBEYER
FILMBUCHVERLAG

Bibliografische Information der Deutschen Nationalbibliothek:
Die Deutsche Nationalbibliothek verzeichnet diese Publikation in der Deutschen Nationalbibliografie; detaillierte bibliografische Daten sind im Internet über http://dnb.d-nb.de abrufbar.

Inh. Harald Mühlbeyer
Frankenstraße 21a
67227 Frankenthal
www.muehlbeyer-verlag.de

Lektorat, Gestaltung: Harald Mühlbeyer
Umschlagbild: Andreas Faessler
Umschlaggestaltung: Steven Löttgers, Löttgers-Design Birkenheide

ISBN: 978-3-945378-25-0
Druck: BoD, Norderstedt
Printed in Germany

Inhalt

Danksagung:

Es handelt sich bei dem vorliegenden Buch um meine Magisterarbeit, die ich am 8. Februar 2013 beim Fachbereich 10 der Neueren Philologien im Fach Filmwissenschaft an der Goethe-Universität Frankfurt eingereicht habe.

Ich möchte bei diesem Anlass gern meinem Betreuer Prof. Dr. Vinzenz Hediger sowie dem Zweitkorrektor Dr. Ralf Adelmann für die Annahme des Themas und die Unterstützung danken.

Außerdem möchte ich den zahlreichen Menschen meinen Dank aussprechen, die mir in der langen Phase des Schreibens zur Seite standen und all meine Launen ertragen haben. Andreas, Anja, Artemis, Claudia, Farnoush, Hanna, Julia, Juliane, Katja, Max V., Melanie, Nina, Sabine, Timo, Tristan, Valeska – fürs Korrekturlesen, unterstützen oder schlichtweg ablenken danke ich euch von Herzen – und allen, die ich hier vergessen habe.

Besonderer Dank gebührt meinen Eltern, die sich trotz meines Wunsches, brotlose Kunst zu studieren, nie beschwert haben und immer für mich da waren, sowie meinem Verleger Harald Mühlbeyer für seine konstruktive Kritik und Begeisterung.

1. Einleitung

»[James Dean is] not our hero because he was perfect, but because he perfectly represented the damaged but beautiful soul of our time.«[1] Andy Warhol beschreibt in diesem Satz treffend die Bedeutung von James Dean, deren Auswirkungen in dieser Arbeit als Ausgangspunkt zur weiteren Analyse dienen. Er deutet neben der Person an sich noch einen weiteren Grund für die große Popularität Deans an: Die gesellschaftlichen Aspekte, die er als »damaged but beautiful« beschrieb. Die 1950er Jahre waren ein sehr widersprüchliches Jahrzehnt. Auf der einen Seite materieller Wohlstand in den Vororten, eine florierende Wirtschaft und politische Macht der USA, auf der anderen Seite Angst vor einem nuklearen Angriff, vor Schwarzen, vor Homosexuellen und dem Kommunismus.

Teenager wurden als neue Zielgruppe für Filme entdeckt, da diese durch viel Freizeit und Konsummöglichkeiten in die Kinos gelockt werden konnten. Diese Gruppe war auch bedeutend am Erfolg von Deans Filmen beteiligt; ein Fan schrieb an das *Life*-Magazin:

> To us teenagers, Dean was a symbol of the fight to make a niche for ourselves in the world of adults. Something in us that is being sat on by convention and held down was, in Dean, free for all the world to see.[2]

1 Andy Warhol, zit. in Springer, Claudia: *James Dean Transfigured: The Many Faces of Rebel Iconography*, Austin: University of Texas Press, 2007, S. 19

Keine andere Figur hat das Image des rebellierenden Teenagers so sehr geprägt wie Deans Interpretation des Jim Stark in REBEL WITHOUT A CAUSE / DENN SIE WISSEN NICHT, WAS SIE TUN (Nicholas Ray, USA 1955)[3]. Der Film kann als Archetyp des Teenagerfilms gesehen werden. Jugendkriminalität steht im Mittelpunkt des Films; der Film versucht die in den 1950er Jahren verbreitete psychologische Erklärung für Kriminalität unter reichen Jugendlichen darzustellen. Diese stützt sich nicht auf das gesellschaftliche Umfeld, sondern auf die dysfunktionalen familiären Beziehungen, die für das negative Verhalten der Jugendlichen verantwortlich sind. Jim Stark nimmt durch Provokation von Mitschülern an gewaltsamen Mutproben mit tödlichem Ausgang teil und findet bei zwei Freunden, Jim und Judy, Unterstützung, die er bei seinen überforderten Eltern und dem Polizeioffizier Ray vergeblich sucht.

Als Ausgangspunkt dieser Arbeit wird der Film mit Hilfe von fünf Punkten untersucht:

1) der psychologische Ansatz
2) die Entstehung einer allgemeinen Weltuntergangsstimmung
3) Gewalt gegenüber den Eltern und unter den Mitschülern
4) Das Finden von Gleichgesinnten und Ausdruck von Gefühl und der damit verbundenen (unterschwelligen) Sexualitätsfindung

2 Zit. in: Frascella, Lawrence und Weisel, Al: *Live Fast, Die Young*, New York: Touchstone, 2005, S. 238; Alexander, Paul: *Boulevard of Broken Dreams: The Life, Times, and Legend of James Dean*, New York: Viking, 1994, S. 267 und in Spoto, Donald: *Rebel: The Life and Legend of James Dean*, New York: Harper Collins Publishers, 1996, S. 265. In letzterem wird auch der Name der Autorin genannt: Margaret Moran aus Cleveland, Ohio.

3 Im Folgenden: REBEL

5) die Entstehung von Deans Image anhand seiner Rolle und seines Outfits, ausgehend vom ›Coolness‹-Begriff, den wir anhand Claudia Springers und Ulf Poschardts Definitionen besprechen.

Weitere Analysehilfen sind: Stephen Lowrys Aufsatz »Stars und Images«, Rainer Winters filmsoziologischen Bedeutungsdefinitionen und Roland Barthes' Beschreibung der geschichtlich verankerten Mythen sowie Arthur Millers aktualisierte Definition von einem tragischen Helden in seinem Aufsatz »Tragedy and the Common Man«. Ziel dieser Analyse ist es, eine Erklärung für die nachhaltige Wirkung des Images von James Dean bzw. Jim Stark zu finden.

Dieses universelle Image lässt sich mit vielen verschiedenen Bedeutungen aufladen. James Dean steht – ähnlich wie Marlon Brando – für einen in den 1950er Jahren neuen Männertypus im Film. Hier lässt sich ein klarer Bruch mit der starren, heterosexuellen Männlichkeit etwa eines John Wayne feststellen. Diese Veränderung des Männlichkeitsbildes im Film ist eine der Grundgedanken dieser Arbeit. James Dean, um es mit Claudia Springers Worten zu sagen, »became a posthumous symbol of the constellation of disaffected youth, death by car crash, rebellion, and ambiguous sexuality«.[4]

Mit Hilfe einer Analyse dieses durch James Dean geprägten Images soll die hier vorliegende Arbeit dazu dienen, Filme, die sich mit dem

4 Springer, a.a.O., S. 13

Coming-of-Age[5] männlicher Figuren beschäftigen, zu untersuchen. Dabei geht es insbesondere darum, eine Verbindung zu der von James Dean geprägten Leinwandpräsenz des existenziellen Rebellen herzustellen. Darunter wird die Entwicklung verstanden, sich gegen das gewohnte Umfeld abzugrenzen und sich eine eigene, zufriedenstellende Existenz aufzubauen.

Festzuhalten ist, dass es sich bei den hier aufgeführten Filmen nur um eine Auswahl handelt. Jugend-Kultfilme wie EASY RIDER (Dennis Hopper, USA 1969) oder BONNIE UND CLYDE (Arthur Penn, USA 1967) werden nicht behandelt, da sie ein Leben außerhalb der Gesellschaft stilisieren, wohingegen Jim Starks größtes Ziel die Integration in die Gesellschaft ist. THE GRADUATE / DIE REIFEPRÜFUNG (Mike Nichols, USA 1967) auf der anderen Seite porträtiert die Zerrissenheit der Anpassung und Abgrenzung, die sich auch in REBEL finden lässt. THE GRADUATE, ein Film, der die 1960er Jahre geradezu definiert[6], zeigt jedoch thematisch starke Abweichungen zu den Kernthemen dieser Arbeit. Obwohl der Protagonist Benjamin Braddock (Dustin Hoffmann) gegen die traditionellen Konventionen seiner Zeit kämpft, liegt der Schwerpunkt nicht auf der Selbsterkenntnis und -befreiung, sondern auf der Affäre, die Benjamin mit einer älteren Frau, Mrs. Robinson (Anne Bancroft), hat. Trotzdem kann man den Film als Ausgangspunkt der Gegenkultur der 1960er Jahre sehen, die die individuelle Selbstbestimmung und das freie Ausleben von Sexualität vorantreibt.

5 Unter Coming-of-Age wird hier das Übertreten der Schwelle zwischen Jugend- und Erwachsenenalter verstanden.

6 Vgl. Palmer, William J.: *The Films of the Nineties: A Decade of Spin*, New York: Palmgrave Macmillan, 2009, S. 8

Die Filme des *New Hollywood* zielten also auf etwas anderes ab: Sie waren durchzogen von einer Aufbruchstimmung, die traditionelle Normen umstürzen wollten. Als Stichwort lässt sich neben THE GRADUATE auch noch HAROLD AND MAUDE / HAROLD UND MAUDE (Hal Ashby, USA 1971) angeben, in dem eine Affäre zwischen einer 79jährigen Frau und einem Teenager erzählt wird; ebenso zeigt George Lucas' AMERICAN GRAFFITI (George Lucas, USA 1973) den nostalgischen Rückblick einiger High School Absolventen auf ihre Jugend, bevor sie mit dem »Ernst des Lebens« beginnen. Dabei fahren sie die ganze Nacht in ihren Autos durch die Stadt und versuchen ihre Freiheit voll auszukosten. Dieser komplette Umsturz der Normen oder die Verdrängung von Anpassung sind in diesen Filmen zentrale Leitidee. Die klassischen Erzählstrukturen, in der ein Held eine bestimmte Aufgabe zu erfüllen hatte und in der sowohl Drehbuch, *Mise-en-Scène* als auch die Handlungen Hinweise für den Zuschauer gaben, wie sich der Film und der Charakter weiterentwickeln wird, sind in diesen Filmen ab 1970 nicht mehr offensichtlich gegeben.

> Their liberal outlook, their unsentimental approach to American society makes them reject personal initiative and purposive affirmation on the level of ideology, a rejection which has rendered problematic the dramaturgy and film-language developed by classical Hollywood within the context of a can-do culture.[7]

7 Elsaesser, Thomas: »The Pathos of Failure: American Films in the 1970s: Notes on the Unmotivated Hero [1975]«, in Elsaesser, Thomas, King, Noel, Horwath, Alexander: *The Last Great American Picture Show: New Hollywood Cinema in the 1970s*, Amsterdam: Amsterdam University Press, 2004, S. 281

Die konsequente Ablehnung von sowie eine radikale Skepsis gegenüber amerikanischen Werten (wie Ehrgeiz, Vision, das Streben nach »Glück«) stehen im Mittelpunkt der Filme des *New Hollywood*: »What the heroes bring to such films is an almost physical sense of inconsequential action, of pointlessness and uselessness«.[8] Problematisch für die existenzielle Betrachtung ist hier, dass die Mehrzahl der *New Hollywood*-Filme stark im Pathos enden, mit dem heldenhaften Tod und Ausscheiden aus der Gesellschaft.

> By foregoing the dramaturgy of interpersonal conflict, suspense, intrigue or the self-alienated aggressiveness of emotional frustration, the films are somehow led to stylising despair or helplessness into the pathos of failure. [...] [P]athos provides the emotional closure to an open-ended structure and retrieves affective contact with the audience.[9]

Die Mehrzahl der hier besprochenen Filme sind stärker in den 1980er- und Folgejahren angesiedelt, da die 1980er Jahre oft als ein Spiegelbild der 1950er Jahre angesehen werden, vor allem was den Materialismus und Konformismus angeht. Somit lassen sich in Bezug auf die gesellschaftlichen Strukturen Verbindungen zwischen dem Image Deans in diesen Filmen aufzeigen. Denn hier ist der Wunsch der Anpassung gegeben – wie ihn die Figuren Deans auch immer verspürten, weniger die akute Abgrenzung von der Gesellschaft bzw. die Notwendigkeit, die Gesellschaft zu verändern. Die Rebellion ist auf familiäre oder gesellschaftliche Strukturen konzentriert, die nicht komplett umgewälzt, sondern angepasst werden sollen, um dann eine für den Rebellen

8 Ebd., S. 282
9 Ebd., S. 287

annehmbare Existenz zu führen. Ob und inwieweit dies klappt und welche verschiedenen Strömungen mit in diese Entwicklung einfließen, soll in dieser Arbeit diskutiert werden. Dennoch lässt sich seit der Jahrtausendwende eine ähnliche Strömung erkennen, in der die Protagonisten in einem immer düstereren Umfeld aufwachsen und ebenfalls gegen gesellschaftliche Normen rebellieren. Meist sind diese allerdings sexueller Natur (wie in den Filmen Gregg Arakis) und enden abgestumpft gegenüber der Gesellschaft. Und diese Gesellschaft hat sich seit den 1970er Jahren natürlich auch stark verändert, sowohl sexuelle Krankheiten wie AIDS, die unsichere Wirtschaft als auch die Allgegenwärtigkeit des Terrorismus stehen im Vordergrund. Es ist aber durchaus nützlich, die Grundthemen des *New Hollywood* – Abgrenzung, Anarchie und das Abweichen von (gesellschaftlichen wie filmischen) Normen – im Hinterkopf zu behalten. Denn diese sind auch für Coming-of-Age-Filme von großer Bedeutsamkeit.

Die in dieser Arbeit besprochenen Filme durchzieht der existenzielle Grundgedanke: Wie bewältige ich meine Vergangenheit, um in der Gegenwart und Zukunft zu leben? Was bedeutet es, zu existieren und zu rebellieren, was wird dadurch bezweckt? Antworten darauf kann unter anderem die französische Strömung des Existenzialismus bieten. Denn anders als die »radikaleren« Filmrebellen im *New Hollywood*, die die Gesellschaft nach ihrem Bilde formen wollen, ist der Existenzialismus ein auf jedes Individuum bezogene Philosophie: Wie handele ich, damit meine Existenz für mich Sinn macht? Diese grundlegenden Fragen werden in jedem der Filme aufgeworfen und sind Zentrum von Jean-Paul

Sartres (1905-1980) Existenzialismus. Dieser wird zusammenfassend als »Freiheitsphilosophie«[10] bezeichnet. Die Überlegungen gehen auf Vordenker wie René Descartes (1596-1650), Sören Kierkegaard (1813-1855), Karl Jaspers (1883-1969) und Martin Heidegger (1889-1976) zurück, die alle die subjektive Existenz des Menschen ins Zentrum stellen.[11] Kierkegaard verwendete erstmals den für Sartres Philosophie grundlegenden Leitsatz[12], dass die Existenz dem Wesen vorausgehe. Das bedeutet, dass der Mensch zuerst existiert, in die Welt »geworfen« wird, um mit Sartres Worten zu sprechen, und sein Wesen, also das, was der Mensch ist, erst durch sein Handeln bestimmt wird. Sartre lehnt somit den Determinismus und im Gegensatz zu Kierkegaard auch den religiösen Glauben an eine höhere Macht ab. Der Mensch ist, abgesehen von dem »in-die-Welt-geworfen-Sein«, frei. »Das Wesen ist all das vom menschlichen Sein, was man mit den Worten angeben kann: das *ist*. Und deshalb ist es die Totalität der Merkmale, die die Handlung *erklären*«,[13] so Sartre: Das Wesen sei das Ich »mit seinem apriorischen und historischen Inhalt«,[14] »all das, was die menschliche-Realität[15] von sich

10 Fleischmann, Yvonne M.: *War Kafka Existentialist? Gracchus, Orestes, Sisyphos - Literarische, mythologische und philosophische Brücken zu Sartre und Camus*, Univ. Diss. Freiburg/Schweiz 2008, Marburg: Tectum, 2009, S. 25

11 Vgl. ebd., S. 20ff. Fleischmann gibt eine Kurzübersicht über die philosophischen Einflüsse auf Sartres Existenzialismus. Darunter fallen Descartes' »Ich denke, also bin ich« sowie die auch bei Kierkegaard entscheidenden Schlüsselwörter wie Verzweiflung, Wahl, Freiheit und Angst. Außerdem erwähnt sie den Begriff der Grenzsituation bei Jaspers sowie den der Authentizität und die Suche nach dem Sinn von Sein bei Heidegger.

12 Vgl. ebd.

13 Sartre, Jean-Paul: *Das Sein und das Nichts: Versuch einer phänomenologischen Ontologie*, übers. von Hans Schöneberg/Traugott König, Reinbek bei Hamburg: Rowohlt, 2006, S.101

14 Ebd.

15 Aus dem Französischen: *realité-humaine*

selbst als gewesen erfaßt [sic]«.[16] Kurz gefasst: »Wir handeln, wie wir sind, und unsere Handlungen tragen dazu bei, uns zu machen«.[17] Martin Suhr erklärt diese Gedankengänge wie folgt:

> Mein Wesen, das, was ich bin, ergibt sich erst aus dem Ich, als welches ich mich jeweils »in Situation« erfinde. Es ist also in keiner Weise vorherbestimmt, es ist immer – bis zu meinem Tode – »in Aufschub«. Ich bin meine freie Wahl und erschaffe somit erst mein Wesen oder den Sinn, den mein Leben für mich hat. In diesem Begriff des Wesens steckt also eine doppelte Richtung: einerseits ist es der Entwurf, den man von sich macht und durch den man sich bestimmt – mein zukünftiges Wesen; und andererseits ist das Wesen das, was man gewesen ist, die Vergangenheit. Wenn Sartre also sagt, daß die Existenz der Essenz vorangehe, so heißt das, daß der Mensch das ist, was er tut, was er aus sich macht.[18]

Was also macht ein Jugendlicher, oder junger Mensch, aus sich? Wie geht er mit seinem Umfeld um, wie versucht er einen Platz in seinem Leben zu finden und wie wird diese Problematik filmisch dargestellt? Anhand solcher Fragen ist die Arbeit in drei Abschnitte unterteilt: Familiäre Konflikte mit Fokus auf die Vater-Sohn-Konfrontation, familiäre Konflikte im Rahmen psychologischer Behandlungen sowie die selbstzerstörerischen, absurden Wege der Selbstfindung.

Konflikte zwischen Eltern und Kindern sowie deren Erwartungshaltungen werden im dritten Kapitel beleuchtet. Ausgehend von den Filmen von John Hughes, – BREAKFAST CLUB / DER FRÜHSTÜCKS-CLUB (USA 1985) und FERRIS BUELLER'S DAY OFF / FERRIS MACHT BLAU (USA 1986) –

16 Ebd. Im Folgenden werden die Zitate mit der alten Rechtschreibung nicht mehr explizit mit [sic] gekennzeichnet.

17 Ebd., S. 785

18 Suhr, Martin: *Sartre zur Einführung*, Hamburg: Junius, 1987

wird die Rebellion gegen die »Yuppie-Kultur« der Eltern untersucht. Im Anschluss soll eine Analyse des Films REALITY BITES / VOLL DAS LEBEN: REALITY BITES (Ben Stiller, USA 1994) als ein Beispiel der »Generation X«-Filme die Veränderung der Thematik in den 1990er Jahren definieren. Hier wird das Image von James Dean nicht mehr nur auf Teenager, sondern auch auf Akademiker angewendet. Der Konflikt zwischen der wohlhabenden Elterngeneration und deren vom schwierigen Arbeitsmarkt geprägten Kindern ist hier deutlich spürbar und führt zu verschobenen Männlichkeitsdefinitionen, die in den Fokus gerückt werden. Als Beispiel für einen unmittelbaren Vater-Sohn-Konflikt wird REMEMBER ME (Allen Coulter, USA 2010) herangezogen. Die Rolle des Rebellen ist dort stark am Image von James Dean angelehnt und im Gegensatz zu REBEL wird eine komplexere Inszenierung des (Yuppie-)Vaters gezeigt.

Diese familiären Konflikte werden in Kapitel 4 mit einem Fokus auf die psychologische Behandlung der Figur des Rebellen vertieft. Die psychologischen Gespräche des Polizeibeamten, die in REBEL positiv dargestellt wurden, erfahren in den Filmen ab der Jahrtausendwende einen Bedeutungswandel. Das Verschreiben von Psychopharmaka gegen psychische Störungen und eine Überpsychologisierung jeglichen Verhaltens stehen hier im Vordergrund. Paradebeispiel hierfür ist die namensgebende Figur des Films CHARLIE BARTLETT (Jon Poll, USA 2007). Charlie ist nicht nur für seine überforderte, tablettenabhängige Mutter verantwortlich (also eine Umkehrung der Eltern-Kind-Beziehung), sondern verfügt durch seine jahrelange Erfahrung mit Psychoanalyse über die scheinbare Fähigkeit, seine Mitschüler zu therapieren – vergisst dabei aber sein eigenes Seelenheil. In GARDEN STATE (Zach Braff, USA 2004) kämpft Andrew Largeman gegen ein durch starke Tabletten entstehendes Taubheitsgefühl – Tabletten, die ihm sein Vater, der selbst Psychiater ist, seit Jahren aufgrund einer Familientragödie verschreibt. Im Endeffekt müssen sie sich von dem psychologischen Umfeld distanzieren, um einen Platz oder Sinn im Leben zu finden.

Das letzte Kapitel beschreibt weniger eine direkte Rebellion gegen die Eltern, sondern zeigt einen weiteren Trend des desillusionierten Teenagers oder jungen Erwachsenen auf. Ausgehend von der Planetariumsszene in REBEL, in der das existenzielle Dilemma jedes einzelnen im Vergleich mit dem Sternensystem für nichtig erklärt wird, werden Filme, die eben diese Nichtigkeit durch zum einen absurde und zum anderen apokalyptische Elemente unterstreichen, besprochen. Zur genaueren Untersuchung der Sinnlosigkeit des Daseins und des daraus resultierenden Handelns werden in diesem Rahmen sowohl der Existenzialismus Jean-Paul Sartres als auch die Gedanken über die absurde Revolte von Albert Camus (1913-1960) für die Analyse näher herangezogen. Ausgehend davon wird das absurde Dilemma in DONNIE DARKO / DONNIE DARKO – FÜRCHTE DIE DUNKELHEIT (Richard Kelly, USA 2001) und KABOOM (Gregg Araki, USA/F 2010) untersucht. In ersterem verschwimmen Realität und Traum durch Psychopharmaka und es ist nie sicher, ob das von Donnie Darko angepriesene Ende der Welt wirklich naht oder nicht. Der Film endet mit einem Opfer Donnies und nicht ganz so abrupt wie es Gregg Arakis Film KABOOM tut, dessen absurder Verlauf die Ausweglosigkeit der menschlichen Existenz verdeutlicht. Anschließend wird die sexuelle Ambivalenz untersucht, die in REBEL aufgrund der Zensur nur äußerst subtil dargestellt werden konnte und mittlerweile deutlicher auf der Leinwand präsentiert wird – wenn auch mehr in Independent-Produktionen. Das Aufbrechen der gesellschaftlichen Normen in Bezug auf die Sexualitätsfindung steht im Vordergrund der weiteren Filme: In THE DOOM GENERATION (Gregg Araki, USA/F 1994) wird diese durch eine Dreierkonstellation, die der in REBEL durchaus ähnlich ist konstruiert und die ungeahnt destruktive Züge entwickelt. Der Collegefilm RULES OF ATTRACTION / DIE REGELN DES SPIELS – THE RULES OF ATTRACTION (USA/D 2002), bei dem eine Weltuntergangsparty auf dem Campus als Hintergrund der Erzählung dient, fügt am Ende alle Themenbereiche zusammen: Die Ménage-à-trois, die Verlorenheit und sexuelle Begierde.

Das Image James Deans ist in allem Filmen präsent und wird dabei immer wieder zeitgenössisch und durch gesellschaftliche Veränderungen bedingt interpretiert. Das universelle Problem der Identitätssuche ist und bleibt aktuell. Filme gehen mit der Zeit und »the mirroring of society is one of the things films do best«.[19] So sehen wir heute in James Dean nicht mehr nur den 1950er-Jahre-Rebellen, sondern eine Ikone, deren Essenz sich auf jeden weiteren jungen Rebellen übertragen lässt. R.L. Rutsky ist der Meinung, dass man die Bewegungen in der Populärkultur am besten verstehen kann, wenn man »at the fortuitous cultural patterns and associations that swirl around a star's persona and body of work«[20] schaut; genau diese kulturellen, soziologischen, philosophi-

19 Palmer, William J.: *The Films of the Eighties: A Social History*, Illinois: Southern Illinois University Press, 1993, S. x

20 Rutsky, R.L.: «Being Keanu«, in Lewis, Jon (Hrsg): *The End of Cinema as we know it: American Film in the Nineties*, New York: New York University Press, 2001, S. 186

schen und geschichtlichen Strukturen, die mit dem Image James Deans und seinen Filmen verwoben sind, sollen hier aufgezeigt werden. Es geht also nicht in erster Linie darum, Figuren zu finden, die ähnlich inszeniert werden wie es James Deans Figuren wurden, sondern vielmehr solche Figuren, die ebensolche Schwierigkeiten beim Erwachsenwerden empfinden und unter anderem durch ihre rebellische Verhaltensweise existenzielle Fragen aufwerfen.

2. James Dean: Der Archetyp des Rebellen

Der Mensch James Dean ist fast vollständig hinter der Vorstellung des Rebellen und seiner ambivalenten Bedeutung verschwunden. Eingefroren wurde dieses Bild einerseits durch den frühen Tod, zu dessen Zeitpunkt gerade sein erster Film EAST OF EDEN / JENSEITS VON EDEN (Elia Kazan, USA 1955) in den Kinos lief, und andererseits durch die Rollen, die er in seinen Filmen verkörperte, insbesondere die des Jim Stark in REBEL. Zusätzlich muss auch auf die kulturellen und sozialpolitischen Aspekte eingegangen werden, die mit dem Aufkommen des Rebellenimages in enger Verbindung stehen, da vor allem konnotative Bedeutungen zur Bildung des Images beitragen, wie Stephen Lowry in seiner Studie zum Starimage beschreibt. Demnach muss der Star James Dean in »Zusammenhang mit filmischen, wirtschaftlichen, kulturellen und diskursiven Kontexten«[21] analysiert werden, um im Anschluss den Einfluss auf spätere Filme bestimmen zu können. Doch bevor die Imagebildung und das Verschwimmen von James Deans Leben mit dem seiner Charaktere ergründet werden kann, bedarf es eines Einblicks in seine Biografie.[22]

---

21 Lowry, Stephen: »Stars und Images: Theoretische Perspektiven auf Filmstars«, S. 10-35, http://www.montage-av.de/pdf/062_1997/06_2_Stephen_Lowry_Stars_und_Images.pdf, 26.9.2012, S. 19

22 Vgl. im folgenden: Spoto, a.a.O; Alexander, a.a.O.,; Frascella, a.a.O.; Winkler, Willi: »James Dean«, in: *Stern Biografie*, Nr. 2/2005, S. 10-39

2.1 Vom Mittleren Westen nach Hollywood

James Byron Dean kam am 8. Februar 1931 als Sohn von Mildred und Winton Dean in Marion, Indiana zur Welt. Die junge Familie zog einige Monate später nach Fairmount, Indiana und 1936 im Zuge einer besseren Anstellung für Winton ins ferne Los Angeles. Mildred war das Zentrum im Leben des jungen James »Jimmy« Dean und unterstützte ihm beim Ausleben seiner künsterlischen Talente. Winton war schon in den ersten Jahren nicht besonders präsent und zeigte kein großes Interesse an seinem Sohn. Als Mildred im Juli 1940 an Krebs starb, wurde der neunjährige Jimmy mit seiner Großmutter und dem Sarg seiner Mutter per Zug zurück nach Indiana zu Onkel und Tante geschickt. Er soll bei jedem Stopp zum Waggon, in dem der Sarg der Mutter lag, gerannt sein. Dieser Zeitpunkt war prägend für seine Orientierungs- und Wurzellosigkeit, die ihn und seine Rollen später auszeichnen sollten:

> Separated from his father by geography and from his mother by death, Jimmy began to assume that complex mixture of toughness and vulnerability that would eventually help make him such an intriguing actor. The rage and aggression were always undermined by a helpless desperation.[23]

Den Wunsch, Schauspieler zu werden, äußerte er bereits früh, und seine Tante sowie eine Lehrerin an der High School unterstützten ihn ebenfalls beim Ausleben seiner künstlerischen Ambitionen. Obwohl er nicht besonders groß und zudem stark kurzsichtig war, spielte er im

23 McCann, Graham: *Rebel Males: Clift, Brando and Dean*, London: Hamish Hamilton, 1991, S. 128

Basketballteam und begann im Teenageralter, sich für Motorräder zu interessieren. Sein Onkel kaufte ihm eines. Er hatte somit gleichermaßen weibliche wie männliche Vorbilder.

Der junge Pastor der Fairmount Wesleyan Methodist Church, James De Weerd, war eine einflussreiche Person sowohl in James Deans Leben als auch im Leben anderer männlicher Teenager in Fairmount. De Weerd war ein sehr ambitionierter Redner und Mentor für die Jungen, machte sie mit dem Kunstmuseum in Indianapolis bekannt, weckte ihr Interesse an Poesie, exotischen Ländern und klassischer Musik. De Weerds Interessenspektrum deckte sich gut mit dem von James Deans Mutter. So entwickelte sich eine engere Beziehung und James Dean fand in De Weerd eine passende Vaterfigur. Donald Spoto ist in seiner Biografie *Rebel* (1996) der Meinung, dass die Beziehung nur das war – eine Vater-Sohn-Beziehung, gemessen daran, dass Fairmount eine sehr kleine und intime Gemeinde war und eine eventuelle sexuelle Misshandlung niemals unbemerkt geblieben wäre oder zumindest von irgendeinem der Jungen einmal an die Öffentlichkeit gebracht hätte werden müssen. Paul Alexander (*Boulevard of Broken Dreams*, 1994) ist da anderer Meinung und versichert, dass James Dean seine Jungfräulichkeit an De Weerd verloren habe und diese geheime Affäre auch bis zur Abreise Deans nach Kalifornien anhielt.[24] In Frascella und Weisels *Live Fast, Die Young* (2005) ist die Rede davon, dass De Weerd später

24 Es gibt noch weitere Unstimmigkeiten: James Dean habe sich laut Alexander z. B. ausmustern lassen, indem er bei der Behörde angab, schwul zu sein – Spoto schreibt, es sei kein schriftlicher Beweis vorhanden, dass dies stimmt, und dass James Dean sicherlich nicht seine potentielle Karriere wegen eines solchen Zugeständnisses in einer konservativen Umgebung wie Fairmount ruinieren wollte.

Reporter Joe Hyams die Beziehung bestätigte.[25] Wie auch immer man es sieht, De Weerd war zumindest ein einflussreicher Vaterersatz, der dem jungen James Dean die Künste und auch die Liebe zu Autorennen und Stierkämpfen näher brachte. Wenn De Weerd sagt, »Jimmy was usually happiest stretched out on my library floor. He loved good music playing softly in the background«[26], kann zumindest eine erotische Spannung nicht ausgeschlossen werden. Dean kam so mit der Anziehung zwischen Männern früh in Kontakt.

Jimmy entschied sich, nach der High School zurück nach Kalifornien zu seinem Vater zu gehen. Dieser überredete ihn zu einem Jura-Studium an einem College, was jedoch schnell vernachlässigt wurde. Er wechselte zur University of Los Angeles (UCLA), um besser ins Filmgeschäft einsteigen zu können, und zog bei seinem Vater aus. An der UCLA fand er einige Freunde, die seine Liebe für die Schauspielerei teilten, u. a. William Bast[27], und ergatterte die Rolle des Malcolm in einer Universitätsproduktion von *Macbeth*, für die er gute Kritiken erhielt.

James Dean soll in der Zeit einige kurze Affären und One Night Stands mit mehr oder weniger einflussreichen Männern Hollywoods gehabt haben[28] und ging nach New York, um dort die Kunstszene zu erkunden. Er hatte viele enge Freundinnen, auch wenn sich die Quellen uneinig sind, inwieweit mit diesen sowie mit den zahlreichen Männern Intimitäten ausgetauscht wurden. Dean konnte und wollte sich, so

25 Frascella, a.a.O., S. 178
26 Wird zitiert sowohl in Spoto, a.a.O., S. 39, als auch in Alexander, a.a.O., S. 43
27 William Bast schrieb auch eine Autobiografie über sein Leben mit James Dean, *Surviving James Dean*, und lebte einige Zeit mit James Dean zusammen, traf ihn auch in New York und brachte ihn mit dem Actors Studio in Kontakt.
28 U. a. mit Rogers Brackett, einem Radiomanager Mitte dreißig, der bei einer großen Werbeagentur arbeitete, ihn mit vielen wichtigen Menschen bekannt machte und ihn finanziell unterstützte.

scheint es aber, sexuell nicht festlegen. Laut Nicholas Ray, Regisseur von REBEL, habe über James Dean mehrmals erwähnt »that he swung both ways«.[29] Weiterhin wird in etlichen Biografien James Deans berühmtes Zitat angeführt: »I'm certainly not going through life with one hand tied behind my back«.[30] Diese Uneindeutigkeit seiner Sexualität unterstützte die Ambivalenz des entstehenden Rebellenimages.

In New York besuchte er das Actors Studio. Das 1947 von Elia Kazan, Cheryl Crawford und Robert Lewis gegründete Studio hatte bereits viele große Namen ausgebildet, u. a. Marlon Brando, Montgomery Clift und Julie Harris. Das sogenannte ›Method Acting‹ nach Theaterregisseur Konstantin Stanislavsky bewegte sich fort vom klassischen Schauspielstil und konzentrierte sich auf einen psychologisch motivierten Ansatz. Charaktere sollten von innen heraus kreiert und improvisiert werden, sodass sie natürlicher und ›echter‹ erscheinen.[31] Allerdings ertrug James Dean dort die harte Kritik des künstlerischen Leiters Lee Strasberg nicht und kam nur noch selten bis gar nicht mehr zu den Kursen. Generell war er aber stark geprägt vom dem Studio und eiferte Marlon Brando nach.[32]

Sein Broadway-Debüt hatte Dean im Stück *See the Jaguar* im Jahr 1952, was nicht sonderlich erfolgreich war, ihm aber immerhin vergleichsweise positive Kritiken verschaffte und seiner New Yorker Agen-

---

29 Frascella, a.a.O., S. 181

30 Z. B. ebd., S. 179

31 Vgl. u. a. Frascella, a.a.O., S. 18, und Klant, Michael und Spielmann, Raphael: *Grundkurs Film 1: Kino, Fernsehen, Videokunst*, Braunschweig: Schroedel, 2008, S. 124ff.

32 James Dean sah in Marion Stanley Kramers THE MEN mit Marlon Brando, der eine große persönliche Begeisterung für Brando in Gang setzen sollte; am Set zu EAST OF EDEN kam Brando auch kurz vorbei und wurde anschließend regelmäßig mit Anrufen von James Dean »terrorisiert«, sodass ihm Brando einen Psychotherapeuten empfahl. (vgl. u. a. Frascella, a.a.O., S. 19)

tin Jane Deacy ermöglichte, ihm weitere Fernsehauftritte zu vermitteln.[33] Inmitten seines zweiten Broadwaystücks, *The Immoralist,* bekam James Dean dann endlich ein Rollenangebot aus Hollywood: Die des Caleb Trask in EAST OF EDEN. Elia Kazan, der Regisseur, hatte eigentlich Marlon Brando für die Rolle vorgesehen, entschied sich dann aber anders. Dean sei »twisted [,...] suffused with self-pity and the anguish of rejection« und ein sehr verletzlicher Mensch, außerdem sei er »guarded, vengeful, sullen and he had a sense of aloneness. He was suspicious of everyone«[34]. John Steinbeck, Autor der Buchvorlage, soll sogar gesagt haben, »Mein Gott, er *ist* Cal!«[35]. Cal Trask ist der Figur Jim Stark aus REBEL sehr ähnlich.

Vor dem Hintergrund des ländlichen Kalifornien kurz vor dem Ausbrechen des ersten Weltkriegs kämpft Cal Trask um die Liebe und Anerkennung seines Vaters Adam (Raymond Massey), der Cals Zwillingsbruder Aron (Richard Davalos) bevorzugt. Seine Mutter Kate (Jo Van Fleet) soll laut seinem Vater nach der Geburt der Söhne gestorben sein. Cal spürt sie allerdings in einem Nachbarort auf, sie leitet ein florierendes Bordell. Die einzige, die ihn im Film versteht, ist Abra (Julie Harris),

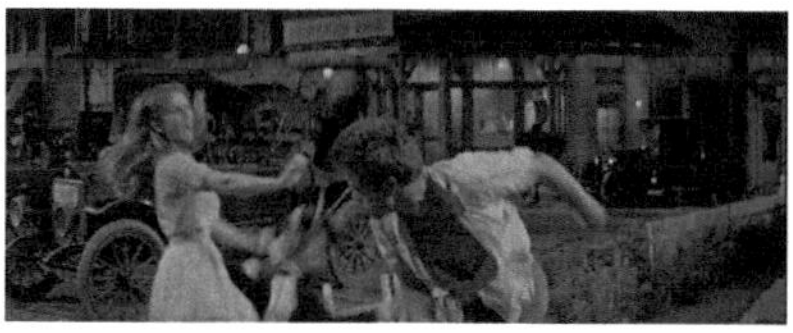

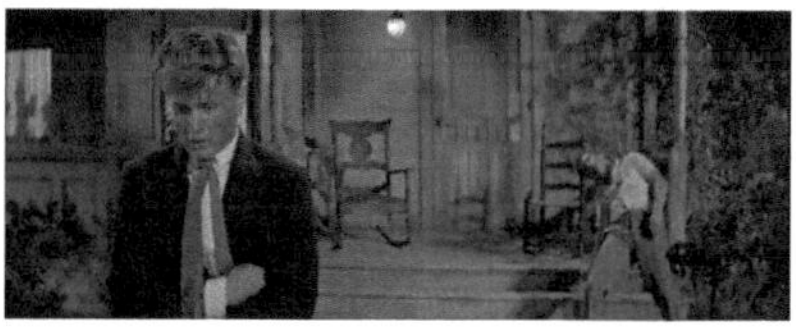

Abb. 1 und 2: Cal prügelt sich mit seinem Bruder.

33 U. a. in der Fernsehshow »The Dark, Dark Hours« mit dem späteren Präsidenten Ronald Reagan, in der Dean ebenfalls einen jugendlichen Kriminellen verkörpert. Zu sehen z. B. auf youtube, http://www.youtube.com/watch?v=CYCNq-iqbzA, 17.9.2012

34 Kazan zitiert in Spoto, a.a.O., S. 148, 157

35 Winkler, a.a.O., S. 25; Alexander, a.a.O., S. 154

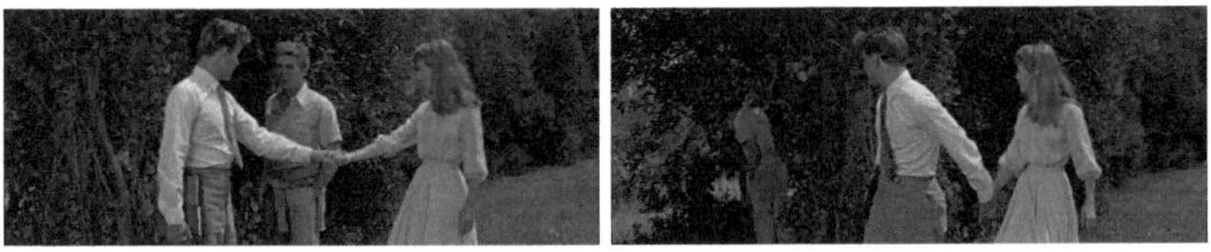

Abb. 3 und 4: Cal wird immer wieder eindeutig von der Einheit Abra – Aron getrennt.

die Freundin Arons, die ihn auch bei seinem Plan unterstützt, das von seinem Vater durch eine Fehlspekulation verlorene Geld durch den Anbau und Verkauf von Bohnen für den Krieg wieder einzunehmen. Der Vater allerdings will dieses Geld nicht annehmen und lobt lieber seinen Bruder Aron für seine Verlobung mit Abra. Cal nimmt daraufhin Aron mit zu seiner Mutter und zeigt ihm, wer sie wirklich ist. Aron, der seine Mutter für eine Heilige hielt und ein überzeugter Pazifist ist, meldet sich nach dem Schock als Freiwilliger für den Krieg, was die biblische Kain-und-Abel-Geschichte zu Ende bringt. Vater und Sohn versöhnen sich am Ende mit Abras Hilfe.

Cal Trask ist eine Paraderolle für James Dean. Unverstanden, unvorhersehbar, wütend und verzweifelt, ohne die Fähigkeit, sich zu artiku-

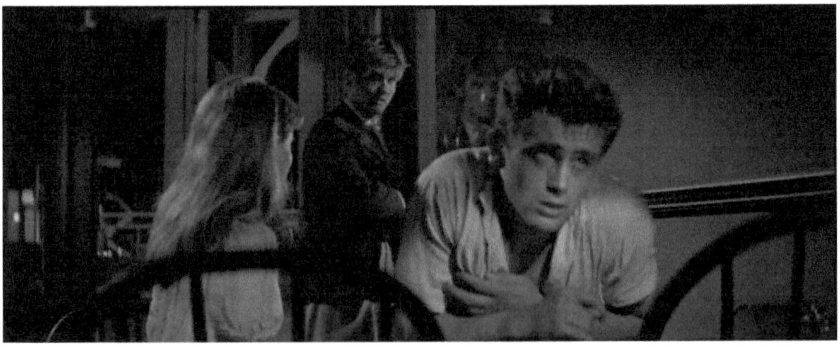

Abb. 5: Nach der Prügelei mit Aron zeigt die Bildaufteilung eine Annäherung Abras an Cal.

lieren oder dauerhaft Ruhe und Geborgenheit zu finden, stolpert er durch den Film, schaut von unten hoch in die Kamera, steht schief herum, prügelt und betrinkt sich, weiß nicht, ob er gut oder böse ist, und möchte eigentlich nur geliebt werden.

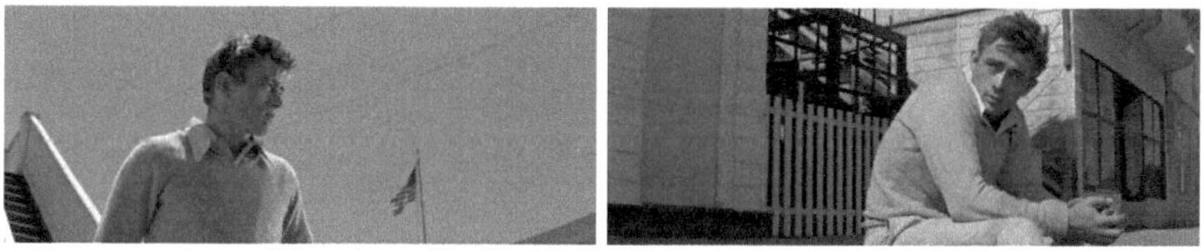

Abb. 6 und 7: Die Kamera filmt Cal meist von unten, oder er schaut mit in Falten geworfener Stirn von unten hoch.

Sein Einzelgängertum wird filmisch erzeugt, indem er meist in einem Single Shot zu sehen ist oder in großen Abstand zu anderen Figuren, wie zum Beispiel zu Abra und Aron auf dem Weg nach Hause oder beim Verfolgen der Mutter zu Beginn des Films.[36] Am Set verstand James Dean sich zusehends schlechter mit Elia Kazan und brauchte oft lange Vorbereitungszeiten für sein Method Acting, was ihn vor allem mit klassischen Schauspielern wie Raymond Massey aneinanderstoßen ließ.[37]

Bei den anschließenden Dreharbeiten zu REBEL wurde James Dean von Regisseur Nicholas Ray, was Improvisationen und Kameraeinstellungen betraf, stark eingebunden und unter seine Fittiche genommen. Außerdem verstand er sich sehr gut mit den Co-Stars Natalie Wood und Sal Mineo. Nicholas Ray war sehr geduldig und fühlte sich unter seiner

36 Vgl. De Angelis, Michael: *Gay Fandom and Crossover Stardom: James Dean, Mel Gibson, and Keanu Reeves*, Durham [u. a.]: Duke University Press, 2001

37 Raymond Massey und James Dean konnten sich außerhalb der Drehzeit nicht leiden; in der Szene, in der er das Geld abweist, umarmt James Dean Massey nach Anweisung von Elia Kazan, der sich diesen gegenseitigen Hass zunutze machen wollte. Die Umarmung stand nicht im Skript und führte zu einer ungestellten und passend verkrampften Szene.

jungen Cast wohl – ganz anders als George Stevens, dem Regisseur von Deans letztem Film GIANT / GIGANTEN (USA 1956). Zusätzlich hatten die großen Stars Elizabeth Taylor und Rock Hudson bei diesem Film die Hauptrollen, George Stevens erwartete professionelle Hingabe und verbot Dean mit Hilfe eines Vertrages, an Autorennen teilzunehmen, die in zunehmendem Maße zu einem wichtigen Hobby für ihn geworden waren. Rock Hudson konnte James nicht leiden, ebenso wie Hudsons Charakter Jordan Benedict Deans Charakter, den Farmarbeiter Jett Rink, verachtete.

Jett Rink ist wie die Rollen zuvor ebenfalls ein unverstandener Charakter, der von Jordan Benedicts Schwester Luz ein Stück Land vererbt bekommt und dort unvermutet auf Öl stößt. Dadurch einflussreich und wohlhabend, findet er dennoch keinen Frieden, wird von den Benedicts nicht anerkannt, weil er nicht der richtigen ›Klasse‹ angehört und stirbt am Ende, 30 Jahre gealtert, betrunken und einsam:

> [D]er Film erzählt eine Tellerwäscher-Saga, die in Selbstzerstörung und Einsamkeit endet. Der Film erzählt aber auch vom verzweifelten Ringen der gleichen Person um das Aufrechterhalten von Tradition, von der Illusion der Mütterlichkeit und vom doch vorhandenen Generationenvertrag.[38]

In der Rolle des Jett Rink lässt James Dean viele seiner eigenen Launen und Charaktereigenschaften durchscheinen und ist der tragischste Dean-Charakter, da er lediglich zu Wohlstand kommt, aber darin schei-

38 Wulff, Hans J.: »Deanophilie: Bemerkungen zu einem Idol im Wandel der Zeiten«, in: *Kinoschriften 2: Jahrbuch der Gesellschaft für Filmtheorie*, Wien: Verb. d. Wiss. Ges. Österreichs, 1990, S. 18

tert, »eine Gefühlsumgebung von Wärme, Geborgenheit [und] gegenseitigem Vertrauen zu erlangen«.[39]

Auch im wahren Leben verlief es für James Dean nicht rosig; seine durch die Presse übertrieben kommunizierte Beziehung mit Pier Angeli, die er während der Zeit der Dreharbeiten zu GIANT kennenlernte, währte nur drei Monate. Er war oft launisch, zog sich zurück und stürzte sich, endlich vom Vertrag von GIANT befreit, in die Autorennen. Auf dem Weg zu einem Autorennen kollidierte er am Spätnachmittag des 30. September 1955 auf dem Highway 466 mit einem abbiegenden Wagen, brach sich durch den Aufprall das Genick und starb somit im Alter von 24 Jahren. Mit nur einem bisher veröffentlichten Film war er noch relativ unbekannt, doch der frühe Tod und die Premieren seiner zwei weiteren Filme im Anschluss katapultierten ihn in den Starhimmel und starteten einen Mythos, der bis heute anhält. Willi Winkler erkennt treffend:

> [Es konnten] nicht die Filme allein sein, die für diese Verklärung sorgten, und auch nicht der Unfall. Mitten in den bonbonfarbenen, petticoatsteifen 50er Jahren, in denen es jedem jeden Tag besser ging, war jemand trotzig unglücklich, und er zeigte dieses Unglück auch noch. Das war eine Sensation.[40]

39 Ebd., S. 16
40 Winkler, a.a.O., S. 31

2.2 Teenager, Konformität und Paranoia in den 1950er Jahren

Thomas Doherty beschreibt in *Teenagers and Teenpics: The Juvenilization of American Movies in the 1950s* die Entwicklung des familienorientierten Hollywoodsystems hin zur Hauptzielgruppe der sich in den 1950er Jahren neu bildenden Gruppe der Jugendlichen.

> Truth to tell, 1950s teenagers were strange creatures, set apart from previous generations of American young people in numbers, affluence, and self-consciousness. There were more of them; they had more money; and they were more aware of themselves as teenagers.[41]

Der Begriff ›Teen years‹ wurde bereits 1920 verwendet, um die Phase zwischen Kindheit und Erwachsensein zu beschreiben,[42] aber erst in den 1950er Jahren kristallisierten sich die Vertreter dieser Gruppe – die sogenannten ›Teenager‹ – als bedeutsam heraus. Dass es so viele von ihnen gab, lag am Baby-Boom der Nachkriegszeit. Diese Kinder kamen in den 1950er Jahren in die Pubertät. Zudem waren sie nun Konsumenten, keine Arbeitskraft mehr wie noch im Jahrhundert zuvor, sodass Teenager vor allem für Unternehmen, insbesondere im Entertainmentbereich, ein lukratives Geschäft bedeuteten. Dass diese Gruppe überhaupt in den Fokus der Filmindustrie rückte, lag zum einen am Aufkommen und der immensen Beliebtheit des Fernsehens und zum anderen an der Zerstörung des alten Studiosystems durch den Sherman Anti-Trust Act 1948,

41 Doherty, Thomas: *Teenagers and Teenpics: The Juvenilization of American Movies in the 1950s*, Philadelphia: Temple University Press, 2002, S. 34

42 Ebd.

in dem festgelegt wurde, dass Produktion, Distribution und Aufführung nicht allein von den Studios selbst geregelt werden durften. Die Produktion wurde somit auf unabhängige, kleinere Firmen übertragen, die nun aufgrund von hohen Steuern auf Kapitalgewinne der großen Firmen profitabler waren.[43] Durch die Umstrukturierung des Studiosystems und den großen Verlust von Besuchern an die Fernsehbildschirme musste eine neue Strategie entwickelt werden, um weiterhin Gewinne zu erzielen. Teenager mit ihren Autos und relativ viel Freizeit konnten sicher in die Kinos gelockt werden, vor allem Autokinos erfreuten sich großer Beliebtheit bei Jugendlichen und jungen Eltern. Somit veränderte sich Hollywood langsam, um gegen den großen Konkurrenten Fernsehen vorzugehen, dessen Umsatz sich von $1,9 Millionen (1947) auf $943,2 Millionen (1957) erhöhte.[44]

> Television was the most noticeable threat to Hollywood, and Hollywood responded with two strategies: first, by emphasizing its value as a spectacle (larger screens, colourful images, a communal theatre atmosphere) and, second, by exploiting its relative freedom to deal with ›adult‹ and ›controversial‹ topics (such as alcoholism, anti-Semitism, sex, racial inequality and so on).[45]

Kontroverse Themen, vor allem sexueller, politischer und sozialer Natur, waren seit 1934 von der Production Code Administration (PCA) zensiert worden, die vom strenggläubigen Katholiken Joseph A. Breen

43 Vgl. Doherty, a.a.O., S. 16f. und Bordwell, David / Staiger, Janet / Thompson, Kristin: *Classical Hollywood Cinema. Film Style and Mode of Production, 1917-1960*, London / New York: Routledge, 1985, Kapitel 26, S. 330-338

44 Doherty, a.a.O., S. 19

45 McCann, a.a.O., S.9

geleitet wurde.[46] Der Production Code wurde ab Mitte der fünfziger Jahre gelockert, um einen Vorteil gegenüber dem sehr konventionellen Fernsehprogramm zu bekommen: »During a decade notorious for conservatism and conformity, the motion-picture industry, out of sheer desperation, became more technically innovative, economically adventuresome and aesthetically daring than at any other time in its history«.[47] Dadurch erst war es möglich, ein Thema wie etwa das der Jugendkriminalität auf die Leinwand zu bringen. Die damaligen Teenager waren begeistert – denn die Darstellung der Eltern-Teenager-Beziehung war in keinem Film zuvor so »frightening, ambivalent, or antagonistic«[48] gewesen. Da Teenager die profitabelste Hauptzielgruppe bildeten, verschoben sich auch der Inhalt und die Charaktere der Filme mehr hin zu Themengebieten, mit denen Teenager sich identifizieren konnten.

Dennoch kann man fragen, wieso gerade in einer Zeit, in der es, wie Winkler es ausdrückte, »jedem jeden Tag besser ging«, gerade solche ambivalenten, antagonistischen Darstellungen wie Jugendkriminalität den Zahn der Zeit trafen. Die Wirtschaft und der technologische Fortschritt boomten: In jedem Haushalt gab es Fernseher, Autos und diverse

---

46 Black, Gregory D.: »Hollywood Censored: The Production Code Administration and the Hollywood Film Industry, 1930-1940«, S. 167f., via JSTOR, http://www.jstor.org/stable/3814976, 7.12.2011

47 McCann, a.a.O., S.9

48 Doherty, a.a.O., S.54; das gilt für REBEL WITHOUT A CAUSE und bei BLACKBOARD JUNGLE / DIE SAAT DER GEWALT (USA 1955) im Hinblick auf die Lehrer-Schüler-Beziehung. In dem Film setzt sich ein Lehrer (Glenn Ford) mit gewalttätigen Schülern auseinander. Wegen seines Soundtracks (Bill Haleys »Rock Around the Clock«) war er Start der sog. ›Rock'n'Roll Teenpics‹. Vgl. Lee, Christina: *Screening Generation X: The Politics and Popular Memory of Youth in Contemporary Cinema*, Farnham [u. a.]: Ashgate, 2010, S. 33

Elektrogeräte, zusätzlich florierten die Chemieindustrie und die Luftfahrt noch weiterhin aufgrund der Militärforschung im Rahmen des Kalten Krieges und des Konflikts in Korea.[49] Materialismus, Konformismus und Konsum rückten in den Mittelpunkt der amerikanischen Gesellschaft.[50] Die Kernfamilie – Eltern, zwei bis drei Kinder – zog weg vom Land in die austauschbaren Vororte großer Städte. Werbung etablierte sich zusehends, und vor allem die Hauptkonsumenten, Jugendliche und Hausfrauen, wurden dabei angesprochen. »Teens in the postwar era knew nothing of depression or rationing; they were immersed in abundance from an early age and took the notion of carefree consumption for granted«.[51] Dennoch schwang unter dieser heilen Welt auch immer ein kontinuierliches Gefühl der Paranoia mit. Die Angst vor einem nuklearen Angriff war allgegenwärtig, genauso wie die Panik vor dem Kommunismus im Ausland und auch in den eigenen Reihen, welche durch die aktive Verfolgung durch Senator McCarthy ihren Höhepunkt fand.[52] Ebenso wurden Homosexuelle verfolgt, die sich keineswegs öffentlich outen konnten. Homosexualität wurde von der Mehrheit der Amerikaner als Krankheit angesehen und wie Anhänger des Kommunismus wurden Homosexuelle beschuldigt, die amerikanische Gesellschaft zu schwächen.[53] Schwule Schauspieler, wie etwa Rock Hudson, verschleierten ihre sexuelle Orientierung, indem sie eine Frau hei-

49 Tindall, George Brown; Shi, David E. (Hrsg.): *America: A Narrative History, Brief Sixth Edition*, New York / London: W.W. Norton & Company, 2004, S. 1046

50 Vgl. ebd.

51 Ebd., S. 1050

52 Vgl. ebd, S. 1041 und Lee, Christina, a.a.O., S. 31. Das »House Committee on Un-American Activities« (HUAC) beschuldigte und verfolgte aktiv Sympathisanten des Kommunismus, v. a. in der Regierung und auch in Hollywood. McCarthy führte dies noch weiter und fand durch den Höhepunkt des »Red Scare«, den Krieg in Korea, viele Anhänger.

53 Vgl. Frascella, a.a.O., S. 175

rateten, und die Studios taten ihr bestes, um das Bild des »always potent, always strong, always straight [man]«[54] aufrechtzuerhalten. Neben der Angst vor politischen Mächten waren auch die Angst vor und die Vorurteile gegenüber Schwarzen groß, die weiterhin diskriminiert wurden, beispielsweise beim Hauskauf oder der Jobsuche.[55] Da die (weißen) Teenager so zahlreich waren und es immer wieder zu Ausschreitungen zwischen Gangs kam, wurden sie auch als eine Bedrohung gesehen.[56] Die Debatte über Jugendkriminalität hat hier ihren Ursprung.[57]

Die Massenkultur führte zusehends auch zur Vereinsamung von Individuen, die in Theater und Literatur der Dekade veranschaulicht wurde, als Beispiele seien hier *Death of a Salesman* (1949) von Arthur Miller genannt, das die Desillusion und Zerstörung der oberflächlich perfekt aussehenden Fassade der Familie offenbart, sowie J.D. Salingers *Catcher in the Rye* (1951). Der jugendliche Erzähler zeigt hier seinen Ekel gegenüber der oberflächlichen und scheinheiligen Umgebung, die er schlicht als »phony« ansieht und auf die er verachtend herunterschaut. Desillusionierung, Entfremdung und Vereinsamung waren also ebenfalls Stichworte, die in den 1950er Jahren von großer Bedeutung waren, aber von allen immer versteckt und verdrängt wurden und einzig in den Künsten Ausdruck fanden.

> Teen disillusionment was a logical response to the insincere platitudes and paranoid ramblings of the politicians in the sanctimonious social order of the American fifties … James Dean's

54 McCann, a.a.O., S. 8
55 Vgl. Tindall, a.a.O., S. 1052f.
56 Vgl. Doherty, a.a.O., S. 112: Es gab in Autokinos aufgrund vermehrter Ausschreitungen Aufsichtspersonal.
57 Vgl. ebd., S. 93ff.

> sneer, his every gesture and mannerism expressing the utmost scorn for phoniness, and his early death – interpreted as a decision to opt out – crystallized widespread disillusionment into the symbolic image: the rebel icon.[58]

2.3 Rebel Without a Cause: Der Urtypus des Teenagerfilms

> Rebel Without a Cause is a movie that seems almost obsessively concerned with the dominant issues of American society in the early 1950s: the ›youth‹ problem, the erosion of traditional familial, sexual and social expectations, and the growing fascination with ›psychological‹ explanations of deviance.[59]

Das »Jugendproblem« war maßgeblich die Jugendkriminalität, ›juvenile delinquency‹, die in sogenannten ›j.d. movies‹, den ›juvenile delinquents movies‹, wie etwa Rebel, portraitiert wird. Das Drehbuch entstand aufgrund einer von Robert Lindner durchgeführten psychologischen Studie eines Gefangenen, die den gleichen Titel trug.[60] Für Lindner führte die Nachfrage nach dem perfekten, konformen Mann in den 1950er Jahren, der von der Gesellschaft, also von außen kontrolliert wurde, zu einer psychopathischen Persona: »Forced from without to conform, and from within to rebel, he makes a compromise: he rebels within the confines of conformity, he discharges his protest

58 Springer, a.a.O., S. 100

59 McCann, a.a.O., S. 22

60 Der genaue Titel ist *Rebel Without a Cause: The Story of a Criminal Psychopath*, erschienen 1944 in New York und erneut gedruckt 1956, s. Bibliografie in Frascella, a.a.O.

within the limits set by the social order he has by now permitted to be erected around him«.[61] Die Destruktivität eben dieser Rebellion wird im Drehbuch zu REBEL mit Hilfe aktueller Zeitungsartikel über die rebellierenden – weißen, aus wohlhabenden Hause stammenden – Teenager auf die Jugend übertragen.[62]

Zusätzlich zur Aktualität der Thematik war nun der Hauptdarsteller, den das Publikum gerade erst in EAST OF EDEN kennengelernt hatte, bereits gestorben, und dieser Fakt entfaltete seine gesamte Tragik mit der Premiere von REBEL am 26. Oktober 1955[63], die weniger als einen Monat nach Deans tödlichen Unfall stattfand.

> Almost immediately, Dean's image became inseparable from Jim Stark, the character he played in REBEL. With his white T-Shirt, blue jeans and red jacket, Dean was instantly transformed into an adolescent ideal. His magnificent confusion, pained fragility, sexiness and even his narcissism made Jim Stark the template for teen rebellion. In fact, in many ways, REBEL WITHOUT A CAUSE invented the teenager.[64]

Der Film wird unter folgenden Punkten untersucht werden, um daraus ein Grundgerüst für die Analyse der weiteren Filme über jugendliche Rebellen zu erstellen:

---

61 McCann, a.a.O., S. 13

62 S. Dokumentation: REBEL WITHOUT A CAUSE. DEFIANT INNOCENTS (Eric Young, USA 2005; zu finden auf der DVD REBEL WITHOUT A CAUSE / DENN SIE WISSEN NICHT, WAS SIE TUN, Nicholas Ray, USA 1955, Special Edition 2005): Autor Stewart Stern beschreibt hier, dass es für die »Chicken Run«-Szene reale Vorbilder gab: In einem Tunnel auf dem Mulholland Drive in Los Angeles fuhren Teenager beispielsweise tatsächlich aufeinander zu.

63 Spoto, a.a.O., S. 254

64 Frascella, a.a.O., S. viii

1) Der psychologische Ansatz des Films, der hier vor allem in Gestalt des Polizeibeamten Ray in der Eingangsszene deutlich wird;
2) Die Etablierung einer allgemeinen Endzeitstimmung, wie es hier anhand des Planetariumsvortrags geschieht;
3) Gewalt als Darstellung der Unzufriedenheit und Desillusion und als Mutproben untereinander, hier zu sehen anhand des Messerkampfes, des Autorennens und der Vater-Sohn-Konfrontation im Anschluss daran;
4) das Zeigen von Gefühlen, Verwundbarkeit und Vertrauen untereinander, das in Rebel durch die ambivalente Judy-Plato-Jim-Beziehung repräsentiert wird und das anhand der letzten Szenen in der verlassenen Villa besprochen wird; sowie
5) die Kostümierung und Etablierung des Rebellenoutfits, hier ganz offensichtlich die rote Jacke, Blue Jeans und Zigarette – kurz: der Stil, die Coolness, die Andersartigkeit, die visuell sichtbar gemacht wird.

1) Der psychologische Erklärungsansatz

Der Zuschauer lernt die drei Protagonisten Jim Stark (James Dean), Judy (Natalie Wood) und John Crawford, genannt Plato (Sal Mineo), anhand psychologischer Portraits in der 17-minütigen Eingangssequenz auf der Polizeistation kennen. Das Design der Polizeistation wurde inspiriert von der Los Angeles Juvenile Hall, in der es einen langen Gang mit Glasbüros an den Seiten gab. Regisseur Nicholas Ray ließ daher ein labyrinthartiges Set mit verglasten Räumen entwerfen, das es ermöglichte, alle drei Protagonisten gleichzeitig im Filmrahmen zu sehen, obwohl diese durch Wände isoliert voneinander waren. Die Dreharbeiten waren schwierig, da das Set eng und die Widescreen-Technik für die Crew ungewohnt war, jedoch wurde durch schnelle Schnitte, komplexe Kamerabewegungen und *Close-Ups* eine sehr flüssige Sequenz gefilmt.[65]

Polizeioffizier Ray Framek (Edward Platt) übernimmt in dem Film die Rolle des Psychologen und Sozialarbeiters, der mit den Jugendlichen und den Eltern gleichermaßen in Kontakt tritt, um familiäre Defizite zu beseitigen. Er fungiert laut Doherty als klares Modell für zukünf-

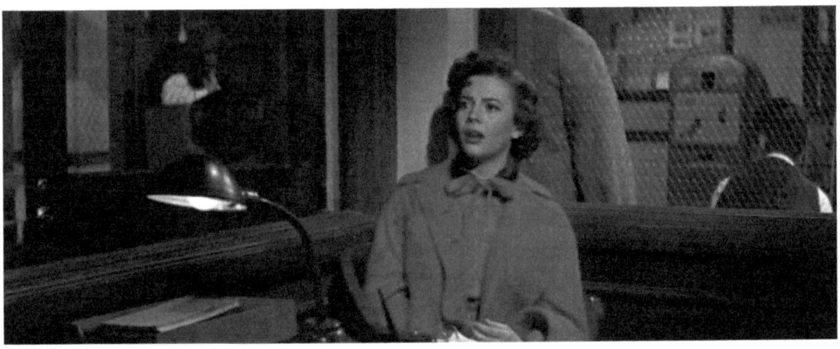

Abb. 8: Judy, Jim und Plato sind durch die Architektur der Station gleichzeitig in einem Bild zu sehen.

65 Vgl. ebd., S. 133f.

tige Filme. Zuvor hatte es Mann-zu-Mann-Gespräche gegeben, und es wurde auf einen Mittler verzichtet.[66] Ray stellt gezielte Fragen und lässt seine Interviewpartner reden, ganz im Sinne der psychologischen Therapie. Ray führt sein erstes Interview mit Judy, die nachts allein durch die Straßen gelaufen ist. Ihr langer roter Mantel und knallroter Lippenstift heben sie visuell von allen anderen dunkler gekleideten Figuren in der Station sowie auch der braunen Vertäfelung im Hintergrund ab. Wir erfahren, dass die Beziehung zu ihrem Vater der Grund für ihre nächtliche Wanderung ist. Er habe sie »a dirty tramp«[67] genannt und ihr gewaltsam den Lippenstift abgewischt. Er gibt ihr offenbar nicht mehr die Liebe, die sie noch als Kind von ihm erhalten hat. Diese Abneigung sehen wir erst später im Film direkt, als der Vater (William Hopper) ihr am Esstisch nach versuchten Küssen eine Ohrfeige gibt (»You're getting too old for that kind of stuff, kiddo« – er ist also einerseits dagegen, dass sie sich als Frau darstellt, andererseits ist sie für ihn auch kein Kind mehr, das Zuneigung braucht). Nach Streitereien mit der Zensur wurden diese gewollt inzestuösen Anspielungen zwischen Vater und Tochter auf ein Minimum reduziert, hinterlassen aber das Bild eines kalten, übertrieben abweisenden Vaters, was wiederum indirekt darauf schließen lässt.[68] Ray definiert Judys Situation als Schrei nach Aufmerksamkeit, um ihrem Vater wieder näher zu kommen, woraufhin sie trotzig sagt: »I'll never get close to anybody«. Ray verspricht ihr, er rufe ihren Vater an, dass er sie abholt. Währenddessen bietet Jim dem zitternden Plato seine Jacke im Flur an, die dieser aber ablehnt; wir sehen

66 Vgl. Doherty, a.a.O., S.105f.
67 Zitate ohne Fußnote sind den jeweils besprochenen Filmen entnommen.
68 Vgl. Frascella, a.a.O., S. 150ff.

gleichzeitig, wie sich direkt hinter Plato Judy die Nase putzt, getrennt durch die Glasscheibe. Als Ray ihr sagen muss, dass ihre Mutter kommen wird, begehrt Judy kurz auf, wird dann aber von einer Polizistin mit Rays abschließenden Worten »take it easy« aus dem Raum geführt, an Plato und Jim vorbei. Letzterer schaut ihr betont nach.

Plato wird als nächstes aufgerufen, aber von einem Kollegen von Ray betreut und in das Zimmer neben dem von Jim geführt, der von Ray mitsamt seinen eingetroffenen Eltern und seiner Großmutter mittlerweile dort hineingeleitet wurde. Plato wurde festgenommen, da er

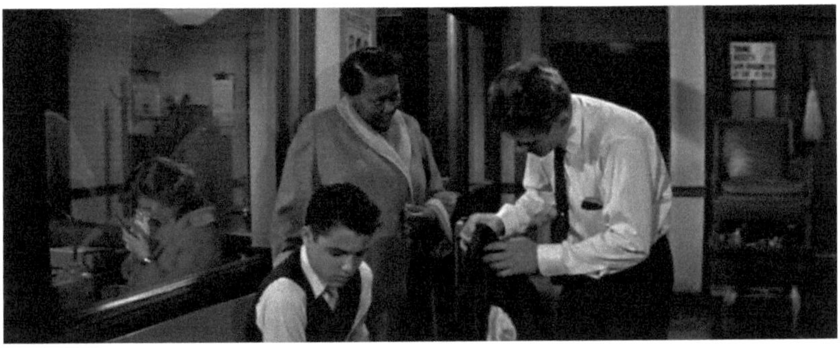

Abb. 10: Judy sitzt links im Büro, während Jim Plato im Flur seine Jacke anbietet.

Hundewelpen mit dem Revolver seiner Mutter erschossen hatte; schon hier wird deutlich, dass er im Gegensatz zu Jim, der wegen Alkoholkonsums auf der Wache ist, und Judy, die alleine herumirrte, der Charakter mit den zerstörerischsten Tendenzen ist. Diese werden im Verlauf des Gesprächs nachvollziehbar, da sich außer der Nanny niemand um Plato kümmert: Seine Mutter ist auf Reisen, sein Vater seit Jahren nicht aufgetaucht, und heute ist Platos Geburtstag. Auf die Anweisung seiner

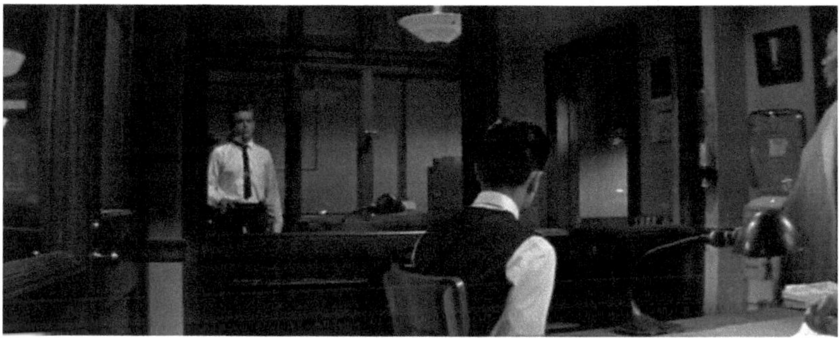

Abb. 9: Jim und Plato stellen kurz Blickkontakt her, bevor sie mit den Polizisten reden.

Nanny (die einzig schwarze Person im gesamten Film und namenlos[69]) soll er nett mit dem Polizisten sprechen: »He can help you!«, woraufhin Plato nur resigniert »Nobody can help me« erwidern kann, ein vorausschauender Satz für den weiteren Verlauf des Films.

Im Gegensatz zu Ray, der sich für Jim viel Zeit nimmt, kann der Kollege nur einen Psychotherapeuten (»a head shrinker«, wie Plato ihn abwertend bezeichnet) empfehlen, verlässt das Büro und die Kamera schwenkt um zu Jim, der direkt hinter Plato im Nebenbüro sitzt und Richard Wagners »Walkürenritt« summt. In der Szene, in der sich Eltern und Großmutter vor Ray und Jim streiten, wird deutlich, dass Jims Vater von der Mutter dominiert und diese wiederum durch scharfe Bemerkungen von Jims Großmutter in Schach gehalten wird. Philip Wylie nannte dieses Phänomen, dass Frauen ihre Männer und Söhne zu Schwächlingen heranziehen, ›momism‹, was in den 1950er Jahren breite Zustimmung fand (»male panic«).[70] Diese Auffassung ist aus heutiger

69 Vgl. ebd., S. 146 ff.: In Bezug auf ethnische Darstellung hing REBEL WITHOUT A CAUSE dem vorangegangenen Juvenile Delinquents-Film BLACKBOARD JUNGLE / DIE SAAT DER GEWALT um einiges hinterher. Dieser deckte im Klassenraum Schüler asiatischer, afroamerikanischer und puerto-ricanischer Herkunft ab.

70 Vgl. ebd., S. 143

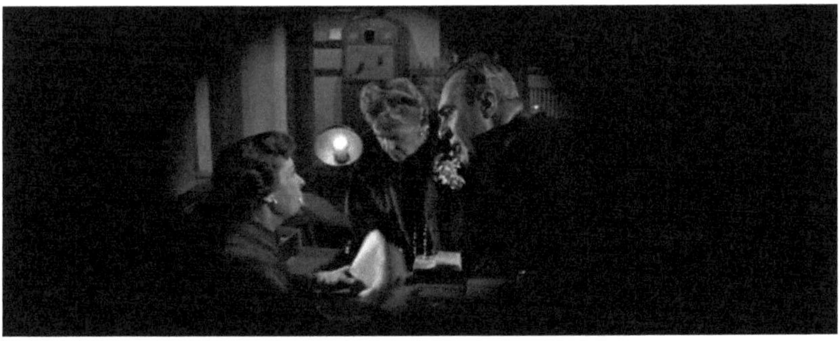

Abb. 11: Der Blick von Jim durch den Spion.

Sicht überholt, allerdings macht es den Ärger Jims im Film verständlich, insbesondere da Regisseur Nicholas Ray und Autor Stewart Stern die Eltern aus der Sicht von Jim und nicht aus Sicht des Publikums zeigen wollten, was allerdings nur teilweise deutlich wird:[71] Beispielsweise in der Szene, in der Jim durch den Spion von Rays Bürotür in den Vorraum schaut und seine Eltern beobachtet, und die Kamera direkt als seine Augen fungiert. Zusätzlich wird dieser ›momism‹ auch durch die gegenteilige Darstellung in Judys Familie relativiert, in der ihr Vater die Mutter und sie dominiert. Als Jim die Streitereien nicht mehr aushält, lässt er einen Schrei los, der sowohl die anwesenden Charaktere als auch das Publikum aufhorchen lässt: »You're tearing me apart! [...] You say one thing, he says another, and then everybody changes back again!« Zuvor war die Szene noch fast komisch, da der Vater verzweifelt versucht, das Verhalten des Sohnes zu erklären. Doch hier verändert sich die Atmosphäre: »He seems to be channeling a generation's worth of frustration and emotional claustrophobia«.[72]

71 Ebd., S. 142
72 Ebd., S. 139

Jim ist in der gesamten Szene immer nur alleine in *Close-Ups* zu sehen, in Schuss-Gegenschuss-Aufnahmen zu den Eltern und Ray, was seine Isolation und Entfremdung gegenüber seinen Eltern visuell verstärkt. Ray, der merkt, dass kein fruchtbarer Dialog zustande kommen kann, wenn die Eltern im Raum sind, führt Jim in sein Hauptbüro. Hier sind keine Glasfassaden, der Raum ist abgeschlossen und erscheint noch mehr wie ein psychiatrischer, vertraulicher Behandlungsraum. Bis es zum Gespräch kommt, muss Ray jedoch erst einen Angriff von Jim abwenden und ihn auffordern, seine angestauten Aggressionen am Schreibtisch auszulassen. Jim ist unzufrieden, dass die Familie immer

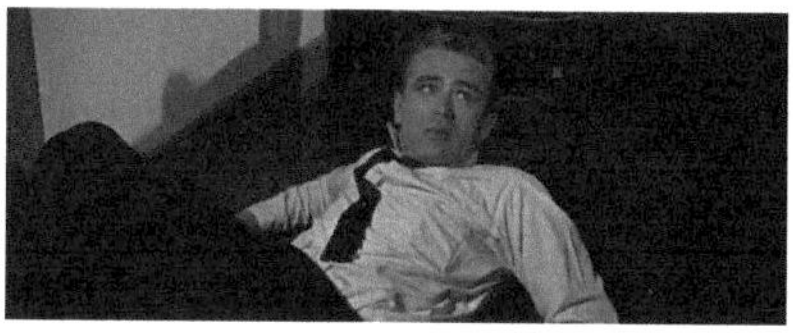
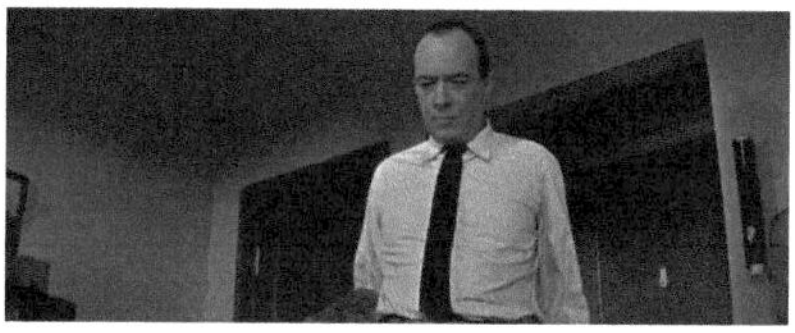

Abb. 12 und 13: Die Konfrontation von Jim und Ray zu Beginn des Gesprächs in getrennten Bildern.

umzieht, sobald er in Probleme gerät. In der letzten Schule wurde er als »chicken«, als Angsthase beschimpft. Ray erkennt hier die Verbindung zu Jims Vater: Gerade weil Jim niemals so schwach werden will wie sein Vater (»If he had the guts to knock Mum cold once! [...] I don't ever want to be like him!«), ist er reizbar und verletzlich, wenn er als Schwächling bezeichnet wird. Er will keinen Kumpel, wie er seinen Vater bezeichnet, sondern eine Autoritätsperson. Das wird besonders später deutlich, als er seinen Vater mit einer Schürze und einem heruntergefallenen Tablett vorfindet. Zuerst lacht er, wird aber wütend, als der Vater sich nicht traut, Jims Mutter seinen Fehler zu zeigen, sondern weiterhin das Essen aufwischt. Jim kann seinen Ärger verbal nicht artikulieren und verlässt, das Handtuch werfend, die Szene. Dass er sich kaum ausdrücken kann, wird ebenfalls in der Szene mit Ray deutlich, als er diesem seinen Gefühlszustand beschreiben will: »If I had one day where I didn't have to be all confused ... and didn't have to feel that I was ashamed of everything... if I felt that I belonged some place ... you know?« Ray bietet ihm für die Zukunft jederzeit Hilfe an. Beide sind in der Gesprächsszene, nachdem sich Jim beruhigt hat und aufgestanden ist, immer gemeinsam im Bild zu sehen, was eine enge Verbindung suggeriert und im Kontrast zur Szene zuvor steht.

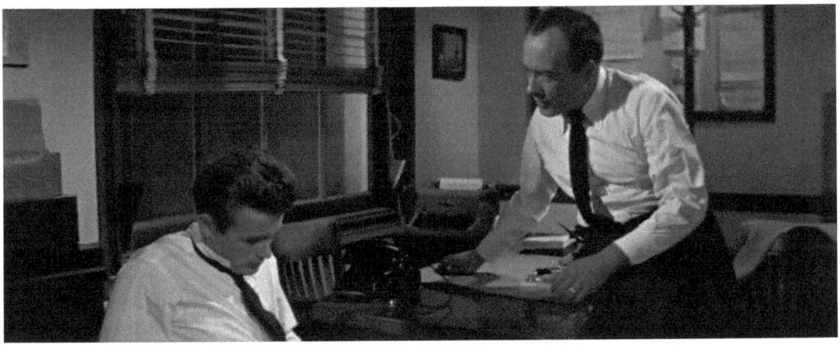

Abb. 14: Am Ende ist eine Annäherung auch auf Bildebene geschehen.

Die Probleme aller Jugendlichen werden also auf die Eltern zurückgeführt. Das wird oft auch als großes Manko des Films betrachtet,[73] da die Eltern nur einseitig dargestellt werden. Allerdings ist dies wiederum der Grund, wieso der Film auch heute noch so viele Zuschauer anspricht, da es ein »film about teenagers told from the point of view of teenagers«[74] ist und somit »all of the ambivalence, confusion, self-righteousness – and wrongheadedness – of adolesence«[75] aufnimmt. Das un-

73 Vgl. Frascella, S. 142ff.; Ann Doran, die Schauspielerin von Jims Mutter, bemängelte die Einseitigkeit ihrer Rolle vehement.

74 Douglas L. Rathgeb, Autor von *The Making of Rebel Without a Cause*, zit. in Dokumentation Rebel Without a Cause: Defiant Innocents.

75 Frascella, a.a.O., S. 152

terscheidet REBEL auch vom Teenage Delinquent-Film des gleichen Jahres, BLACKBOARD JUNGLE, in dem nur aus Sicht des Lehrers Richard Dadier erzählt wird.

2) Die Weltuntergangsstimmung

Das allgemeine Gefühl der Verlorenheit erhält in REBEL eine dramatische Schlüsselszene, die sich nicht nur auf Teenager allein beziehen lässt: »Susceptible to adulation and fearful of rejection, he [Jim Stark] rebelled not against parents or the law, but against a kind of universal situation in life – hence the planetarium sequence«.[76] Jim Stark erreicht den Vortrag am Griffith Observatory zu spät und muss sich seinen Sitzplatz im Dunkeln suchen, während der Dozent (Ian Wolfe) den Vortrag fortführt; er referiert über einen Stern, »increasingly bright and increasingly near ... As this star approaches us, the weather will change«. Es entsteht der Eindruck, als würde er über Jim Stark selbst reden.[77] Jim setzt sich direkt in die Reihe vor Plato, und hier wechseln sie auch die ersten Worte miteinander – Jim geht auf Platos Nachfragen, ob er etwas gesagt habe, dankbar ein (»I was just thinking that once you've been up there, you know you been some place!«). Der Dozent beginnt, die Sternzeichen am Planetariumshimmel zu zeigen und die Schüler fangen an, sich darüber lustig zu machen – Bandenführer Buzz (Corey Allen) imitiert bei dem Sternbild Krebs eine Krabbe, die über Judys Schulter klettert und in Goons (Dennis Hoppers) Nase kneift. Jim, der dies amüsant findet, versucht sich anzupassen und muht beim Sternbild Stier, was die Clique jedoch missbilligt und sie dazu veranlasst, ihn als »cute but I bet

76 Spoto, a.a.O., S. 218
77 Vgl. Frascella, a.a.O., S. 130f.

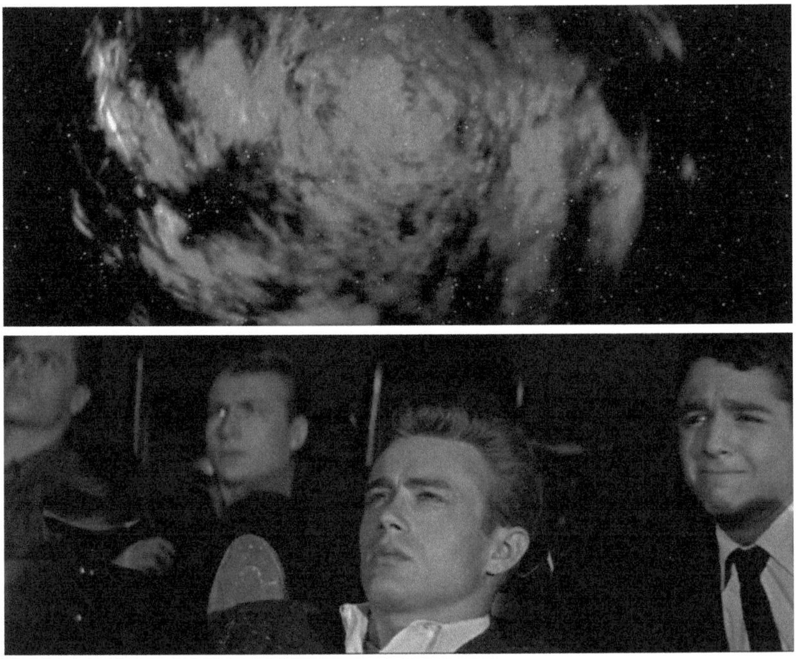

Abb. 15 und 16: Das Referat über den Weltuntergang zieht alle in den Bann.

he fights cows« beschreiben. Plato warnt Jim vor Buzz und Judy, dass man mit solchen Leuten nicht gut Freundschaft schließen könne. Jim entgegnet nur »I don't want to make friends« und wendet seine Aufmerksamkeit wieder dem Vortrag zu, der alle Schüler wieder in den Bann zieht: Ein Weltuntergang wird vorgetäuscht, der Raum verdunkelt sich und auf dem künstlichen Himmel dreht sich »a burst of gas and fire«; blaue Blitze, dramatische Musik und Donner werden eingespielt. Nachdem die Erde zerstört ist, wird der gewohnte Sternenhimmel wieder eingeblendet und von den letzten Worten des Dozenten untermalt: »Through the infinite reaches of space the problems of man seem trivial and naive indeed. And man, existing alone, seems himself an episode of little consequence«. Während des letzten Satzes ist Jim auch in einem *Close-Up* eingeblendet; wieder scheint der Dozent über ihn zu sprechen. Jim muss den von dem vorgetäuschten Weltuntergang verängstigten Plato hinter den Sitzen hervorlocken und dieser kann im Hinblick auf den Dozenten nur verächtlich sagen: »What does he know about man alone?«, »deliver[ing] one of his most memorable lines of dialogue, a line rife with teenage angst, alienation and attitude«.[78]

In dieser Szene finden Jim und Plato zueinander, da sie beide Außenseiter sind. Gleichzeitig führt dieser Vortrag eine Art Endzeitstimmung ein, die den katastrophalen Verlauf der Nacht vorherzusagen scheint. Dem Autor Stewart Stern hat der Film zu verdanken, dass diese Szene mit solch »dramatic purpose«[79] aufgeladen wurde, da er die ursprüngliche Drehbuchfassung von Irving Shulmann überarbeitete, sodass die Szene als Spiegelbild der Gefühle der Charaktere funktioniert: »[Their] thoughts, their whole emotional being, their sense of disaster and nothingness and coldness«[80] wird in Platos Satz vor dem Hintergrund der zerstörten Welt als existenzielles Dilemma zusammengefasst.

3) Gewalt

Jim Stark muss gleich am ersten Schultag nach dem Vortrag zwei gewaltvolle Mutproben bestehen. Er wartet mit Plato auf einem der Balkone des Planetariums darauf, dass die Clique um Buzz sich entfernt. Buzz jedoch schlitzt ihm provokativ seinen Autoreifen auf, woraufhin Jim beginnt, lässig einen Wagenheber aus dem Kofferraum zu holen.

78 Ebd., S. 132
79 Ebd.
80 Stewart Stern zit. ebd.

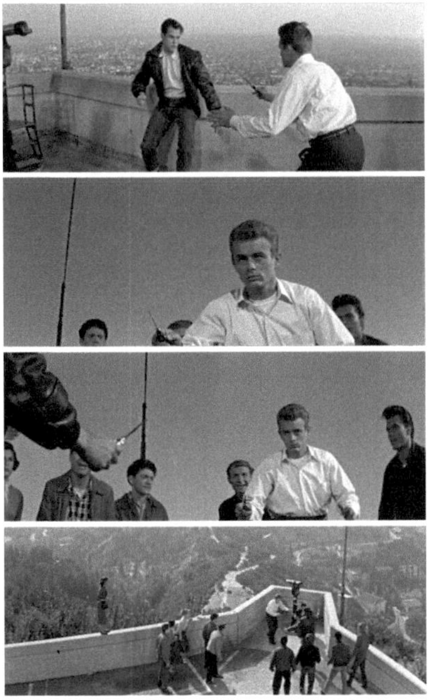

Abb. 17 bis 20: Der berühmte Messerkampf am Planetarium.

Allerdings eskaliert die ›coole Show‹, weil die Gruppe Hühnergeräusche von sich gibt, die Jim als »Chicken«, als Angsthasen, bloßstellen sollen. Judy fragt er, wieso sie sich mit »such rank company« umgibt, wodurch der eifersüchtige Buzz ihn zu einem Messerkampf herausfordert. Jim betont mehrmals, dass er keinen Ärger will. Er wirft seinen Wagenheber weg, nachdem er aus Reflex zum Schlag ausholen wollte und weigert sich mehrere Male, das Messer anzunehmen. Er wird aber durch weitere »Chicken«-Provokationen doch zum Kampf veranlasst. Er wird am Bauch verletzt, gewinnt die Partie aber.

Daraufhin wird die zweite Mutprobe für den Abend ausgemacht: Ein »Chickie Run«, ein Autorennen an der Millertown-Klippe, um die Angelegenheit, wer dazu gehört, offiziell zu klären. Buzz und Jim fahren bei dem Rennen auf die Klippe zu und derjenige, der zuerst aus dem fahrenden Auto springt, hat verloren und wird als »Chicken« gebrandmarkt. Die Umsetzung dieses »Chickie Runs« setzte Maßstäbe für weitere Teenager-Filme – wie beispielsweise FOOTLOOSE (Herbert Ross, USA 1984) – und rückte einen für Teenager essentiellen Gegenstand in den

Mittelpunkt der Handlung: Das Auto, in Verbindung mit Mut und Ehre und der Abwesenheit von Alternativen.

»You got to do something, now, don't you?« antwortet Buzz lakonisch auf Jims Frage, wieso sie das tun. Sie stehen dabei an der Klippe, die Buzz vorher melodramatisch und vorausschauend als »This is the

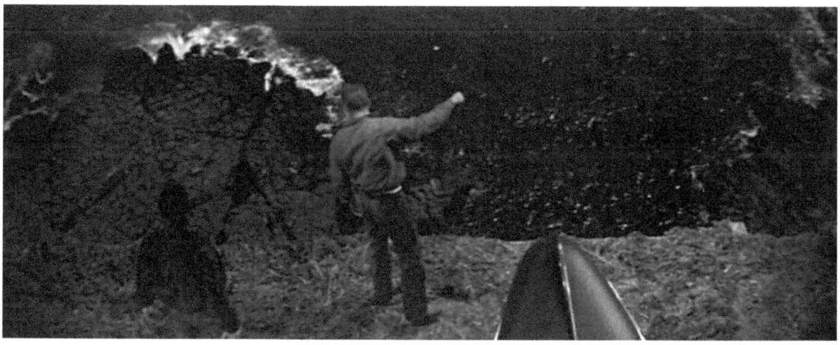

Abb. 21: Jim und Buzz am Abgrund.

edge. This is the end« beschrieb. Sie ziehen beide an der gleichen Zigarette und gestehen sich ein, dass sie sich eigentlich mögen. Die anderen reihen die restlichen Autos derweil entlang der zu fahrenden Strecke mit den Scheinwerfern zur Mitte zeigend auf. Judy steht mittig auf der Fahrbahn und signalisiert zum einen das Anschalten der Scheinwerfer, zum anderen den Start des Rennens. Jim gewinnt auch diese Mutprobe – allerdings auf Kosten von Buzz' Leben, dessen Lederriemen seiner Jacke am Türgriff hängenbleibt, er daher die Tür nicht öffnen kann und somit über die Klippe in sein angekündigtes Ende fällt. Die Jugendlichen stehen schockiert an der Klippe, verlassen dann aber so schnell es geht den Tatort, bis nur noch Jim, Plato und Judy dort stehen – das erste Mal gemeinsam zu sehen – und zusammen nach Hause fahren.

Das Spiel »Chicken« stand vor allem ab den 1950er Jahren ebenfalls für eine Strategie des Kalten Krieges basierend auf der Spieltheorie von John Nash und Herman Kahn,[81] in der jede Atommacht immer weiter aufrüstet, bis einer nachgibt. »Swap ›Jimbo‹ and ›Buzz‹ for America and the Soviet Union, and you could see parallels with the Cuban missile crisis of 1962, or with the Cold War more generally«.[82] Auch wenn Nicholas Ray dies vielleicht nicht ursprünglich im Kopf hatte, scheint diese Parallele auch in der Szene zuvor bei Judys Eltern durch, in der Judys kleiner Bruder mit einem Plastikgewehr »The Atomic Age« ankündigt.

Der Gewalt in der Clique in Form einer Mutprobe steht auch die familiäre Gewalt gegenüber, die in der Szene direkt im Anschluss deutlich wird. Jim versucht dabei, Hilfe und moralische Unterstützung bei seinen Eltern zu finden. Er ist sich unsicher, ob er zur Polizei gehen soll oder nicht. Seine Mutter, dominierend auf der oberen Treppenstufe stehend, will ihn überreden, Stillschweigen zu bewahren und sich das Le-

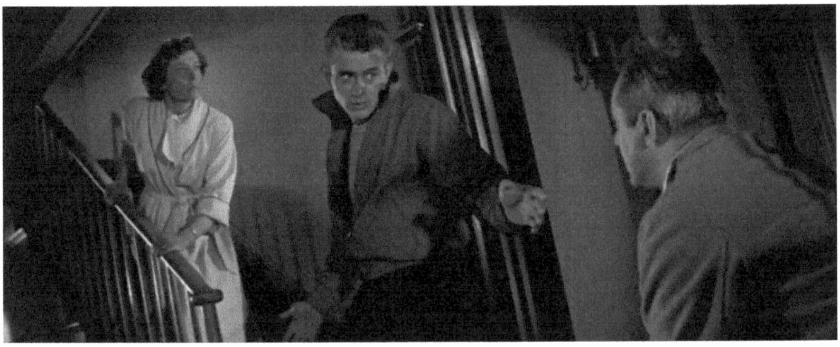

Abb. 23: Jim sucht Hilfe bei seinem Vater.

81 Vgl. ebd., S. 205
82 Journalist Robert Matthews zit. ebd.

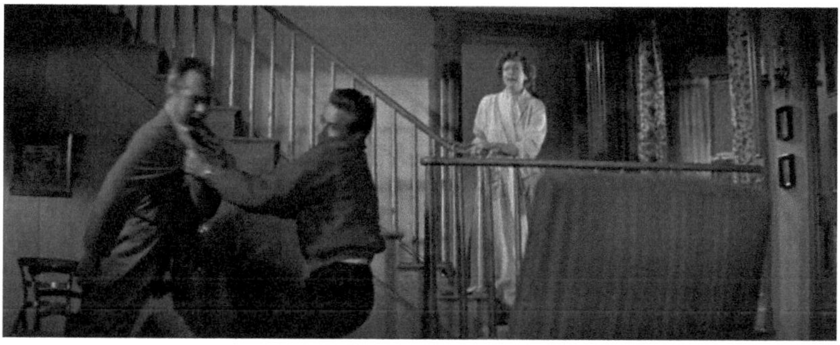

Abb. 22: Jims Aggressionen gegen den Vater nehmen überhand.

ben nicht zu zerstören. Als Jim sich weigert, beschließt sie, einmal mehr umzuziehen. Jim beschuldigt daraufhin seine Mutter, immer wenn sie mit sich selbst nicht klar käme, schiebe sie dies auf ihn oder auf eine andere »phony excuse« und wendet sich mit einem ruhigen, aber unterschwellig verzweifelten »Dad, stand up for me« an seinen einige Treppenstufen unter ihm sitzenden Vater, ohne die Mutter aus den Augen zu lassen. Als der Vater sich nicht rührt, folgt eine der kraftvollsten und gewaltsamsten Szenen des Films: Jim schnappt seinen Vater am Kragen, zieht ihn die Treppe hinunter, wirft ihn über einen Stuhl und beginnt, ihn zu würgen.[83] Seine Mutter zerrt ihn vom Vater fort, woraufhin er, das Portrait der Großmutter mit dem Fuß zerschmetternd, aus der Tür rennt.

Gewalt wird einerseits als Respekt schaffende Mutprobe angewendet, oder aber, um der Enttäuschung und Frustration gegenüber der Elterngeneration Luft zu machen, die kein geeignetes Rollenmodell vorleben kann. Hier ist dies zu sehen an der vehementen Ablehnung der El-

83 Diese Szene war für Jim Backus und Ann Doran ernsthaft schockierend, da James Dean laut Skript nur dazu angeleitet war, seinen Vater am Kragen hochzuziehen und zu würgen und nicht, ihn durch das halbe Set zu zerren. Vgl. Frascella, a.a.O., S. 145f.

tern, dass Jim sich der Polizei stellt. Jim jedoch möchte das Ehrenvolle tun und übernimmt die – zumindest geplante – Rolle des Informanten, wird aber weder von den Eltern noch der Polizei ernst genommen. »Not only is informing construed as an act of courage; it is also the defining moral choice which separates Jim Stark from both the wall-eyed self-interest of his craven parents and the nihilism of the teenage delinquents«.[84] Gewalt lässt sich auch als «excess sexual desire«[85] beschreiben, die durch die Unmöglichkeit der Akzeptanz der sozialen Ordnung entsteht: Die von seinen Eltern vorgelebte Ehe ist für Jim Stark kein Modell, das er anstreben möchte, sodass er aktiv und gewaltvoll gegen das patriarchalische/matriarchalische System rebelliert. Erst die mit Judy und Plato in der Villa gegründete »Ersatzfamilie« scheint ein Modell zu sein, das sich anzustreben lohnt. Dort sind die Mitglieder, konträr zur Rollenbeziehung bei Jims Eltern, gleichberechtigt.

4) Emotionen und unterschwellige Sexualität

Jim und Judy treffen sich vor ihren Häusern wieder. Sie fühlen sich nicht sicher, da Buzz' Gang Jim verfolgt. Drei von dessen Freunden haben Jim vor der Polizeiwache gesehen und denken, Jim habe sie verraten. Zusätzlich haben sie ihm per Musikwunsch im Radio eine Nachricht hinterlassen, die Jim und Judy aus Jims Autoradio hören. Judy fühlt sich nach den Ereignissen »numb« und beide sind sich sicher, dass sie nicht »back in the zoo«, das heißt zurück zu den Eltern, wollen. Daher fahren sie in eine verlassene Villa, von der Plato Jim einige Stunden

84 McCann, a.a.O., S. 23
85 De Angelis, a.a.O., S. 43

zuvor erzählt hat. Plato wird derweil von drei Gangmitgliedern überfallen, möchte Jim warnen und kommt kurz nach Judy und Jim dort an.

Es folgt eine Szene, in der die traditionelle Familie von den dreien auf übertriebene Art und Weise nachgeahmt wird. Plato übernimmt die Rolle des Maklers, der das frisch verheiratete Paar (Judy und Jim) durch das Haus und den Garten mit einem Swimming Pool führt. Der Pool wird als ›Aufbewahrungsort‹ für die »noisy and troublesome« und weinenden Kinder von den dreien dargestellt (»If you lock them in, you'll never have to see them again«, sagt zum Beispiel Plato). Jim nennt es passend »a sunken nursery«, nachdem er zuvor vorschlug, die weinenden Kinder wie Hundewelpen zu ertränken. Dies erfolgt als eine Imitation der Stimme von Mr. Magoo, einem Zeichentrickcharakter, der von Jim Backus synchronisiert wird und es als weitere Improvisation Deans in den Film geschafft hat. Zitieren von Populärkultur ist in späteren Teenagerfilmen ebenfalls vermehrt vorhanden.

Die drei finden in ihrer Verlorenheit und Entfremdung von ihren Eltern eine gemeinsame Basis und bilden eine »reconfiguration of the family that disrupts power relationships and resists the stratification of acceptable behavior according to gender roles and parental function«.[86] Sie lassen sich in einer Gartenlaube nieder, Jim und Judy auf der Bank mit Jims Kopf auf ihrem Schoß, und Plato sitzt vor ihnen. Erst hier können sie sich öffnen und ihr Taubheitsgefühl ablegen. Plato erzählt den beiden private Dinge, wie etwa vom Weglaufen von seinem Elternhaus, als die Eltern noch da waren, und seiner jetzigen Reue darüber, da diese ihn verlassen haben, sowie die Tatsache, dass er in psychotherapeuti-

86 De Angelis, a.a.O., S. 51

scher Behandlung war. Auch wenn Judy und Jim bildlich über ihm sitzen und quasi als erhöhte Wunsch-»Eltern« fungieren, entsteht eine Art »spirit of equivalence (...) and mutual understanding«.[87] Plato legt in einer kurzen Einstellung auch seinen Kopf auf Jims Arm und »Dean seems to be as deeply responsive to Mineo as he is to Wood«.[88]

Es gibt somit nicht nur eine bloße Neukonfiguration der Idealfamilie, in der Jim die Rolle des potenten Vaters für Plato einnimmt, den Jim sich selbst wünscht (einen Vater » (to) defend him against his own rage, disarm his anger with understanding, (and) risk his life for him«, so wie Jim sein Leben für Plato riskiert[89]). Zusätzlich gibt es erotische Spannungen zwischen Judy und Jim, außerdem streichelt Judy sowohl Jims als auch Platos Kopf in mütterlicher Fürsorge und »Jim and Plato exchange fond looks that suggest male tenderness«.[90] Die Grenzen zwischen Liebhabern und Eltern verwischen: »The configuration of the triad thus transcends a description as simply homosexual, heterosexual, filial, or incestuous – it need not be any single one of the above, and yet it harbors the potential to function as all«.[91] In einer Szene zu Beginn des Films läuft Jim auch aus Versehen in die Mädchentoilette der High School, was Plato von seinem Spind aus beobachtet. Dies deutet eine gewisse Verwirrung über Jims sexuelle Orientierung an und kann in der Szene in der Villa ebenfalls so interpretiert werden.

87 Ebd.
88 Frascella, a.a.O., S. 164
89 Stewart Stern zit. ebd.
90 Springer, a.a.O., S. 41
91 De Angelis, a.a.O., S. 54

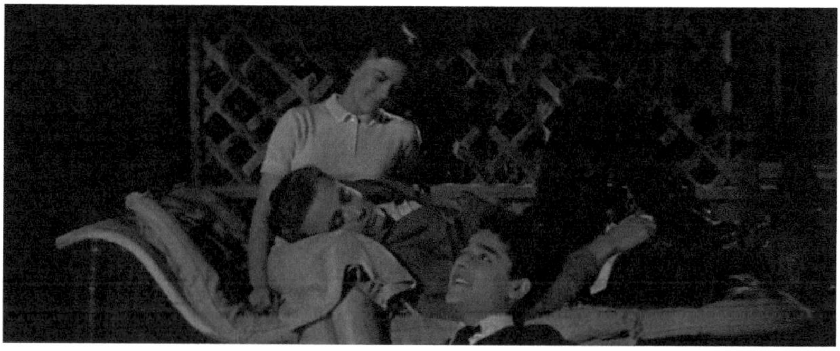

Abb. 24: Die Ersatzfamilie in der Gartenlaube.

Nach diesen vertrauensvollen Gesprächen schläft Plato zu Jims und Judys Füßen ein und die beiden beschließen, die Villa genauer zu erkunden. Man sieht sie in der nächsten Szene vor einem Lagerfeuer am Boden liegen, mit den Köpfen zusammen, und Judy gesteht Jim ihre Liebe und gibt auch eine Definition des in ihren Augen wirklichen Mannes: »A man who can be gentle and sweet. Like you are. And someone who doesn't run away when you want them. Like being Plato's friend when nobody else liked him. That's being strong«. Sie gibt Jim die Richtlinie für Männlichkeit, die er weder bei seinem Vater noch im in den 1950er Jahren geprägten Männerbild John Waynes – »that manhood is a matter of honor, of not backing down«[92] – finden kann. Judy »shows him how to reconcile courage, honor, and loyalty with sensitivity and tenderness without impugning his masculinity«.[93] Jim vereint somit polarisierende Eigenschaften in sich, die die Gegensätzlichkeit zwischen kindlicher Unschuld und erwachsener Erfahrung verdeutlichen: »his childhood vulnerability is tempered by adult strength, ›sensitivity‹ is coupled with ›force‹, and ›pensive‹ and ›moody‹ yield to

92 Cohan, Steven: *Masked Men: Masculinity and the Movies in the Fifties*, Bloomington / Indianapolis: Indiana University Press, 1997, S. 253

93 Ebd.

›dominant‹ and ›actionful‹«.[94] Er zeigt Gefühle gegenüber Judy – sie küssen sich in dieser Szene, die einzige Annäherung, die von der Zensur akzeptiert wurde[95] – sowie Verantwortungsgefühl gegenüber Plato und weint im weiteren Verlauf des Films offen über dessen tragischen Tod, den er nicht verhindern konnte. Außerdem liegt er schon in der Eröffnungssequenz in Embryonalstellung neben einem Plüschaffen auf dem Bürgersteig und zeigt kurz darauf seine Verzweiflung in kindlichem Schrei im Gespräch mit Ray. Gleichzeitig brodelt es auch in ihm und es kommt zu starken, unkontrollierten Gewaltakten wie die gegen seinen Vater oder den Schreibtisch in Rays Büro. Die Eigenschaft, aktiv Gefühle zu zeigen und dadurch stark zu sein, vermisst Judy an ihrem eigenen Vater, und gerade deswegen findet sie in Jim einen Seelenverwandten und lässt sie ihr trotziges »I'll never get close to anybody« zu Beginn des Films durch »Now I love somebody. And it is so easy« ersetzen.

Beide sind verletzt und enttäuscht worden und fanden dadurch zueinander; eine Tatsache, die in folgenden Filmen auch eine große Rolle spielt. Plato, der wahre tragische Held des Films, stirbt trotzdem, weil er auf Dauer das Beziehungsgleichgewicht durcheinander gebracht hätte. Der angekündigte Weltuntergang, der laut Jim nicht in der Nacht, sondern in der Dämmerung stattfindet, bricht für Plato tatsächlich zu Beginn des neuen Tages herein. Er wird, trotz der großen Bemühungen Jims, von Polizeibeamten erschossen, als er mit der Waffe in der Hand aus der Villa flüchtet. Doch auch wenn Plato stirbt, hat Jim dessen Andersartigkeit toleriert und akzeptiert, »on the basis of a perception of

94 De Angelis, a.a.O., S. 95

95 Vgl. Frascella, a.a.O., S. 166ff. Zensurbeauftragter Geoffrey Shurlock verbat alle Andeutungen auf eine eventuelle Sexszene oder Gespräche darüber.

his own difference from mainstream culture«.[96] Deutlich wird dies, als Jim neben dem Leichnam kniet und über die beiden unterschiedlichen Socken von Plato weinend lacht. Dieses Verhalten sowie der Stil von Jim Stark prägten das Rebellenimage enorm.

5) Das Outfit

Geplant war, REBEL in schwarzweiß zu drehen und Jim eine Brille tragen zu lassen.[97] Der Wechsel zu Farbe versprach eine verstärkte Hinwendung zur Entwicklung der psychologisch komplex angelegten Charaktere. Judy wechselt von knallrotem »tramp«-Outfit zu einem mädchenhaften Rosa; Plato trägt dunkle, unauffällige Kleidung, aber unterschiedlich gefärbten Socken, was seine Verwirrung und Nervosität zum Ausdruck bringt. Am stärksten jedoch war die Auswirkung der Entscheidung für Farbfilm auf Jim Stark. Am Anfang trägt er unpassend ein braunes Jackett und eine Stoffhose in der Schule – alle anderen Schüler sind leger und farbenfroher gekleidet –, später wechselt er vor der Schlüsselszene, dem »Chickie Run«, in Blue Jeans, weißes T-Shirt, und die berühmte rote Windjacke. Im Skript war eine Jacke vorgesehen, in Anlehnung an Terry Malloys Jacke in ON THE WATERFRONT /DIE FAUST IM NACKEN (Elia Kazan, USA 1954), die in diesem Film als von Arbeiter zu Arbeiter weitergegebene ›Rüstung‹ dient.[98] In flammendem Rot entfaltete sie ihre verstärkte Wirkung: »When you first see Jimmy in his red jacket against his black Merc, it's not just a pose. It's a warning. It's a sign«.[99] Er hebt sich hier so stark von allen anderen ab, dass der Zu-

96 De Angelis, a.a.O., S. 58
97 Frascella, a.a.O., S. 116ff.
98 Vgl. Stewart Sterns Zitate ebd., S. 120
99 Nicholas Ray zit. ebd.

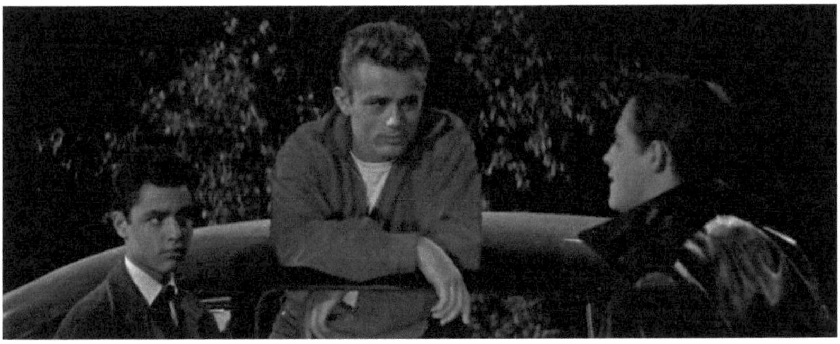

Abb. 25: Rote Jacke, Bluejeans, T-Shirt.

schauer gar nicht anders kann als die Aufmerksamkeit komplett auf ihn zu richten; selbst im dunklen Mercury sitzend leuchtet die Jacke auf. Diese Omnipräsenz und Signalfarbe der Jacke schaffen Spielraum für Interpretationen. Sie kann für den Ärger des Teenagers stehen, für Liebe, als Warnung vor Blut und Gewalt gesehen werden oder als Prahlerei, sie kann aber auch, vor allem zu dieser Zeit der Angst vor der »roten Bedrohung«, für den Kommunismus stehen, also für den Staatsfeind. Diese unterschiedlichen Konnotationen verstärken visuell die innere Zerrissenheit Jim Starks. Er schenkt Plato am Ende seine Jacke und überlässt sie dessen Leichnam, scheint dann also keine ›Rüstung‹ in diesem Sinne mehr zu benötigen.

2.4 James Dean wird Jim Stark: Etablierung des Rebellenimages

Das Outfit sollte einen großen Einfluss auf die Modeentwicklung der Jugendlichen in der ganzen Welt ausüben[100] und hat bei jugendlicher ›Coolness‹ ungefähr die gleiche Wirkung wie Johnny Strablers (Marlon Brandos) Motorradoutfit in THE WILD ONE / DER WILDE (Laslo Benedek, USA 1953). Allerdings ist ›cool‹ nicht nur auf das Outfit zurückzuführen. Einer der Hauptcharaktere in Tom Wolfes Collegeroman *I Am Charlotte Simmons* definiert ›cool‹ als »confidence and insouciance«, also selbstbewusst sein in Bezug auf »taste, status, appearance, opinions, confrontations«, und niemandem zu schmeicheln oder beeindrucken zu wollen, »unless it's about sports, sex, or getting high«.[101] Dies deckt sich ziemlich genau mit Springers Beschreibung von ›cool‹ als »an attitude or personality type [...with] three core personality traits, namely narcissism, ironic detachment and hedonism«.[102]

James Dean zeigt deutliche Züge von Narzissmus. Sein Auftreten sowie sein starker Einfluss am Set sprechen dafür.[103] Die Selbstverliebtheit Deans wurde auch auf seine Fangemeinde übertragen, wenn man Jon Dos Passos' berühmtem Zitat Glauben schenken darf:

---

100 Steffi Sidney, Darstellerin eines der weiblichen Gangmitglieder, erzählt von unzähligen Jungen, die in High Schools ab 1955 eine rote Jacke trugen; außerdem hatten auch in Indonesien 1957 Gruppen Jugendlicher das gleiche Outfit an, vgl. Frascella, a.a.O., S.121; in Hamburg stürzten sich nach Deans Tod zwei Mädchen in Blue Jeans von einem Hochhaus, vgl. Winkler, a.a.O., S. 26.

101 Tom Wolfe, *I Am Charlotte Simmons*, New York: Picador, 2004, S. 453ff.

102 Springer, a.a.O., S. 25

103 Die »Dean-mania« hatte bereits zu den Dreharbeiten bei REBEL begonnen, wenn auch nur in kleinen Maßen mit Fanpost, aber ihm kam doch mehr Aufmerksamkeit zu als den anderen; vgl. Frascella, a.a.O., S. 107

> So stehen sie heute noch da, einer neben dem anderen, vor den Spiegeln in der Herrentoilette, und sie blicken ihr Spiegelbild an und sehen James Dean; die meuternde Frisur, die tiefsitzenden schwimmenden Augen des Ausgestoßenen, den bitteren Ausdruck des Geschlagenen im Gesicht, die Lippen höhnisch verzogen. Sie ziehen die Taschenkämme, sie wühlen in ihrem Haar und klatschen es hin, einer wie der andere, auf den Millimeter genau, hingerissen tauchen ihre Augen in die Augen im Spiegel, sie verzerren den Mund zu einer Grimasse der Verachtung, jeder Fan ein gottverdammter Narziss, verliebt in sein eigenes Bild, jeder ein kleiner James Dean.[104]

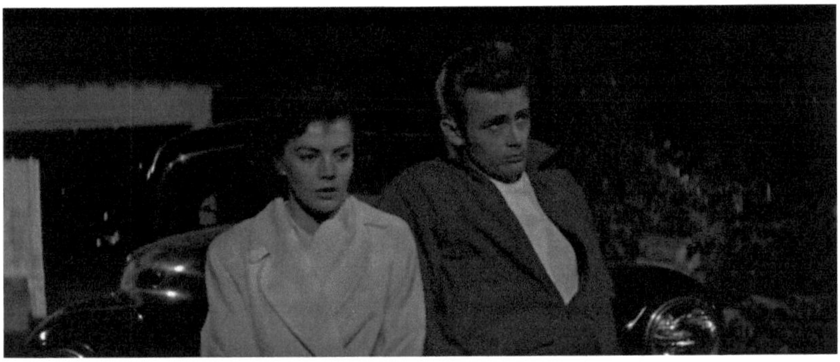

Abb. 28: Der typische verträumt-verzweifelte Blick ins Nichts.

Auch Jim Stark bewegt sich selbstbewusst und sich durch die rote Jacke von anderen Darstellern stark abhebend durch den Film und ist in so gut wie jeder Szene des Films zu sehen. Meist wird sein Gesicht so ausgeleuchtet, dass sowohl seine Augen als auch die Wangenknochen gut zur Geltung kommen. Zusätzlich schmückt in vielen Szenen eine Zigarette seinen Mundwinkel, die einerseits als Medium bei zwischenmenschlichem Kontakt funktioniert (Judy dreht die von ihm falsch in den Mund gesteckte Zigarette richtig herum; Buzz und er ziehen ge-

104 John Dos Passos, zit. in Winkler, Willi, a.a.O., S. 32f.

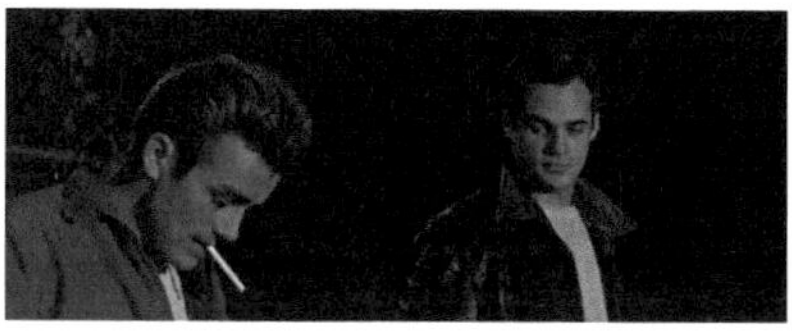

Abb. 26: Die Konkurrenten Jim und Buzz teilen eine Zigarette.

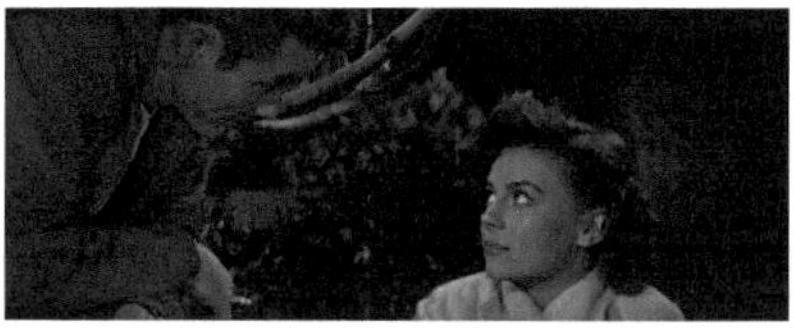

Abb. 27: Jim sitzt über Judy im Strauch und raucht.

meinsam an einer Zigarette) und ihn andererseits auch wieder von den anderen, die nicht rauchen, abgrenzt. Die rote Jacke ist ebenfalls ein Mittel zur Abgrenzung und Distanzierung und unterstützt somit zusätzlich auch die »ironic detachment«, die ironische Distanzierung.

Diese ist »a stratagem for concealing one's feelings by suggesting their opposite, for example feigning boredom in the face of danger, or amusement in the face of insult«.[105] Hier wäre die gespielte Gleichgültigkeit Jim Starks ein Beispiel, als er vor dem Messerkampf und vor der Provokation mit dem Hühnergeschrei den Autoreifen wechseln will, oder die Betonung im Planetarium, gar keine Freunde suchen zu wollen.

Der letzte Schlüsselfaktor der Coolness, der Hedonismus, ist – laut Duden – eine »in der Antike begründete philosophische Lehre, (...) nach der das höchste ethische Prinzip das Streben nach Sinnenlust und -genuss ist [und] das private Glück in der dauerhaften Erfüllung individueller, physischer und psychischer Lust gesehen wird«.[106] Auch hier passt beides sowohl auf Dean als auch auf Stark: Dean, der seinen Spaß in Autorennen fand, und Stark, der sein persönliches Glück in einer har-

105 Dick Pountain und David Robins zit. in Springer, a.a.O., S. 25

106 Duden Online Wörterbuch, http://www.duden.de/rechtschreibung/Hedonismus, 30.10.2012

monischen Familienstruktur ohne Druck von außen finden würde, um nie wieder allein zu sein.

Diese drei Persönlichkeitsmuster von Narzissmus, ironischer Selbstdistanzierung und Hedonismus wurden nicht primär von James Dean geprägt; der Begriff der ›Coolness‹ reicht weit in die Zeit der Sklaverei zurück. Zuerst als Mittel, um subtil Autonomie zu wahren als auch Verachtung gegenüber den Besitzern auszudrücken, wurde ›cool‹ im 20. Jahrhundert von Nachkommen der Sklaven »as a body armour against the discrimination, patronization and neglect«[107] umgedeutet. Diese Rüstung der ›Coolness‹ kann man auch als emotionale Kälte verstehen, als Selbstschutz vor äußeren Einflüssen. Weiße kamen damit schon in den 20ern in Jazz- und Blueskneipen in Berührung. Die Musik, die auf »tyrannische Dramaturgie«[108] verzichtete und den Musiker hinter der Musik verschwinden ließ, war auch Zeichen für »die Zurücknahme des Ausdrucks als das Eigentliche«, einer gewissen »Gelassenheit«,[109] wie sie in der Antike angestrebt wurde. Dort »galt die stoische Mitte zwischen Lust und Unlust als Zeichen der Gottähnlichkeit; man glaubte, sie könne zur *eupatheia*, zu einer heiteren, gelassenen und zuversichtlichen Gemütsverfassung führen«.[110] Jazzmusiker in den 30er Jahren bezeichneten sich schon selbst untereinander als »cool cats«: »Der streunende Kater als einzelgängerisches, wendiges und nicht domestiziertes Tier symbolisierte Schönheit ebenso wie Unberechenbarkeit und Gefährlichkeit«.[111] All diese Eigenschaften nahmen viele weiße aufkommende Subkulturen auf: »Gegensätzliche Werte [wurden] eingebettet in

107 Springer, a.a.O., S. 24
108 Poschardt, Ulf: *Cool*, Frankfurt: Zweitausendeins, 2000, S. 69
109 Ebd.
110 Ebd.

schwarze Kultur und schwarze Musik – die in einem neuen Kontext dazu dienten, die in den (weißen) Jugend-Subkulturen dargestellten Widersprüche und Spannungen zu symbolisieren und zu symptomatisieren«.[112] Dies bezieht sich beispielsweise auf die Beat Generation und deren Literatur und Lebensgefühl (es sei auf Jack Kerouacs *On the Road* verwiesen, in der die Protagonisten dauernd ziellos unterwegs sind und nie endgültig ankommen), auf die Rock'n'Roll-Musiker wie Elvis Presley sowie auf die jungen Rebellen Montgomery Clift, Marlon Brando und James Dean auf der Leinwand.

Deans Performance wurde oft als Kopie Brandos verstanden. Dean hatte allerdings den – nennen wir es – Vorteil, früh zu sterben. So blieb er immer jung und musste sich nie den Diskussionen aussetzen, der Wirbel um seine Person sei überzogen oder ungerechtfertigt. Dieses Thema wäre sonst, wie Humphrey Bogart es sagte, unvermeidlich gewesen: »He died at just the right time. If he had lived, he'd never been able to live up to his publicity«.[113] Für Claudia Springer wurden Dean und Brando beide als antiautoritäre Rebellen vermarktet, allerdings seien ihre ›rebellischsten‹ Filme (REBEL und THE WILD ONE) »far from revolutionary« und beide »stylistically conservative«[114]: So würde in THE WILD ONE die Motorradgang als gefährlich gegenüber den Bürgern dar-

111 Ebd.; Den Vergleich mit dem streunenden Tier hat schon Fotograf Dennis Stock angestellt (vgl. Spoto, a.a.O., S. 262), und auch Poschardt schreibt Dean eine gewisse Rastlosigkeit zu: »In der Figur von James Dean fand das von Heidegger als Verfallserscheinung der Moderne diagnostizierte ›Unverweilen‹ seine massenkompatible Verkörperung. James Dean – so scheinen es Bilder, Filme und Beschreibungen zu zeigen – fehlte jede Form der Ruhe oder Ausgeglichenheit; in ihm war nichts versöhnt. Sein Mythos speiste sich daraus, daß er getrieben war, seine Getriebenheit ausstellen durfte – und niemand wußte, was ihn trieb. Er war unterwegs, aber niemand wußte, wohin«. (S. 241)

112 Ebd., S. 27

113 Humphrey Bogart zitiert in Spoto, a.a.O., S. 256.

114 Springer, a.a.O., S. 29

gestellt und die Verschärfung der Gesetze betont, in REBEL seien die abwesenden Eltern oder dominanten Ehefrauen für die familiäre Dysfunktionalität verantwortlich.[115] Spoto bezeichnet Jim Stark als »the safest kind of rebellion – the tender, sweet-faced, strong-gentle boy who weeps easily«[116], der die amerikanische Gesellschaft lange nicht so aufwirbelte wie Marlon Brandos kraftstrotzender Proletarier Stanley Kowalski in A STREETCAR NAMED DESIRE / ENDSTATION SEHNSUCHT (Elia Kazan, USA 1951) oder dessen sich aktiv gegen die Gesellschaft aufbegehrenden Boxers Terry Malloy in ON THE WATERFRONT. »Deans Revolution ist melancholisch und selbstgenügsam, Brando dagegen subversiv und aggressiv«.[117] James Dean selbst beschrieb sein Image derart: »In one hand I got Marlon Brando yelling ›Fuck you all‹; in the other, Montgomery Clift asking ›Please help me‹«.[118] Alle drei jungen Männer standen für ein neues ambivalentes Männerbild, das in den 1950er Jahren in Hollywood etabliert wurde, eines, in dem Gefühle offen gezeigt werden durften, wie es McCann beschreibt:

> The rebel males reminded people that they were all responsible for their sexuality [... and] the vulnerability of the ideal screen male became the experience of all, and on the screen it was now not merely acceptable but desirable – an indispensable aspect of male sexuality.[119]

115 Vgl. ebd. Die Motorradgang war ursprünglich sympathischer dargestellt worden, aber von der PCA so nicht abgesegnet worden.
116 Spoto, a.a.O., S. 260
117 Wulff, a.a.O., S. 19
118 James Dean, zit. In Howlett, John: *James Dean: A Biography*, London: Plexus, 1997, S. 7
119 McCann, a.a.O., S. 30

Die Agenturen waren sich auch im Klaren darüber, welches ambivalente Bild der tote Schauspieler geprägt hat bzw. prägen würde und versuchten, das Publikum mit dem Betonen seiner gegensätzlichen Eigenschaften ins Kino zu locken: Im Trailer zu REBEL wird Dean als »dynamic« und »with [...] dramatic force and fire« angekündigt und anschließend einerseits als »powerful« und andererseits als »sensitive« beschrieben, um dann einen »unforgettable emotional impact«[120] zu versprechen. Das offene Ausleben der Gefühle wird hier aber nur auf die Jim-Judy-Beziehung bezogen: Das entstandene Rebellenbild musste immer an die hetereosexuelle Norm[121] angepasst werden.

Für Stephen Lowry repräsentiert das Image eines Stars die »Schnittmenge zwischen Person bzw. Schauspieler und Publikum – die Rezeption und die Wirkung eines Stars sind durch das Image vermittelt und wirken auf dieses zurück«.[122] Diese Wirkung kann sich im Laufe der Zeit und auch nach dem Tod des Schauspielers verändern. Für gewöhnlich werde, laut Lowry, zwischen innerfilmischem Image (der »Rolle«) und außerfilmischen Image (d.h. der Privatperson) unterschieden. Bei James Dean hat sich schon zu Lebzeiten, vor allem aber nach seinem Tod, eine Vermischung dieser beiden Images eingestellt. Beide werden durch ver-

120 http://www.youtube.com/watch?v=cAlzg0S51GY, 10.10.2012

121 Das ›Rebel Icon‹, wie Springer es nennt, wurde von Hollywood stark an das Mainstream-Publikum angepasst. »By manipulating the media and issuing press releases of its own, the studio manufactured a socially acceptable, sanitized version of Dean« (a.a.O., S. 28). Dies lässt sich vor allem in *James Dean Revealed!* (herausgegeben von David Dalton bei Delta, New York, 1991) nachforschen, einem Band, der Zeitungsartikel bezüglich Dean vor und kurz nach seinem Tod zusammenträgt, von denen es laut Spoto mehr als 300 zwischen November 1955 und Juni 1957 gegeben haben soll (a.a.O., S. 256). Deans Bisexualität wird vollständig außen vorgelassen, ihm werden diverse Affären mit Frauen angedichtet; seiner Begeisterung für die Künste wurde relativ wenig Beachtung geschenkt, dafür aber sein Enthusiasmus für schnelle Autos und Motorräder verstärkt.

122 Lowry, a.a.O., S. 13

schiedene Medien – Filme, Presse, Werbung – vermittelt. Da es zwischen Deans Rollen und seinem Leben so viele Überschneidungen – wie beispielsweise die problematische Vater-Sohn-Beziehung und Deans exzentrisches Verhalten – gab, wurde er durch die Medienkanäle als ›authentisch‹ vermarktet: »[The popular press] made nonconformity a symptom of his alienation and loneliness, and ultimately a sign of his vulnerability [... until the] biographical past began to function as intertextual ›backstory‹ for onscreen characterizations«.[123] Dies führte zu einem größeren Authentizitätsanspruch der Figuren. Für Howlett ist die Authentizität auch Grund für das Überleben des Images von James Dean »[t]hrough four decades of intense political and social change«[124], da James Dean die Realität seines Images gelebt habe und gestorben sei. »The identification was never, as traditionally with a film star, the fantasy ›how nice to be like that‹; it was instead the conviction ›that is how I am‹«.[125]

Die Rezipienten des Films entscheiden also über die Bedeutungszuweisung. Diesen Prozess beschreibt Rainer Winter in seiner zusammenfassenden Studie zur *Filmsoziologie*. Filmische Codes – Montagen, Schnitte, Einstellungswinkel – sowie nicht-filmische Codes wie z. B. der Dialog, die Gestik oder der Gesichtsausdruck interagieren in dieser Bedeutungsproduktion miteinander. »Die durch die filmtechnischen Mittel erzeugten *konnotativen Effekte* haben kulturelle Bedeutungen, und es hängt vom Wissen der Rezipienten ab, ob sie diese verschlüsselte Bot-

123 De Angelis, a.a.O., S. 75
124 Howlett, a.a.O., S. 257
125 Ebd.

schaft der Bilder entziffern können«.[126] Auch Roland Barthes beschreibt den Mythos als eine erweiterte Form von Bedeutung: Für ihn kann alles, was im Diskurs steht, zu einem Mythos werden. Einzig ewige Mythen würde es nicht geben, nur so lange sie für die Gesellschaft von Bedeutung wären, »denn nur die menschliche Geschichte läßt [sic] das Reale in den Zustand der Rede übergehen, und sie allein bestimmt über Leben und Tod der mythischen Sprache«, und die Geschichte sei es, die Analogien für Begriffe und Bedeutungen liefere.[127] Dick Hebdige zitiert in seiner Studie über Subkulturen Phil Cohens Definition einer solchen: Eine Subkultur, ein Jugendphänomen, ist eine »Kompromisslösung zwischen zwei gegensätzlichen Bedürfnissen: dem Bedürfnis, Unabhängigkeit und Verschiedenheit von der Elternkultur auszudrücken (...) und dem Bedürfnis, die elterliche Identifikation zu bewahren«.[128] Genau diese Ambivalenz drückten die Figur Jim Stark und auch James Dean aus, sie ist eine »symbolische Widerstandsform«, die »als auffällige[s] Symptom einer umfassenderen und im Allgemeinen unter den Tisch gekehrten Unzufriedenheit, die für die Nachkriegszeit charakteristisch war«,[129] gesehen werden kann. Kultur wie Subkultur bestehen aus binären Bedeutungssystemen, und vor allem die Medien – besonders das Medium Film – sind in zunehmendem Maße verantwortlich für die Grundlage von Bildern und Bedeutungen, die in einer Gesellschaft vorherrschen.[130]

126 Winter, Rainer: *Filmsoziologie: Eine Einführung in das Verhältnis von Film, Kultur und Gesellschaft.* München: Quintessenz-Verlag, 1992, S. 35

127 Barthes, Roland: *Mythen des Alltags*, Berlin: Suhrkamp, 2010, S. 252; 274

128 Phil Cohen zit. in Hebdige, Dick: »SUBCULTURE. Die Bedeutung von Stil«, in: Diedrich Diederichsen, Dick Hebdige, Olaph-Dante Marx: *Schocker. Stile und Moden der Subkultur*, Reinbek bei Hamburg, 1983, S. 41

129 Ebd., S. 43

130 Vgl. Hebdige, a.a.O., S. 46

Das Image von James Dean ist, wie Winter es ausdrückt, polysem[131] und kann somit vom Zuschauer mit jeder Menge Bedeutungen aufgeladen werden. Dieser Vorgang ist auch Grundgedanke der kognitiven Filmtheorie, in der »der Zuschauer als rational und frei handelnde Person« beschrieben wird, dem »selbst ein Spiel mit kulturellen Normen« erlaubt wird.[132]

Ausgehend von Jugendlichen, die sich mit Deans Performance identifizieren konnten, haben auch andere soziale Gruppen in ihm eine Ausdrucksmöglichkeit gefunden, wie beispielsweise die Schwulenszene. Durch seine auf der Leinwand verkörperte Verwirrung, wo er hingehört und wo er hinwill, und die daraus resultierende Getriebenheit, gepaart mit der Unsicherheit über seine eigene Sexualität, wurde James Dean als »sad young man« gefeiert, als sogenanntes »model for melancholy, unfulfilled gay lives«[133] verstanden. Als Beispiel sei hier Kenneth Angers Underground-Kurzfilm SCORPIO RISING (USA 1963) erwähnt. In diesem Film wird Männlichkeit mit Hilfe von sich wiederholenden Einstellungen von Motorrädern und Männern mit nacktem Oberkörper und Lederjacke dargestellt. James Dean wird mehrere Male in Bildform, auf dem Motorrad sitzend, gezeigt, und er wird »so in die Welt der Fetische und Objekte [eingeholt], in der hier schwules Lebensgefühl ausgedrückt wird«.[134] Die übertrieben dargestellte Virilität wird gebrochen, indem

131 Winter, a.a.O., S. 34

132 Hediger, Vinzenz: »Des einen Fetisch ist des anderen Cue: Kognitive und psychoanalytische Filmtheorie. Lehren aus einem verpassten Rendez-vous«, in: Sellmer, Jan / Wulff, Hans J.: *Film und Psychologie – nach der kognitiven Phase?*, Marburg: Schüren, 2002, S. 49; 55

133 Springer, a.a.O., S. 35; zum genaueren Verständnis des Begriffs »Sad Young Man« siehe Dyer, Richard: *The Matter of Images: Essays on Representation*, London / New York: Routledge, 1993, S. 73-93

134 Wulff, a.a.O., S. 22

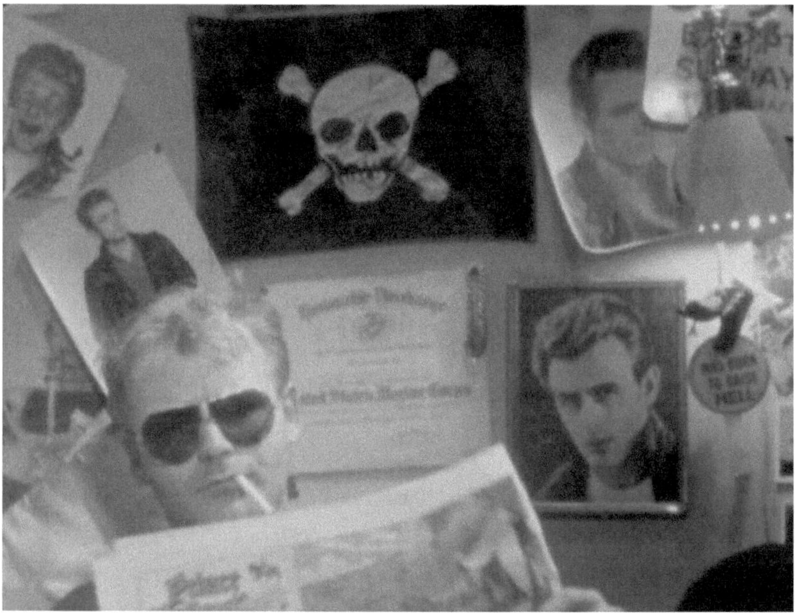

Abb. 29: Biker im Bett, James Dean an der Wand.

beispielsweise einer der Gangmitglieder mit seiner Katze im Bett liegend Comics liest – im Hintergrund über dem Bett hängt ebenfalls ein Portrait von James Dean – oder indem die hinterlegten Popsongs das Visuelle ironisch untermalen.

Auch heute scheint in der Figur James Dean etwas Universelles zu sein, das er auf weitere Generationen überträgt, und dennoch differiert die Bedeutung der Figur des Rebellen in jedem Zeitabschnitt: »Die Bedeutung (Signifikat) eines Zeichens [ist] nie endgültig und eindeutig festgelegt (...), da sie nicht nur durch die Verschiedenheit der Signifikanten (Laut-und Schriftbilder) bestimmt ist, sondern auch durch einen *endlosen Verschiebungsprozeß (différance),* dem die Signifikanten unterworfen sind«.[135] Das Image James Dean fungiert quasi als eine, wie Marx es betiteln würde, »soziale Hieroglyphe«,[136] deren Bedeutung sich stets verändert.

Außerdem kann man James Dean auch als »Erlösungs- und Identifikationsfigur«[137] sehen, wie es Elisabeth Bronfen ausdrückt. Das Mitleiden mit dem Star auf der Leinwand hat kathartische Qualitäten; Deans »central expression was a quality of sadness, and in certain moods at certain times people will choose before anything else the truthful portrayal of pain or despair«[138]:

> Die Berühmtheit des Stars sei weniger als Krönung irdischer Leistungen zu verstehen, sie beinhalte vielmehr eine psychische Medizin gegen ein universelles Gefühl des Verlusts und des persönlichen Scheiterns, das unsere moderne Kultur kennzeichnet: eine Kompensation für die Brüche und Spaltungen, die sich in unserem individuellen und kollektiven Selbstverständnis ergeben haben.[139]

Diese Entwicklung lässt sich auf die griechische Tragödie zurückführen; überhaupt entspricht das Image James Deans einem modernen, tragischen Helden. Im aristotelischen Sinn war die Tragödie formell sehr streng aufgebaut (u. a. die Einheit von Zeit, Ort und Handlung); meist stand ein nobler Held im Mittelpunkt, der gegen einen Tyrannen oder eine höhere Macht ankämpfen musste. Das tragische Dilemma wird anhand dieser zentralen Figur präsentiert, einem Charakter, der oft äu-

---

135 Jacques Derrida, paraphrasiert in Winter, a.a.O., S. 36. Kursiv vom Autor.
136 Karl Marx zit. in Hebdige, a.a.O., S. 52
137 Bronfen, Elisabeth: *Die Diva: Eine Geschichte der Bewunderung*, München: Schirmer/Mosel, 2002, S. 46
138 Howlett, a.a.O., S. 171
139 Leo Braudy paraphrasiert in Bronfen, a.a.O. (Originalquelle: Braudy, Leo: *The Frenzy of Renown. Fame and Ist History*, New York, 1997)

ßerst unvernünftig agiert und nur loyal gegenüber seiner Selbstauffassung ist.[140] Die Handlung soll im Zuschauer *phobos* und *eleos*, Angst und Mitleid, hervorrufen.[141] Die göttliche Ebene in den klassischen Stücken verschwindet mit der Moderne zusehends, da nun der kulturelle Zusammenhang eine immer wichtigere Rolle spielt. Der Pessimismus im Leben und die Sinnlosigkeit des Lebens und der Welt sind die Basis für ein neues Konzept der Tragik. Hegel war einer der ersten, der eine Art »Philosophie des Tragischen« beschrieb. Die zentrale tragische Idee für ihn war eine Kollision zweier ethischer Prinzipien, die jedoch moralisch und logisch sind; Schelling führte diesen Gedanken weiter, für ihn ist die Grundlage der Tragödie ein Konflikt von Freiheit und Notwendigkeit, der keine eindeutige Lösung hat.[142]

Arthur Miller, der 1949 mit seinem Stück *Death of a Salesman* eine moderne Tragödie schrieb, argumentiert in seinem Aufsatz *Tragedy and the Common Man* (1949), dass Tragödien nicht nur, wie von den Griechen festgelegt, den Königen und Adeligen zustoßen, sondern ebenso dem Durchschnittsmenschen. Für ihn entsteht Tragik, wenn

> we are in the presence of a character who is ready to lay down his life, if need be, to secure one thing - his sense of personal dignity. From Orestes to Hamlet, Medea to Macbeth, the underlying struggle is that of the individual attempting to gain his »rightful« position in his society.[143]

140 Vgl. Bernard Knox in Bushnell, Rebecca: *Tragedy: A Short Introduction*, Oxford [u. a.]: Blackwell, 2008, S. 88

141 Vgl. Newton, K. M.: *Modern Literature and the Tragic*, Edinburgh: Edinburgh University Press, 2008, S. 2

142 Vgl. ebd., S. 1ff.

143 Miller, Arthur: »Tragedy and the Common Man«, in: *New York Times*, 27. 2.1949, http://www.nytimes.com/books/00/11/12/specials/miller-common.html, 14.11.2012

Diese Position in der Gesellschaft zu finden steht im Mittelpunkt für jeden tragischen Helden; Jim Stark – bzw. James Dean – verkörperte diese Suche wie kein anderer seiner Zeit. Er wollte seine moralischen Vorstellungen leben und suchte Vorbilder, die er nicht fand. Er war, wie Miller in Bezug auf den tragischen Helden beschreibt, »torn away from [his] chosen image of what and who [he is] in this world«.[144] Dieser Kampf, sich eine zufriedenstellende Existenz aufzubauen, ist zentral für die moderne Gesellschaft wie auch für die Zeit der aristotelischen Tragödie; es ist ein universeller Akt eines jeden Individuums. Die Auseinandersetzung mit dem Negativen, dem Tragischen, ist die Lehre, die der Mensch aus dem Kampf um die eigene Identität zieht. Oder, um wieder auf die griechische Tragödientheorie zurückzukommen: »the things they [die tragischen Helden] learn (*mathemata*) through their sufferings (*pathemata*) make them wise (*sophos*)«.[145] Das ist wiederum ähnlich zu Bronfens Auffassung des Heilmittels Star, der für die Zuschauer stellvertretend leidet, und dem damit zusammenhängenden Katharsis-Gedanken. Katharsis ist nach Duden-Definition eine »Läuterung der Seele von Leidenschaften als Wirkung des [antiken] Trauerspiels«[146] und »das Sichbefreien von psychischen Konflikten und inneren Spannungen durch emotionales Abreagieren«.[147]

Anhand der folgenden Filme werden diese universellen Konflikte, die vor allem in der Zeit der Adoleszenz und dem Eintritt in die Arbeitswelt aufkommen, untersucht.

144 Ebd.

145 Brown, Sarah Annes (Hrsg): *Tragedy in Transition*, Malden [u. a.]: Blackwell, 2007, S. 212

146 Duden Online Wörterbuch, http://www.duden.de/rechtschreibung/Katharsis, 14.11.2012

147 Ebd.

3. Der Rebell im Zwiespalt zwischen Anpassung und Abgrenzung: Gefühle und angestaute Aggression

Jon Lewis führt fünf Gründe an, warum sich amerikanische Teenager, wie sie in Teenagerfilmen dargestellt werden, seit den 1950er Jahren bis in die 1990er Jahre hinein sukzessiv der Gesellschaft entfremden:

> (1) the failure of adult society to provide adequate role models; (2) the absence (due to significant cultural, political, and economic change) of discernable and tradition-bound rites of passage into adulthood; (3) the adult generation's refusal to grow up (the descent into suburban leisure, the persistence of rock and roll); 4) the celebration of youth as the *sine qua non* of contemporary happiness (the pervasive nostalgia for one's own youth that seems to elide just how difficult it is being young); and (5) the irresistibility of particular filmic role models (e.g. Dean and Brando) who have rendered anomie hip.[148]

Weniger klare Rollenverteilungen und die jung bleiben wollende Elterngeneration, die der eigenen Jugend nachhängen, sind offensichtliche Gründe, die auch in Filmen über Teenager thematisiert werden. Die Darstellung der Teenager lässt sich, wie (5) andeutet, auf das Rebellenimage der 1950er Jahre zurückführen. Auch Claudia Springer ist der Meinung, dass in jeder Repräsentation des einsamen, unverstandenen Teenagers »a little bit of James Dean« steckt, »no matter what the

148 Lewis, Jon: *The Road to Romance and Ruin: Teen Films and Youth Culture*, New York / London: Routledge, 1992, S. 34

teenager looks like (or whether it is a teenager at all, ›teenager‹ having been redefined in recent years as a state of mind)«.[149]

In diesem Kapitel wird mit der Analyse einiger Schlüsselfilme der 1980er Jahre begonnen und diese auf die dargestellten Ängste und Gefühle der Teenager untersucht, die vorwiegend von gesellschaftlichen und wirtschaftlichen Entwicklungen geprägt waren. Die 1980er Jahre waren im Grunde genommen eine Spiegelung der 1950er Jahre; William J. Palmer nennt sie »*The Fifties II*«.[150] Beide Jahrzehnte waren »landmarks for their conservative values and materialism, and the tidal wave of youths in popular cinema and, by extension, popular culture«.[151] Die Nachwehen des Krieges in Vietnam, Terrorismus, die nukleare Bedrohung durch den Kalten Krieg und die Entspannungspolitik waren die einflussreichsten Problematiken der 1980er Jahre, die sich auch vermehrt im zeitgenössischen Film niederschlugen.[152] Die Politik der Eisenhower- sowie der Reagan-Ära waren ähnlich, »embrac[ing] the ascendancy of style over substance«.[153] Die florierende Wirtschaft wurde genutzt und materielles Vermögen angehäuft; dies galt für Hollywood (viele sichere Sequels und Blockbuster im Rahmen der »Reaganomics«[154]) ebenso wie für die zivile Bevölkerung, in der sich der sogenannte Typ des »Yuppie« entwickelte, ein, so der Duden, »jun-

149 Springer, a.a.O., S. 17
150 Palmer, 1993, S. ix
151 Lee, a.a.O., S. 8
152 Vgl. Palmer, 1993, S. xii
153 Ebd., S. ix
154 Ebd., S. x; Unter »Reaganomics« verstand sich die starke Unterstützung der freien Marktwirtschaft durch Reduzierung von Steuern und dem Einschränken von Regulationen der Unternehmen durch die Regierung, damit eine starke Nachfrage entsteht und um somit die Defizite im Budget auszugleichen, vgl. auch Tindall, a.a.O., S. 1176ff.

ger, karrierebewusster, großen Wert auf seine äußere Erscheinung legender Stadtmensch«.[155]

> The yuppie drives to make large amounts of money quickly, to succeed in a ruthless competitive world, to acquire the most expensive material goods, to spend rather than save, to party extremely hard as a reward for working extremely hard, to sacrifice (especially human relationships) for one's job (...). Yuppieness became a form of protective coloration against the economic and status (...) threats from a questionable national economy.[156]

Die amerikanischen Filme der 1980er spielen demzufolge auch hauptsächlich im Milieu des Yuppies, oft in Zusammenhang mit der von Palmer bezeichneten »Yuppie Angst«, d.h. den negativen Aspekten des Yuppiedaseins: Unsicherheit, den Job und die Schnelllebigkeit des Arbeitsalltags zu überstehen und die Position in der Gesellschaft beizubehalten, sowie die eigenen Zweifel an der oberflächlichen Existenz.[157]

In diesem Kapitel werde ich mit den Teenagerfilmen aus den 1980er Jahren beginnen, in denen die Kinder solcher »Yuppies« anfangen, gegen diese zu rebellieren. Die Entfremdung von den Eltern und die Diskrepanz zwischen dieser Rebellion und der gleichzeitigen Gewissheit, sich der Gesellschaft anpassen zu müssen, soll untersucht werden. Wo Jim Stark in seinem Vater eine Autoritätsperson suchte, möchten die Rebellen hier von dem großen Druck, den die Elterngeneration auf sie ausübt, befreit werden: »Youth cinema of the 1980s reappropriated the

155 Duden Online Wörterbuch, http://www.duden.de/suchen/dudenonline/yuppie, 11.11.2012
156 Palmer, 1993, S. 280
157 Vgl. ebd., S. 282

popular memory of the ›rebellious teen‹ (...) to represent the cultural anxieties of its context of production«.[158]

Dies wird anhand der 1980er-Jahre-Filme The Breakfast Club (USA 1985) und Ferris Bueller's Day Off (USA 1986) von John Hughes veranschaulicht. Das anschließend diskutierte Regiedebüt von Ben Stiller, Reality Bites (USA 1994), steht für die desillusionierte Praktikumsgeneration der 1990er Jahre. Bei dem aktuelleren Film Remember Me (USA 2010) wird eine problematische Vater-Sohn-Beziehung untersucht, die ihren Ursprung im fehlenden Vorbildcharakter hat. Die Durchsetzungskraft, die Jim Stark in Rebel in seinem Vater sucht, wird hier ersetzt durch einen Vater, der sich der Familie zugunsten einer Karriere an der Wall Street komplett entzieht.

Explizitere Anspielungen auf die 1950er und 1960er Jahre gab es schon in den 1970er und ebenfalls in den 1980er Jahren. Man denke an das parodierende Musical Grease (USA 1978), in dem sowohl die »Chicken Run«-Szene als auch die Lebensweise (gegelte Haare, Autos, Rock ´n´ Roll Musik) sowie die sexuellen Doppelstandards ins Lächerliche gezogen werden,[159] sowie der nostalgisch angehauchte Film American Graffiti (USA 1973), in dem Jugendliche innerhalb der Nacht vor dem Beginn des College-Semesters ziellos und unter ständiger Begleitung

158 Ebd., S. 31

159 Für eine genauere Besprechung des Films s. Brickman, Barbara Jane: *New American Teenagers: The Lost Generation of Youth in 1970s Film*, New York: Continuum, 2012, S. 57ff.; vor allem die Figur Rizzo fordert die stereotypen Darstellungen der femininen und maskulinen Eigenschaften im Film heraus; Julianna Baggott bezeichnet den auch in Grease zentralen Zwiespalt der weiblichen Teenager bezüglich Sex als die »Slut/Prude Trap« (anhand des Beispiels von The Breakfast Club in Clarke, Jaime: *Don't You Forget About Me: Contemporary Writers on the Films of John Hughes*, New York: Simon Spotlight Entertaiment, 2007, S. 15ff.).

von Rockmusik durch die Nacht fahren.[160] In der BACK TO THE FUTURE / ZURÜCK IN DIE ZUKUNFT-Trilogie (USA 1985, 1989, 1990) muss der zeitreisende Marty McFly (Michael J. Fox) seinen Eltern in den 1950er Jahren mit dem Wissen der Zukunft Hilfestellung leisten, damit eine materiell abgesicherte und glückliche Familie entsteht. Außerdem reagiert er ebenso empfindlich auf »Chicken«-Beleidigungen wie einst Jim Stark.

Palmer hat in Bezug auf die Verarbeitung von Geschichte im Film ein Modell vorgestellt, in dem ein historisches Ereignis in einen Diskurs eingebettet wird und dieser aus drei Teilen besteht: dem primären Text (die Handlung), dem Subtext (bestimmte Themen, wie beispielsweise Politik, soziales Bewusstsein, moralische und existenzielle Fragestellungen) sowie Metatexten, die als selbstreflexive Diskurse zu verstehen sind. Letzteres wäre im Fall von BACK TO THE FUTURE die Einsicht, dass die Vergangenheit verstanden und eventuell sogar verändert werden muss, damit eine lebenswerte Zukunft entsteht, im Hinblick auf Materialismus und menschliche Interaktionen.[161] Dies deckte sich mit der Politik Reagans, »[who] was exhorting the nation to return to its collective past in order to find its cultural bearings amid an uncertain present«,[162] und wie in dessen Rhetorik ist die Vergangenheit im Film ebenso glitzernd und idealistisch. Die Nostalgie für die 1950er Jahre entstand auch aus der Retrospektive heraus, dass in den 1960er Jahren durch die Bürgerrechtsbewegung, den Multikulturalismus und Feminis-

160 Vgl. u. a. ebenfalls Brickman, a.a.O.
161 Vgl. Palmer, 1993, S. 10ff.
162 S. u. vgl. Prince, Steven: *A New Pot of Gold: Hollywood Under the Electronic Rainbow, 1980-1989*, Berkeley / Los Angeles: University of California Press, 2002

mus aus konservativer Sicht »a wrong turn in American history«[163] begründet wurde. So wurden in den späteren Filmen familiäre Werte wie Respekt und Monogamie verstärkt dargestellt. Dennoch gibt es selbst in einer Komödie wie BACK TO THE FUTURE auch komplexere Darstellungen von Sexualität, beispielsweise als Martys jugendliche Mutter Marty verführen will, aus Unwissenheit darüber, dass dies ihr zukünftiger Sohn ist. Diese ödipale Konstellation verbindet man sonst nicht mit den konservativen 1950er Jahren.[164] FOOTLOOSE (USA 1984) findet auch in sehr konservativem, den 1950er Jahren ähnelndem Rahmen statt: Tanzen und Rockmusik sind in der idyllischen Kleinstadt nicht erlaubt, und der neu zugezogene Ren McCormick (Kevin Bacon) unterstützt die Tochter des autoritären Pastors dabei, das Verbot aufzuheben und den Jugendlichen mehr Freiheit zu gewähren. Tanzen wird hier als Ausdruck von Gefühlen und Individualismus verstanden. Ren verarbeitet seine Aggressionen gegenüber seiner einengenden Umgebung im Tanz in einer Fabrikhalle. Die Begründung des Verbots wird schließlich anhand eines Bibelverses negiert und das Pastorenehepaar erkennt, dass auch sie als Teenager das Gefühl der Freiheit im Tanz gefunden hatten und dies nicht zwangsweise zu negativen Aspekten wie Jugendkriminalität, Alkoholmissbrauch und Autounfällen führen muss. Diese etwas eindimensional erscheinenden Handlungsstränge stellen dennoch eine Spiegelung der sozialen und gesellschaftlichen Thematiken der Zeit sowie die Milderung der konservativen Regelungen dar, die den Weg für die 1990er

163 Thompson, Graham: *American Culture in the 1980s*, Edinburgh: Edinburgh University Press, 2007, S. 104

164 Vgl. ebd.

und späteren Filme ebneten. Die Rebellion der Jugendlichen wird nun anhand der anfangs genannten Schlüsselfilme untersucht.

3.1 »The Sins of the Fathers«[165] in Filmen von John Hughes

3.1.1 The Breakfast Club

> You see us as a brain, an athlete, a basket case, a princess and a criminal. Correct? That's the way we saw each other at seven o'clock this morning. We were brainwashed. (...) But what we found out is that each one of us is a brain, an athlete, a basket case, a princess and a criminal.

Dieser Aufsatz bildet den Rahmen der Handlung des Films The Breakfast Club. Er wird zu Beginn und zum Ende des Films aus dem Off vorgetragen. Er offenbart die Entwicklung der fünf Schüler, die in der samstäglichen Nachsitzstunde sitzen und sich nicht kennen: Der ›Intellektuelle‹ Brian Johnson (Anthony Michael Hall); der ›Sportler‹ Andrew Clark (Emilio Estevez); die ›exzentrische, ausgeflippte‹ Allison Reynolds (Ally Sheedy); die ›Prinzessin‹ Claire Standish (Molly Ringwald) und der ›Kriminelle‹ John Bender (Judd Nelson). Es sind fünf Stereotypen, die sich im Schulalltag aus dem Weg gehen und die auch erst im Laufe des Films erkennen, dass sie in Bezug auf ihre Eltern und Zukunftsängste mehr gemeinsam haben als sie zunächst annehmen. Sie müssen zusam-

165 Palmer, 1993, S. 294, in Bezug auf die Charaktere in The Breakfast Club und Say Anything... (USA 1989, Regie: Cameron Crowe, dt. Verleihtitel Teen Lover)

menarbeiten, um den Tag und die autoritären Ausbrüche des Direktors Richard Vernon (Paul Gleason) zu überstehen. Dieser stellt ihnen gleich zu Beginn die Strafaufgabe, einen Essay darüber zu schreiben, wer sie sind, und verbietet ihnen, die Bibliothek zu verlassen. Der ›kriminelle Rebell‹ John Bender treibt die Handlung voran, indem er die anderen provokativ beleidigt und aus der allgemeinen Demotivation herausholt. Es wird erkennbar, dass er aus schwierigen Familienverhältnissen stammt und daher die verwöhnte Claire für ihr privilegiertes Elternhaus verachtet. Er macht sich sowohl über Andrews Wrestling als auch Brians akademische Kurse lustig. Außerdem schließt er die von Vernon absichtlich offengelassene Tür und legt sich auch verbal mit ihm an, sodass er weitere zwei Monate samstags zum Nachsitzen muss. Vernon rät ihm, nicht immer alle beeindrucken zu wollen durch seine ›Coolness‹, da er sich sonst sowieso im Gefängnis wiederfindet (»You gotta spend a little more time trying to do something with yourself and a little less time trying to impress people«). Bender scheint die ›Coolness‹-Definition zu verkörpern. Er tritt sehr selbstbewusst und selbstverliebt auf und sein Outfit ist das eines Jim Starks aus den 1980er Jahren (Narzissmus), mit zerschlissener Hose, weißem Langarm-T-Shirt, rot kariertem Hemd und Jeansjacke, einem roten Schal, den er anfangs um den Hals und aus Langeweile um den Kopf bindet, sowie dem für 1980er Jahre typischen Ohrring. Er provoziert Vernon immer weiter und gibt vor, ihm sei die Strafe gleichgültig (ironische Distanz). Er möchte aus der verlorenen Zeit auch etwas Spaß herausschlagen – und wenn Spaß nur bedeutet, mit den anderen in den Fluren der leeren High School umherzuwandern, sein Päckchen Marihuana aus dem Spind zu holen und in der Bibliothek zu konsumieren (Hedonismus).

Allerdings haben auch die anderen auf ihre Art und Weise einen Schutzwall aufgebaut und geben vor, etwas zu sein, das sie in Wahrheit nicht sind. Zu Beginn, nach einem *Establishing Shot* der Bibliothek, in die nach und nach alle fünf Schüler eintreten, sieht man im weiteren Verlauf die einzelnen Charaktere nur in *Close-Ups*, oder halbnahen Einstellungen, bei denen die Person im Hintergrund verschwimmt. Dies zeigt die Distanz, die sie untereinander fühlen. Jeder versucht, ein ›cooles Image‹ von sich herzustellen: Bender, der verbal die wunden Punkte der anderen attackiert, wie etwa die vermutete Jungfräulichkeit Claires; Andrew, der die anderen gegen Bender verteidigen will und diesen auch zu Boden wirft (interessanterweise nach einer Provokation Andrews, der Bender als »Chickenshit« bezeichnet); Claire, die Mitleid erregen will, indem sie die Streitereien ihrer Eltern erwähnt und lakonisch das Wort Scheidung fallen lässt; Brian, der versucht, sein großes

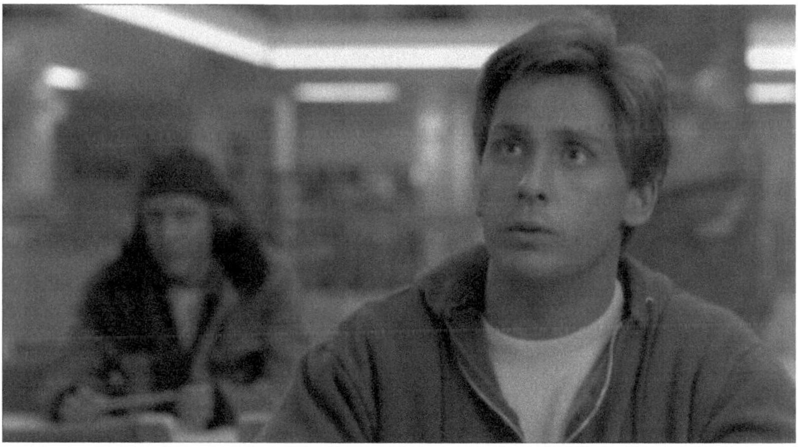

Abb. 30: Andrew (vorn) und Bender.

Interesse für die akademischen Kursen zu bagatellisieren; und letzten Endes Allison, die sich gänzlich von allen abgrenzt, nichts sagt und mit Hilfe ihrer Kopfschuppen ihr selbstgemaltes Kohlebild durch »Winterschnee« vervollständigt.

Erst, als sie zusammen zu Benders Spind marschieren, formt sich eine Art Gemeinschaftssinn, insbesondere weil sie alle einen gemeinsamen Feind, Direktor Vernon, haben. Dieser ist das Gegenteil der Figur Ray in REBEL, da er Bender lediglich provoziert und ihn in ein Einzelzimmer einschließt, anstatt ihm eine Hilfestellung zu bieten. Er ist ein »archetypal disapproving teacher of the late-modern era«[166], der in diesem Film allerdings komplexer dargestellt wird, als er in einer Parallelhandlung mit dem Hausmeister (John Kapelos) im Keller über die eigene Desillusion seiner Arbeit mit den Teenagern spricht. Der Konsum des Marihuanas führt unter den fünf Jugendlichen zu einer Lockerung der Stimmung – Andrew tanzt, ähnlich wie Kevin Bacon in FOOTLOOSE, seine unterschwelligen Aggressionen in der Bibliothek heraus – und auch zu ersten Aussprachen zwischen Brian, Andrew und Allison einerseits und Claire und Bender andererseits. Allison beschreibt ihr »home life« als »unsatisfying«, da ihre Eltern sie ignorieren. Stets trägt sie in ihrer Tasche sämtliche Utensilien für ein eventuelles Ausreißen von den Eltern. Während sich Brian darüber lustig macht, kann sich Andrew mit dieser desillusionierten Idee des Weglaufens identifizieren. Zwischen Bender und Claire bahnt sich auch eine Art Bindung an, als sie über Benders unzählige Beziehungen zu Mädchen sprechen.

166 Christie, Thomas A.: *John Hughes and Eighties Cinema: Teenage Hopes and American Dreams*, Maidstone: Crescent Moon, 2009, S. 77

Diese Öffnung untereinander findet dann im letzten Drittel ihren Höhepunkt, als sie alle fünf zusammen sitzen. Dies ist eine Spiegelung der Gartenlaube/Villa-Szene in REBEL, da sie hier an diesem von Autoritätspersonen befreiten Ort Vertrauen und Verständnis untereinander finden können. Sie erkennen, dass sie alle den Druck verspüren, »to conform to the preconceived notions not only of their peer group, but also of adults«[167], und daraufhin ihre Schutzwälle errichtet haben »in order to cope with a world that seems to have opted for a strict caste system based upon money and style«.[168] Jetzt sitzen alle vor einem Panorama der Bibliothek im Halbkreis, das heißt jeder hat Blickkontakt zu allen und keiner sitzt vor oder hinter dem anderen. Das Gespräch beginnt mit einem Schlagabtausch zwischen Claire und Allison, in dem die Jungfräulichkeit beider offenbart wird. Claire verbarg dies unter einer Fassade der Gleichgültigkeit und Allison, indem sie Details über ihr angeblich aufregendes Sexualleben preisgibt. Claire, die sich darüber

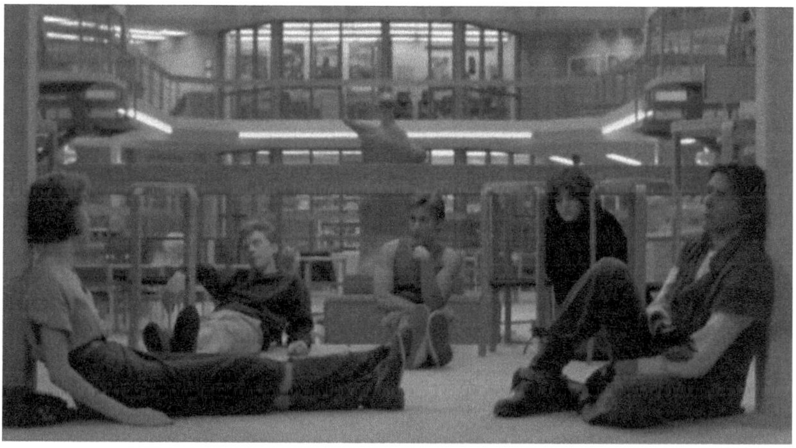

Abb. 31: Alle sitzen auf einer Höhe im Halbkreis.

167 Christie, a.a.O., S. 79
168 Palmer, 1993, S. 294

aufregt, etwas zugegeben zu haben, was sie nicht zugeben wollte, wird durch Andrews Beobachtung beschwichtigt: »We are all pretty bizarre. Some of us are just better in hiding it, that's all«. Er selbst könne nicht für sich selbst denken und versuche, sich anderen anzupassen. Daher habe er auch mit Klebeband einem Jungen in der Umkleide das Hinterteil zusammengeklebt, um sich vor den anderen zu profilieren und seinem Vater zu beweisen, dass er ein ebenso aufregendes Schulleben hat wie dieser es angeblich hatte. Während der emotionalen Schilderung, bei der jeder der anderen sich mit ihm identifizieren kann, dreht sich die Kamera um die Gruppe herum, ist also nicht starr auf dem Gesicht Andrews gerichtet und verbindet die Gruppe zusätzlich. Als Andrew sagt, sein Vater sei nur noch »a mindless machine«, zu der er keinen Bezug mehr hat, spricht Bender das erste Mal einen mitfühlenden Satz aus: »Your old man and my old man should get together and go bowling«. Allerdings ist die Stimmung auch schnell wieder verflogen, da Bender wieder zurück in sein altes Schema fällt und Claire weiter provoziert. Auf Verteidigungen für Claire sagt er nur »I could disappear forever and it wouldn't make any difference. I may as well don't even exist in this school, remember?«, eine Formulierung, die Andrew ihm zu Beginn des Tages vorgeworfen hatte. Damit zeigt Bender, dass er sehr wohl auch Dinge persönlich nimmt. Claire sieht da eine Parallele, weil sie von seinen Bemerkungen ebenfalls verletzt wird. Daraufhin offenbart Bender: »You got everything and I got shit. The school would probably shut down if you don't show up«.

Bender ist also nur oberflächlich der antiautoritäre Rebell und Verächter der Yuppies; er wäre gerne anders als seine ärmeren, alkoholabhängigen Eltern – und steht damit nicht alleine da. Sowohl Claire, deren Eltern sich unentwegt streiten, als auch Allison, deren Eltern sie ignorieren, fühlen sich zu Hause nicht wohl, genauso wenig wie Andrew, dessen Vater will, dass er der Beste ist, und Brian, der sich ebenfalls wegen der guten Noten von den Eltern unter Druck gesetzt fühlt. Die Elterngeneration projiziert ihre Wünsche und Erwartungen in ihre Kinder hinein, und diese kommen mit dem Druck nicht zurecht: Diese Erkenntnis verbindet alle.

Die Union wird allerdings sofort wieder zunichte gemacht, als Brian fragt, ob sie montags noch Freunde seien und Claire und Andrew dies verneinen. Brian erklärt daraufhin seinen Grund für das Nachsitzen, um seinen Druck zu veranschaulichen: Nachdem er in einem Kurs durchgefallen war, hatte er eine Waffe in seinem Spind, mit der er sich umbringen wollte, die allerdings versehentlich losging. Erst als Andrew anfängt zu lachen und Allison ihren Grund beichtet – sie habe nichts Besseres zu tun gehabt – entspannt sich die Stimmung zusehends und die fünf genießen die letzten Minuten ihres gemeinsamen Tages mit Tanzen sowie Annäherungsversuchen zwischen Claire und Bender sowie Allison und Andrew.

Allisons Umwandlung durch Claire sollte veranschaulichen, dass auch sie sich nicht mehr hinter ihren Haaren und ihrem schwarzen Kajal versteckt; allerdings scheint dieses ›Makeover‹ für den Charakter etwas zu unglaubwürdig und ist auch die Schwachstelle des Films. Weibliche Rebellen, die sich auch von den anderen abheben, werden somit als nichtig dargestellt. Ihr neues Auftreten integriert sie zwar mehr in die Gruppe und lenkt die Aufmerksamkeit von Andrew auf sie, doch letzten Endes zerstört es ihren Rebellenstatus, »providing simply another false facade behind which she can hide her anxieties«.[169] Ironischerweise bezeichnet Timothy Shary sie in seinem Buch *Generation Multiplex* dadurch als den idealen, ewigen Rebellen: Sie ist »destined to remain excluded even when she looks included«.[170]

Brian schreibt derweil den Aufsatz, der ihre Gemeinsamkeiten veranschaulicht: Jeder von ihnen ist »bizarr«, jeder verkörpert einen Teil jedes Stereotypen. Das bedeutet für das Rebellenimage ebenfalls, dass es sich auf jeden der fünf anwenden lässt. In Bezug auf REBEL könnte man auch sagen, Plato ist eine Mischung aus Brian und Allison (das etwas merkwürdige Kind ohne Freunde), Claire und Allison sind beide Judy (die Prinzessin, die sich der Gruppe anpasst), und Jim ist sowohl in Bender als auch in Andrew zu finden, durch die offensichtliche Aggression (Bender) als auch die Verteidigung schwächerer (Andrew). Der Film endet damit, dass die Jugendlichen – mit Ausnahme Benders – von den Eltern abgeholt werden[171] und der Aufsatz noch einmal aus dem Off rezitiert wird. »It's unavoidable (...). When you grow up, your heart dies«, beschreibt Allison und sagt eine düstere Entwicklung voraus. Trotz allem haben sie ihre Ängste und Konflikte mitgeteilt, ihren offenkundigen Hass gegeneinander beigelegt und erkannt, dass zum Erwachsenwerden der Kampf mit der Vergangenheit (den Eltern, bzw. wie Palmer es ausdrückt, den »Sünden der Väter«) und der Zukunft dazugehört. »Although the fashions may have changed and the music has

169 Shary, Timothy: *Generation Multiplex: The Image of Youth in Contemporary American Cinema*, Austin: University of Texas Press, 2002, S. 52

170 Ebd.

171 Brians Vater ist ein Cameo-Auftritt von John Hughes selbst; auch Nicholas Ray hat in REBEL einen Kurzauftritt am Ende des Films, er ist derjenige, der zu Beginn des Tages ins Planetarium zur Arbeit läuft, vgl. Frascella, a.a.O.

inevitably dated, the film's overarching themes of youth rebellion and the desire to fit in without losing oneself still resonates with audiences even today«.[172]

3.1.2 Ferris Bueller's Day Off

Auch John Hughes Film Ferris Bueller's Day Off, der ein Jahr später erschien, thematisiert eine Rebellion gegen die Elterngeneration, wenn auch im Rahmen einer Komödie. Ferris Bueller (Matthew Broderick) ist ein beliebter Sonnenschein, der es versteht, seine gesamte Umwelt zu täuschen und zu manipulieren, um die Schule zu schwänzen, und der letzten Endes ungestraft davonkommt. Sein Outfit ist das des ›All American Guy‹: Blue Jeans, T-Shirt, sportliche Jacke, kurze Haare, Turnschuhe. Er lebt seinen Slacker-Leitsatz, der diesen Film rahmt, mit voller Inbrunst aus: »Life moves pretty fast. If you don't stop and look around once in a while, you could miss it.«

Ein Slacker ist dem Duden nach ein »Jugendlicher oder junger Erwachsener, der das Streben nach [beruflichem] Erfolg ablehnt und die Lebenshaltung eines Müßiggängers, Versagers zur Schau trägt«.[173] Für Ferris bedeutet dies, seinen Eltern (Lyman Ward, Cindy Pickett) eine Krankheit vorzuspielen, um nicht zur Schule gehen zu müssen, um danach seinen besten Freund Cameron Frye (Alan Ruck) dazu zu bringen, dessen Hypochondrie zu überwinden und aus dem Bett zu kommen, sowie seine Freundin Sloane Peterson (Mia Sara) mit einem Trick aus der

172 Christie, a.a.O., S. 80
173 Duden Online Wörterbuch, http://www.duden.de/rechtschreibung/Slacker, 15.11.2012

Schule zu schleusen, ohne dass der Direktor Ed Rooney (Jeffrey Jones) dies bemerkt. Somit ist das Ziel, einen Tag durch Chicago im knallroten, restaurierten Ferrari von Camerons Vater zu fahren, erreicht. Sie gehen zur Börse, ins Museum, auf ein Baseballspiel, zu einer Straßenparade und geben vor, auf der Gästeliste eines eleganten Restaurants zu stehen – und natürlich schafft es Ferris auch hier, den herablassenden Kellner zu überzeugen. »Living the grand life, Ferris is an arrogant egotist. A rebel without a *real* cause?«[174] Diese Frage stellt sich Christina Lee. Kritikerinnen wie Elayne Rapping und Barbara Brinkman werfen Filmen wie FERRIS BUELLER'S DAY OFF vor, den Konservatismus zu stärken anstatt sich an den politisch motivierten Jugendfilmen der 1960er Jahre wie EASY RIDER (USA 1969) oder BONNIE AND CLYDE (USA 1967) zu orientieren.[175]

> Ferris does not challenge his parents' upper-middle class, suburban values or codes. He simply seeks his own pleasure and access to ›fine‹ things. [... Films like that] reinforce not only a Reagan-era masculine dominance and aggressive heterosexuality but also a characteristic financial opportunism or even cynism of the decade.[176]

Die »masculine dominance« ist tatsächlich spürbar. Ferris' Freundin Sloane übt den ganzen Film über keinen Einfluss auf die Handlung aus und scheint nur da zu sein, um Ferris' Überlegenheit in Bezug auf das Austricksen von Direktor Rooney zu untermauern (sie wird aufgrund des angeblichen Todes der Großmutter freigestellt), und um die Hetero-

174 Lee, a.a.O., S. 35
175 Elayne Rapping, zit. und paraphrasiert in Brickman, a.a.O., S. 211ff.
176 Ebd., S. 212f.

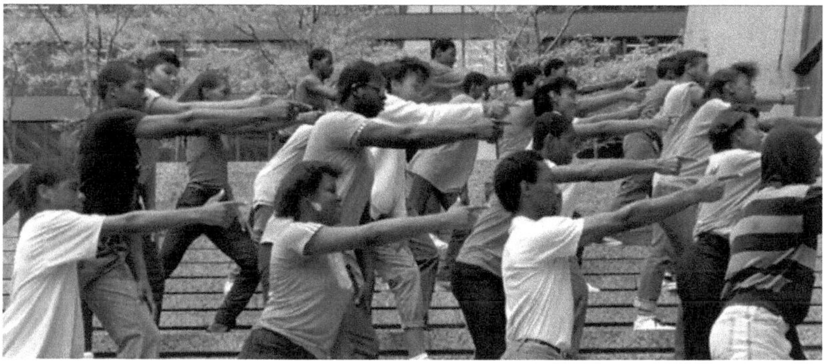

Abb. 32: Synchrontanz zu »Twist and Shout«.

sexualität von Ferris zu untermauern. Ohne sie wäre seine direkt an den Zuschauer gerichtete Besorgnis über Camerons Wohlbefinden und Zukunft auch als romantisches Interesse lesbar. Ferris möchte Cameron eine gute Zeit bereiten, bevor sich ihre Wege nach dem letzten Jahr in der High School vermutlich trennen werden. Er ist also nicht *nur* ein arroganter, hedonistischer Egoist. Die Szene der deutsch-amerikanischen Straßenparade, in der der Selbstdarsteller Ferris Wayne Newton's »Danke Schön«[177] sowie »Twist and Shout« Playback singt und die Menschen auf der Straße synchron mittanzen, unterstreicht die Realitätsferne des Films und ist »a splendidly ridiculous exercise in unadulterated indulgence«.[178] Der Film nimmt sich selbst nicht ganz ernst, und die Themen der Befreiung und Selbstbestimmung, die in der Figur Ferris vereint werden, sowie seine »affability and unshakeable slacker credentials«[179] sind es, die zeitlos bleiben. Lee betont auch die Aufrechterhaltung der perfekten Familienfassade – »father, mother, two children living in a palatial home in middle-upper class suburbia«[180] –, die in dem Film

177 Lee, a.a.O., S. 34
178 Lee, a.a.O., S. 35
179 Christie, a.a.O., S. 127f.
180 Lee, a.a.O., S. 35

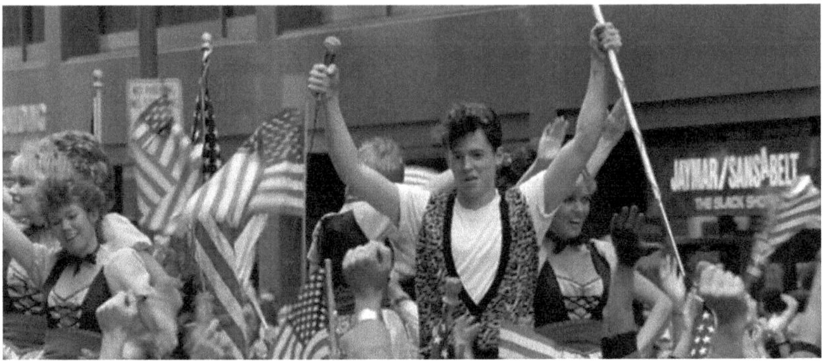

Abb. 33: Ferris umringt von einer feiernden Menschenmenge.

dargestellt wird, »with many of the jokes deriving from Ferris' absurd, but ultimately triumphant, efforts to maintain this exterior image«.[181] Denn in Wirklichkeit manipuliert Ferris selbst die im Job erfolgreichen, aber im Hinblick auf die Kinder ignoranten Eltern, seine Schwester Jeanie (Jennifer Grey) hasst ihn, und Direktor Rooney, der als weitere Autoritätsfigur fungiert, ist eine »overdrawn caricature[s], no real threat; [he is] played for laughs«.[182] Die Darstellung der ignoranten Elterngeneration ist für Doherty ein typisches Merkmal:

> In the postclassical teenpic, parents are more likely to be condemned for being self-centered, weak, and uncertain than for being overbearing, intrusive, or present. If Jim Stark's scream was ›You're tearing me apart!‹ the cry of his descendants is ›You're leaving me alone!‹[183]

Während Ferris der Sohn von ›Yuppie-Eltern‹ ist, die sich offenkundig um die Kinder sorgen – auch wenn die Mutter sich aufregt, als sie Jeanie von der Polizeiwache abholt, dass ihr wichtiger Termin und so-

181 Ebd.
182 Doherty, a.a.O., S. 196
183 Doherty, a.a.O., S. 197

mit ein wichtiges Projekt geplatzt ist –, steht Cameron stellvertretend für die ›Yuppie-Kinder‹, die alleingelassen und durch Statussymbole, wie den Ferrari, ersetzt werden und dadurch ein schwaches Selbstbewusstsein entwickeln. »With their yuppie parents too caught up in materialistic obsessions and job ambitions, these neglected teens get attention by trashing their parents' uniform and all its accessories«.[184] Der Ferrari fährt schließlich, nachdem Cameron ihn aus Frust über seinen Vater schon an der Motorhaube demoliert hatte, am Ende des Films versehentlich eine Klippe hinunter – unweigerlich wieder an die Szene in REBEL erinnernd. Ferris will die Schuld auf sich nehmen, aber Cameron nimmt diesen Unfall zum Anlass, sich seinem Vater (der übrigens nie onscreen zu sehen und somit als omnipräsente Vorstellung des vernachlässigenden Vaters zu lesen ist) zu stellen und sich von ihm zu befreien. Cameron vollzieht die einzig wirklich wichtige Entwicklung im Film. Ferris ist der »champion of eighties youth«[185], dessen größtes Problem das Fehlen eines eigenen Autos ist; Cameron ist der Teenager, mit dem sich die Mehrheit identifizieren konnte. Hier ist der direkte Unter-

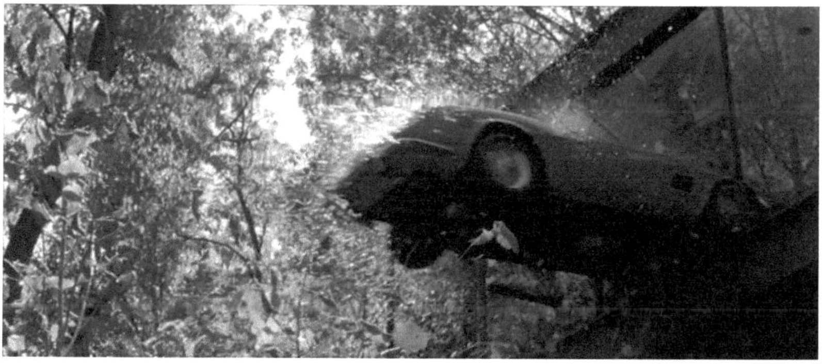

Abb. 34: Ein fliegender Ferrari.

184 Palmer, 1993, S. 287

185 Christie, a.a.O., S. 123

schied zu erkennen zwischen ›how nice to be like that‹ und ›that is how I am‹, den Howlett beschreibt. Ferris hilft Cameron, sich seinen Dämonen zu stellen, und es gelingt ihm im Gegensatz zu Jim Stark, der Plato nicht helfen konnte.

Diese Filme von John Hughes haben mittlerweile Kult-Status und werden beispielsweise von Serien-Autoren als Referenzen herangezogen. In der Bruderschaften-Serie GREEK (2007-2011) spielt Alan Rudd (Cameron) den Direktor der Universität, redet mit seinen Studenten über Ferris Bueller und fährt einen roten Ferrari, in der eine Frau sitzt, die er »Sloane« nennt. In COMMUNITY (2009-) wurde BREAKFAST CLUB die Pilotfolge gewidmet, da in der Serie eine ähnlich bunt gemischte Truppe gemeinsam Community-College-Kurse belegt.

Das Alleingelassenwerden von den Eltern und die Desillusion über Zukunftsaussichten sind in den Filmen der 1990er Jahre ebenfalls vorhanden. Zusätzlich beginnt das Männerbild sich zu transformieren. Ebenfalls wichtig sind die von außen eintretenden Bedrohungen – wie zum Beispiel AIDS – sowie der Umgang mit diesen Themenkomplexen.

3.2 Slacker vs. Yuppie: Die Repräsentation von Männlichkeit in den 1990er Jahren anhand von REALITY BITES

Das amerikanische Kino in den 90er Jahren war von einer Endzeitstimmung geprägt – erfolgreiche Katastrophenfilme wie JURASSIC PARK (Steven Spielberg, USA 1993), INDEPENDENCE DAY (Roland Emmerich, USA 1996), TITANIC (James Cameron, USA 1997) und ARMAGEDDON / ARMAGEDDON – DAS JÜNGSTE GERICHT (Michael Bay, USA 1998) zeigen dies auf. Die Entwicklung ging auch einher mit beeindruckenden Kinoerlebnissen in Dolby Surround-Soundsystemen und computeranimierten Spezialeffekten sowie stilistisch markantem *Mise-en-scène* wie beispielsweise die in der Zukunftsvision THE MATRIX / MATRIX (Andy and Lana Wachowsky, USA 1999).[186] Auf die apokalyptischen Visionen wird in Kapitel 5 genauer eingegangen.

Den Action-Blockbustern stand eine Reihe von Dramen, die sich mit dem Thema der sogenannten ›männlichen Krise‹ auseinandersetzen, gegenüber. Zentrale Beispiele wären David Finchers FIGHT CLUB (USA 1999) und Sam Mendes' AMERICAN BEAUTY (USA 1999). In den von Christina Lee zusammenfassend als »Office Genre« bezeichneten Filmen steht der »disempowered middle class white male«[187] im Mittelpunkt. Lester Burnham (Kevin Spacey) verkörpert diesen in AMERICAN BEAUTY. Er ist Familienvater in einem Vorort. Seine Tochter Jane (Thora Birch)

186 Claudia Springer diskutiert anhand der Transformation des Protagonisten Thomas A. Anderson (Keanu Reeves) in den Übermenschen Neo die Definition des ›Coolness‹-Faktors und des existenziellen Rebellen, s. Springer, a.a.O., S. 164ff.

187 Lee, a.a.O., S. 118f.

schämt sich für ihn und seine lüsternen Blicke, die er ihrer besten Freundin Angela (Mena Suvari) zuwirft. Seine Ehefrau Carolyn (Annette Bening) hat eine Affäre mit dem erfolgreichen Buddy (Peter Gallagher), während sie versucht, das perfekte Äußere der Familie zu wahren. Lester selbst kündigt seinen eintönigen Job, beginnt zu joggen und sich von seinen sozialen Verantwortungen zu befreien. Doch die komplette Absonderung von Familie und Karriere führt letzten Endes zu seinem Tod – ironischerweise wird er von seinem Nachbarn Colonel Fitts (Chris Cooper) umgebracht, der nach außen vorgibt, ein knallharter, homophober Marine zu sein, aber in Wirklichkeit seine eigene Homosexualität versteckt. Als er versucht, Lester zu verführen, erschießt er ihn aufgrund dessen Ablehnung in einer Kurzschlussreaktion, damit dieser sein Image nicht zerstören kann.

Diese Konstellationen zeigen die Schwierigkeiten auf, die Männer in Zeiten der Konsumkultur und voranschreitendem größeren Einfluss der Frauen haben. »Lester believes that he can cure himself from his emotional numbness by getting removed from the domestic world that he once believed he was meant to built«.[188] Susan Faludi ist in ihrem umfassenden Werk *Männer – das betrogene Geschlecht* der Meinung, dass die Männer der Baby-Boomer von der Generation ihrer Väter betrogen wurden. Diese waren Kriegsheimkehrer und bauten in den Vororten ihre materialistisch ausgefüllten Heime auf; Wirtschaft, Gesellschaft und Frauen versprachen dies auch für die Söhne. Als diese aber aus Korea

188 Laine, Tarja: *Feeling Cinema: Emotional Dynamics in Film Studies*, New York: Continuum, 2011, S. 92; Tarja Laine untersucht den Film anhand des Gefühls der Scham, das nicht nur in den Figuren, sondern auch im Zuschauer entsteht, v. a. aufgrund der verschiedenen vorgegebenen Männlichkeitsbilder (»Suburban Rebellion«)

und Vietnam wiederkehrten, gab es weder einen gewonnenen oder zu rechtfertigenden Krieg, noch wirtschaftliche Sicherheit, noch kamen die Frauen wieder zurück an den Herd. »Das Grenzland, der Feind, die Bruderschaften, die Frauen, die Schutz brauchten – all diese Elemente der alten Männlichkeitsformel waren in kurzer Zeit verschwunden«.[189] Es scheint schwierig zu sein, sich von dem vor allem durch die amerikanische Geschichte und von dem durch den amerikanischen Western oder Actionfilm vermitteltem Männerbild (Jesse James, Rambo, Dirty Harry)[190] zu lösen und eine geeignete, erfüllende Lebenssituation zu schaffen. Je weiter die ornamentale »Celebrity«-Kultur, wie Faludi es ausdrückt, voranschreitet, desto offensichtlicher wird das zerrissene Bild der Männlichkeit.

Dies ist auch in Fight Club ein zentrales Thema, in dem Jack (Edward Norton) durch seinen Freund Tyler Durden (Brad Pitt) neuen Lebensmut in einer konsumorientierten, belanglosen Gesellschaft findet, indem beide einen Untergrund-Kampfklub gründen, in dem Männer ihre unterschwelligen Aggressionen abbauen können. Jack steht für die angepasste, domestizierte Männlichkeit: »passive, alienated, and without ambition«[191]; Tyler für eine »Just do it«-Ideologie, für eine »authoritarian masculinity« bzw. für »hyperindividualism«.[192] Domestizierung und Feminisierung sowie Gewalt und soziale und politische Anarchie

---

189 Faludi, Susan: *Männer – das betrogene Geschlecht*, übers. von Ursula Locke-Gross/Sabine Hübner/Angela Schumitz, Reinbek bei Hamburg: Rowohlt, 2001, S. 53

190 Vgl. Faludi, a.a.O., u. a. S. 12; Laine, a.a.O., S. 91

191 Giroux, Henry A./Szeman, Imre: »Ikea Boy Fights Back: Fight Club, Consumerism, and the Political Limits of Nineties Cinema«, in: Lewis, Jon: *The End of Cinema As We Know It: American Film in the Nineties* (Hrsg.), New York: New York University Press, 2001, S. 99

192 Ebd.

sind die zwei Extreme, die in dem Film vorgestellt werden und letzten Endes in einer Figur vereint sind, da Tyler nur eine weitere Persönlichkeit von Jack ist. Der Verlust von Männlichkeit ist für Alexandra Juhasz das Hauptmerkmal des postmodernen Zustands, für sie grundlegend ein männlicher Zustand, in dem »all roads […] to the feminine«[193] führen und somit die männliche Stärke und Dominanz in Frage gestellt wird.

Auch in Ben Stillers Regiedebüt REALITY BITES gibt es zwei verschiedene Arten von Männlichkeitsdarstellungen, zwischen denen sich die Protagonistin Lelaina Pierce (Winona Ryder) entscheiden muss: Den karrierebewussten, in die Fußstapfen der ›Yuppie-Generation‹ tretenden Michael Grates (Ben Stiller) sowie den hochintelligenten Slacker und Hobby-Philosophen Troy Dyer (Ethan Hawke). Der Film zeigt keine Teenager, sondern sogenannte ›Twentysomethings‹, die nach dem College ebenso ratlos ins ungewisse Arbeitsleben treten wie die Teenager nach der Schule.

> ›Youth‹ by the mid-'90s thus covered a wider age range than ever before, spanning the first year of postelementary education (the age of 12) to the first few years after college (or, considering that the majority of young people do not complete college, at least the mid-20s).[194]

Die Generation, die nicht mehr vom Wirtschaftswunder profitieren und den Standard der Eltern nicht einfach halten konnte, wird gemeinhin als »Generation X« bezeichnet. Der Name wurde u. a. durch Douglas Couplands gleichnamigen Roman aus dem Jahr 1991 geprägt. Es han-

193 Juhasz, Alexandra: »The Phallus UnFetished: The End of Masculinity As We Know It in Late-1990s ›Feminist‹ Cinema«, in: Lewis, 2001, S. 210ff.

194 Shary, a.a.O., S. 21f.

delt sich laut Duden um zwischen »etwa 1965 bis 1975 Geborene[...], die durch Orientierungslosigkeit, Desinteresse am Allgemeinwohl u. a. charakterisiert« sind.[195] Im Roman leben die drei Protagonisten Andy, Dag und Claire fernab der Stadt im ländlichen Kalifornien und verdienen ihren Lebensunterhalt mit Nebenjobs – sogenannten McJobs: »low pay, low prestige, low benefits, low future«[196], während sie nach dem Sinn des Lebens suchen und sich desillusionierte Geschichten erzählen. Als Grund für den Eskapismus definiert Coupland u. a. den »Midtwenties Breakdown: A period of mental collapse occurring in one's twenties, often caused by an inability to function outside of school or structured environments coupled with a realization of one's aloneness in the world«.[197]

Reality Bites ist ein Film, der die 1990er Jahre wiedergeben möchte. Er beinhaltet zahlreiche typische Merkmale: Die MTV-Video-Optik bzw. Parodie derselben, die schlechten Chancen am Arbeitsmarkt, die erhöhte Anzahl Scheidungskinder, die Angst vor AIDS, das *Coming Out* als Homosexueller, Grunge, Kommerzkritik, Nachmittags-Wiederholungen von Sitcoms und Dramen in Serienformat. Die Desillusion der Jugend wird gleich zu Anfang etabliert, als Lelaina ihre College-Abschlussrede, in der sie die Konsumkultur und die gescheiterte Gegenkultur erwähnt, mit der Frage: »How can we repair all the damage we inherited?« beendet, auf die sie keine Antwort nennen kann. Lelaina steht im Mittelpunkt der Handlung und zeigt auf, wie sehr sich die Männlichkeit vor

195 Duden Online Wörterbuch, http://www.duden.de/rechtschreibung/Generation_X, 22.11.2012

196 Coupland, Douglas: *Generation X: Tales for an Accelerated Culture*, London: Albacus, 1991, S. 5

197 Ebd., S. 33

allem in Bezug auf die Frau äußert. Die beiden konträren Männertypen, die im Film vorgestellt werden, werden durch Troy und Michael verkörpert und kommen im Hauptkonflikt des Films zum Ausdruck, dem Kampf um Lelaina.

Lelaina arbeitet als Produktionsassistentin bei einer Frühstücks-Talkshow namens »Good Morning Grant!«. Sie wollte diesen Job als Sprungbrett für die eigene Karriere nutzen, da sie selbst mit Handkamera eine Dokumentation über ihre Freunde (aber eigentlich »about people who are trying to find their own identities without having any real role models or heroes«) dreht und diese gerne veröffentlichen würde. Dazu eignet sich der Job jedoch nicht, da der Moderator der Sendung (John Mahoney) sie nicht ernst nimmt und nur vor der Kamera freundlich wirkt. Off-Stage ist er ein Choleriker, der seine Mitarbeiter tyrannisiert, Lelainas Videoarbeit als »depressive junk« niedermacht, der nicht in die ›heile Welt‹ der Sendung passen würde. Er erinnert Lelaina daran, wie leicht es wäre, sie einfach gegen jemanden, der unbezahlt arbeiten würde, auszutauschen. Lee schildert, dass sich der Mangel an Arbeitsplätzen auf den Börsenkrach 1987 zurückführen lässt, durch den ein massiver Abbau von etwa 43 Millionen Stellen in Unternehmen zwischen 1979 und 1995 in Amerika vollzogen wurde: »The youth entering the employment sector during this period labored longer hours for considerably less pay. For those who opted to stay in school, there were also signs that the education system was also failing them«.[198] In einem rebellischen Akt schreibt Lelaina ihrem Chef beleidigende und für ihn peinliche Anekdoten auf die Karteikarten seiner Li-

198 Lee, a.a.O., S. 20

veshow, in der auch ein für die Story passendes Buch vorgestellt werden soll (»Mama, Why Do I Hate Myself? Self Esteem for Parent and Child«).

Nach der Kündigung bietet ihre Mitbewohnerin Vickie Miner (Janeane Garofalo) Lelaina an, mit ihr bei Gap zu arbeiten, Lelaina lehnt dies jedoch ab, da sie keinen ›McJob‹ annehmen möchte. Diese Einstellung teilt sie mit ihrem übergangsweise auch in der Wohnung lebenden besten Freund Troy, der von seinem zwölften ›McJob‹, einem Kiosk, gefeuert wurde, da er einen Müsliriegel geklaut hatte. Außerdem ist er bei einem Vorstellungsgespräch für einen Job in der Firma von Lelainas Vater nicht erschienen. Er schaut verächtlich auf die Yuppies seiner Generation herab, was besonders deutlich wird, als Lelaina den aufstrebenden Fernsehredakteur Michael mit nach Hause bringt. Dieser wirkt durch seine unsichere Art kaum wie ein auf die Karriere achtender Aufsteiger: »Michael is far from a smooth-talking corporate weasel -- his body language practically apologizes for his success on the job«.[199] Troy jedoch sieht in ihm einerseits den »yuppie head cheeseball«, oder wie Coupland ihn beschreiben würde, »Yuppie Wannabe«, der an »the myth of a yuppie life-style being both satisfying and viable« glaubt, aber nach ein paar Bier vom Weltuntergang spricht;[200] andererseits ist Michael auch ein Konkurrent bezüglich der Gunst Lelainas. Diese wirft Troy vor, dass er sich wie ein eifersüchtiger Freund verhalten würde, und er ge-

199 Kempley, Rita: »Reality Bites (PG 13)«, in: *Washington Post*, 18.02.1994, http://www.washingtonpost.com/wp-srv/style/longterm/movies/videos/realitybitespg13kempley_a0a417.htm, 25.11.2012

200 Coupland, a.a.O., S. 104

steht ihr seine Liebe in einem Moment der Ehrlichkeit – revidiert dies aber sofort wieder, indem er alles als einen Witz darstellt.

Der narzisstische, coole Troy, der gerne nichts tut und meint, das ganze Leben als eine »random lottery of meaningless tragedy and a series of near escapes« verstanden zu haben, schafft es nicht, seinen Gefühlen ernsthaft Ausdruck zu verleihen. Während Jim Stark oder auch die Charaktere in den Filmen von John Hughes aufzeigen, dass sich untereinander zu öffnen zu einem kathartischen Moment führt, verbirgt

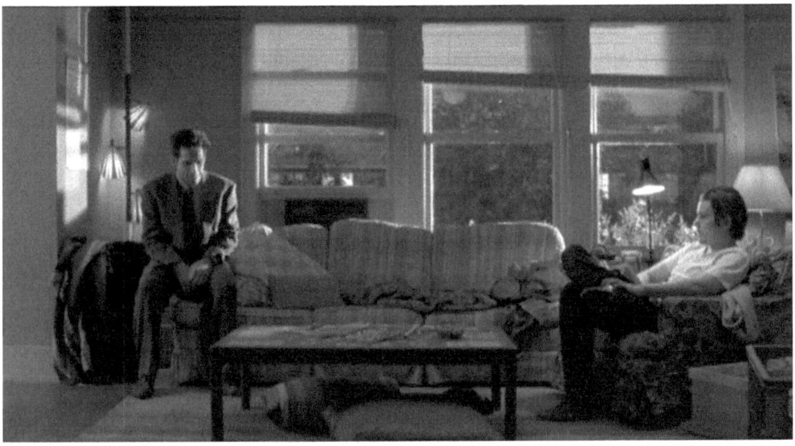

Abb. 35: Troy schüchtert Michael ein.

sich Troy hinter einer Mauer aus Zynismus. Diese Mauer ist vor allem dann zu spüren, wenn Michael in die Wohnung tritt und stehenbleibt; Troy sitzt dabei meist entgegengesetzt auf dem Sofa oder am Kopfende des Tisches beim Gesellschaftsspiel mit Freunden. Troy ist demnach visuell unter Michael positioniert und dennoch strahlt er eine Überheblichkeit aus, die Michael durch Smalltalk zu überwinden versucht, was aber bei Troy auf Desinteresse stößt. Sichtbar wird die Distanz zwischen beiden auch, als Michael sich ebenfalls in die Sitzecke setzen will und sich nicht auf den am weitesten entfernten Sofaplatz setzt, sondern ungemütlich und wackelig auf der noch etwas weiter entfernten Lehne Platz nimmt, während Troy seelenruhig fortfährt, in seinem Buch zu lesen. Als Michael ihn fragt, was sein Problem sei, ob er vielleicht eine Etikette (einen »secret handshake«) bei ihm verpasst hätte, kann Troy nur gelangweilt erwidern: »There is no secret handshake. There is an IQ prerequisite«. Er versucht sich somit vor Lelaina als besser darzustellen und die vermeintlich intellektuellen Einschränkungen Michaels bloßzustellen. Dies gelingt zwar (Michael beschreibt IQ als »intelligence quotation«), allerdings wird auch deutlich, dass Michael es schafft, Lelaina seine Zuneigung offen zu zeigen, ohne sich darüber lustig zu machen wie Troy. Jedoch haben beide gleichsam Schwierigkeiten, sich zu artikulieren; Troy kann seine Gefühle nicht ausdrücken – das kann er nur in seiner Grunge-Musik, wenn er »I'm nothing« ins Mikrofon brüllt, oder »Why can't I get just one kiss?« –, Michael ist unsicher im Ausdrücken seiner Lebenseinstellungen: »And I don't, like, want to get, you

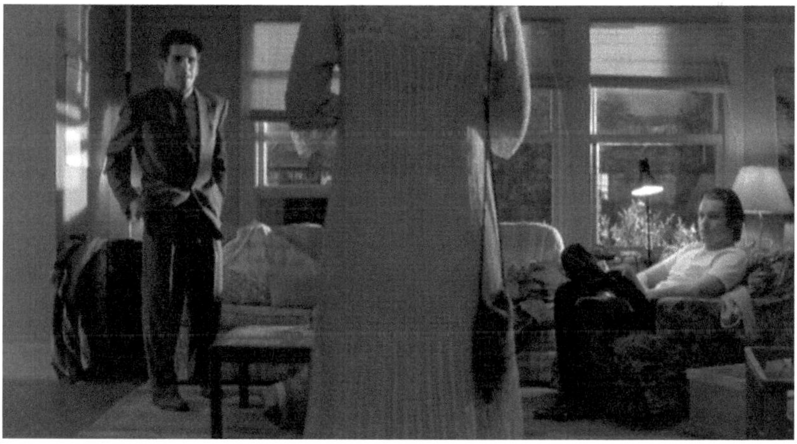

Abb. 36: Lelaina steht auch auf Bildebene zwischen Troy und Michael.

know... a big house. I just want, like, a nice house. I'm not into cars and stuff. I mean, I like my car«.

Jetzt wäre es einfach, Troy als eigensüchtigen Narziss abzuhandeln, wie es viele Kritiken tun.[201] Allerdings tröstet er Lelaina als einziger von den Freunden über die Kündigung hinweg. Diese Szene befindet sich im Anschluss an die geplatzte Liebeserklärung und zeigt die erste ernsthafte Annäherung von Seiten Troys: »You see, Lainie, this is all we need. A couple of smokes, a cup of coffee, and a little bit of conversation. You and me and five bucks«. Zigaretten sind ohnehin omnipräsent in dem Film, da sowohl Lelaina, Troy als auch Vickie Kettenraucher sind und Zigaretten in dieser Szene als Verbindungsgegenstand dienen. Troy versucht Lelaina zu küssen, doch diese wehrt aufgrund ihrer Beziehung zu Michael ab. Troy entzieht sich daraufhin, Lelaina sieht ihn erst nach ihren gescheiterten Bewerbungsgesprächen wieder, über die Troy sie jedoch nicht hinwegtröstet. Er verlässt den Treffpunkt sofort nach ihrem Erscheinen und erwidert, da sie seinen versuchten Kuss als peinlichen Moment schildert: »Your bravado was embarrassing«. Auch wenn er die meiste Zeit seine Gefühle versteckt und seine angestauten Aggressionen durch abwertende Kommentare vor allem gegen Michael richtet, kann er in dieser Situation nicht mit ihnen und sich selbst umgehen und rennt weg. Erst als Lelaina von Michael enttäuscht wird – er ließ zu, dass seine Vorgesetzten in New York die Dokumentation von Lelaina

201 Anna G. verfasste beispielsweise einen ganzen feministischen Blogeintrag zur Kritik an der Figur Troy Dyer, s. http://brokeassstuart.com/blog/2009/11/30/the-case-against-troy-dyer-selling-out-to-not-sell-out/, 26.11.2012; auf der *Internet Movie Database* gab es eine ebenso vernichtende Kritik des Charakters von einem User namens dbistolaridis, s. http://www.imdb.com/user/ur16689059/comments, 27.11.2012

auf MTV-Niveau[202] zusammenschnitten –, ist diese offen für Troys Avancen und sie schlafen miteinander. Dies könnte nun das Happy End sein, doch Troy hat seine Coolness und Distanz so sehr übertrieben, dass er danach wie bei all seinen anderen One Night Stands den Tatort überstürzt verlässt, mit der späteren Begründung, er wäre so in Panik geraten, weil er noch nie in der Situation gewesen sei, mit jemandem, den er liebt, geschlafen zu haben. Diese unreife Antwort lässt Lelaina wütend aus der Bar stürzen, zu der auch Michael gekommen war, um sich für die an die Zielgruppe angepasste Verunstaltung ihrer Dokumentation zu entschuldigen. Beide rennen ihr hinterher und treffen vor der Bar ein letztes Mal aufeinander – dieses Mal auf Augenhöhe. Michael vergleicht Troy mit einem Hofnarren, für den »everything's so easy to laugh at from a safe distance back in Clever-Clever-Land«, der alleine starb und um den sich niemand scherte, woraufhin Troy entgegnet, dass jeder alleine sterben würde. Michael, der für gewöhnlich die verbalen Zweikämpfe mit Troy verliert, bleibt hier dominant, indem er erwidert: »If you really believe that, who are you looking for out here?« Er wirft daraufhin seine Flugtickets nach New York auf den Boden, die er für sich und Lelaina gekauft hatte, und verlässt die Szene. Er hat bei Troy eine Veränderung ausgelöst, wie man am Ende bemerkt, als dieser nach dem Tod seines Vaters in Chicago (er nutzt die Flugtickets von Michael hier – das heißt Michael hilft ihm indirekt, am Krankenbett seines an Prostatakrebs sterbenden Vaters zu sein) zurück zu Lelaina kommt und ihr ehrlich und offen seine Liebe gesteht.

202 Gemeint ist hier die Verarbeitung der Gespräche und Szenen zu einer Art Musikvideo, das letzten Endes zusammenhanglos ist und nur zur Unterhaltung dient.

Durch die Konfrontation mit dem Tod seines Vaters, zu dem er seit seinem fünften Lebensjahr nur noch selten Kontakt hatte, sowie der Auseinandersetzung mit Michael konnte er sich zu einer annehmbaren Alternative entschließen: Er wird seinen Traum von der Band nicht aufgeben und nicht wie sein Vater in einem großen Unternehmen arbeiten »until [he is] granted leave with [a] gold-plated watch and [his] balls full of tumors«, jedoch hat er sich dazu entschieden, sein Leben nicht mehr alleine zu verbringen. Das bedeutet, dass er bereit ist, auch Verantwortung für einen anderen Menschen zu übernehmen.

Die Eltern in Reality Bites sind bis auf die von Lelaina nie zu sehen – und diese auch nur, um zu verdeutlichen, dass sie Lelaina nicht mehr finanziell unterstützen und diese nun nach dem College auf eigenen Beinen stehen soll. Sie verstehen die schlechten Jobaussichten nicht, sondern sind dafür, dass Lelaina irgendeinen Job annimmt. Psychologischen Rat findet Lelaina lediglich bei einer Telefonseelsorge, als sie nach dem Verlust von Troy als besten Freund keinen anderen Ausweg weiß. Dennoch scheint es in dem Film möglich zu sein, seine eigene Identität, selbst ohne »role models or heroes«, zu finden: Troy und Lelaina ziehen in eine gemeinsame Wohnung, und Michael verarbeitet den Verlust seiner Liebe in einer Seifenoper seines Fernsehsenders. Darin ist der Sänger Roy zwischen der Liebe zu einer Lelaina sehr ähnelnden Frau und seiner Kunst hin- und hergerissen, wie wir nach dem Abspann in einem Clip erfahren. Somit hat Michael weiterhin das Geld und den Erfolg; Troy die Liebe. Die beiden Männlichkeitsbilder scheinen also nur dann zu funktionieren, wenn diese nicht konsequent durchgezogen werden: Troy gesteht sich seine »weichen« Seiten ein, der unsichere Michael übernimmt die »Just do it«-Ideologie, indem er aus seiner gescheiterten Liebesbeziehung Profit schlägt. Diese Überschneidung lässt sich schon bei Jim Stark feststellen, da er seine rebellischen, gewaltsamen Aktionen durch die Freundschaft zu Plato und Judy ablegt. Die existenzielle Krise scheint sich immer dann zu lichten, wenn ein Konflikt direkt ausgelebt wird, bei Jim Stark ist dies der Tod Platos, bei Troy der Tod des Vaters, bei Michael die Konfrontation mit Troy bzw. der Verlust Lelainas.

Das nächste Bespiel zeigt als erster der hier angeführten Filme eine direkte Vater-Sohn-Konfrontation, die im Gegensatz zu der in REBEL auch eine komplexe Darstellung des Vaters beinhaltet. Das Problem des Sohnes ist ein in diesem Kapitel durchgängig vorkommender Schrei nach Liebe und Aufmerksamkeit, der im Gegensatz zu denen von Bender, Andrew, Brian, Cameron und Troy direkt an den Vater artikuliert wird.

3.3 Der ›Angry Young Man‹ im Vater-Sohn-Konflikt in Remember Me

Tyler Hawkins (Robert Pattinson) ist NYU-Student, arbeitet in New Yorks Buchladen »The Strand« und wohnt mit seinem Freund Aiden (Tate Ellington) in einer WG. Sein älterer Bruder Michael hat sich vor Jahren erhängt, und Tyler leidet noch immer darunter. Er weist innerlich seinem entfremdeten, von seiner Mutter geschiedenen Vater Charles Hawkins (Pierce Brosnan) die Schuld zu und rebelliert gegen dessen Ignoranz gegenüber dessen jüngster Tochter Caroline (Ruby Jerins). Tyler lässt seinen Zorn eines Nachts in einer Schlägerei raus und provoziert einen Sergeant der Polizei, Neil Craig (Chris Cooper), der ihn daraufhin verhaftet. Aiden findet durch Zufall heraus, dass dieser eine Tochter hat und überredet Tyler, diese zu verführen und als Rache für die Verhaftung am Vater fallen zu lassen. Ally Craig (Emilie de Ravin) wurde bereits in einer Szene vor den Credits vorgestellt; im Jahr 1991 wurde deren Mutter an einem U-Bahngleis vor Allys Augen von Taschendieben erschossen. Durch den Verlust eines Familienmitglieds finden Tyler und Ally jedoch eine gemeinsame Basis und verlieben sich; wäre da nicht der geheime Racheplan, der ans Licht kommt und das etwas plakativ inszenierte Ende: Dort wartet Tyler im World Trade Center auf seinen Vater, während in einer parallelen Handlung die Lehrerin der kleinen Schwester das Datum des 11. Septembers 2001 an die Tafel schreibt. Das Ende hat sämtliche Kritiken polarisiert[203] und dadurch die überzeugend inszenierten Charakterentwicklungen in den Hintergrund gedrängt, die in dieser Analyse im Zentrum stehen und für Regisseur Allen Coulter typisch sind; er hat hauptsächlich bei Episoden erfolgreicher, charakterstarker Dramenserien wie u. a. SIX FEET UNDER, THE SOPRANOS oder BOARDWALK EMPIRE Regie geführt.[204]

Pierce Brosnan bezeichnete den Hauptkonflikt des Films als »the young line versus the old line«[205] und trifft es damit auf den Punkt. Es sind vor allem die drei großen Szenen zwischen Vater und Sohn, die die Handlung vorantreiben. So verlässt der wütende Tyler das gemeinsame Familienessen zu Beginn des Films, nachdem der Vater Carolines Erzählung über ihre Kunstausstellung keine Beachtung schenkt. In der zweiten Szene stellt Tyler Ally seinem Vater vor besagter Ausstellung bei einem Essen vor, bei dem zumindest Ally und Charles sich gut unterhalten und Ally ihn als »not too bad« bezeichnet. Allerdings muss der Vater im Anschluss noch einmal zu einem wichtigen Meeting ins Büro und verspricht, später zur Ausstellung nachzukommen. Als er nicht eintrifft und Caroline am Boden zerstört ist, reißt Tyler deren Zeichnung des Va-

203 Vgl. bspw. Westphal, Sascha: »Wem die Stunde schlägt: Allen Coulter macht in REMEMBER ME aus der Allgegenwart des Todes ein unseliges Geheimnis«, *Die Welt*, 25.03.2010, http://www.welt.de/welt_print/kultur/article6919576/Wem-die-Stunde-schlaegt.html, 4.12.2012, in der er das Ende als »Taschenspielertrick« bezeichnet; Roger Ebert sieht dies ähnlich und beschreibt das Ende als Betrug an der Empathie des Zuschauers für die Charaktere, s. Ebert, Roger: »REMEMBER ME«, 10.03.2010, http://rogerebert.suntimes.com/apps/pbcs.dll/article?AID=/20100310/REVIEWS/100319993, 4.12.2012; Bryan Reesman gibt ein etwas umfangreicheres Feedback über das kontrovers diskutierte Ende, s. Reesman, Bryan: »Controversial REMEMBER ME Ending Dividing Critics and Audiences«, http://blog.moviefone.com/2010/03/15/remember-me-ending-controversy/, 4.12.2012

204 S. http://www.imdb.de/name/nm0002339/, 5.12.2012

205 *Artist on myspace.com*, Robert Pattinson und Pierce Brosnan Interview, 03.05.2010, http://www.youtube.com/watch?v=fdjaXu9w0bo, 29.11.2012

ters von der Wand der Ausstellung, platzt zornig mitten in die Konferenz und startet so die im folgenden diskutierte Schlüsselszene des Films, die der Eltern-Sohn-Konfrontation von Rebel ähnelt.

Kurz zuvor noch hatte man Charles Hawkins in seinem Büro neben seinem überproportional großen Verhandlungstisch, an dem etwa 15 Geschäftsleute sitzen, entlanggehen sehen und sich darüber aufregen, dass ein Telefonanruf sich um mindestens zwei Stunden verspätet. Somit weiß zumindest der Zuschauer, dass er nicht aus Desinteresse die Kunstausstellung verpasst hat und angesichts der vielen Konferenzteilnehmer ein großer Druck auf ihm lastet. Tyler jedoch stürmt an der Sekretärin vorbei in das Büro und wirbelt das Porträt des Vaters herum. »She drew your picture and you didn't come«. Der Vater lässt ihn gewähren; vermutlich will er seinem Sohn seine Macht an seinem Arbeitsplatz demonstrieren, die auch dadurch etabliert wird, da er als einziger während der Konferenz steht und nicht sitzt.Verdeutlicht wird seine Autorität zwei weitere Male während der folgenden Auseinandersetzung, indem er seinen Mitarbeitern laut und deutlich ein Aufstehen und Verlassen des Büros verbietet und alle devot wieder Platz nehmen.

Zwischen Tyler und seinem Vater steht während der ganzen Konfrontation der riesige Tisch, der von den stummen Konferenzteilneh-

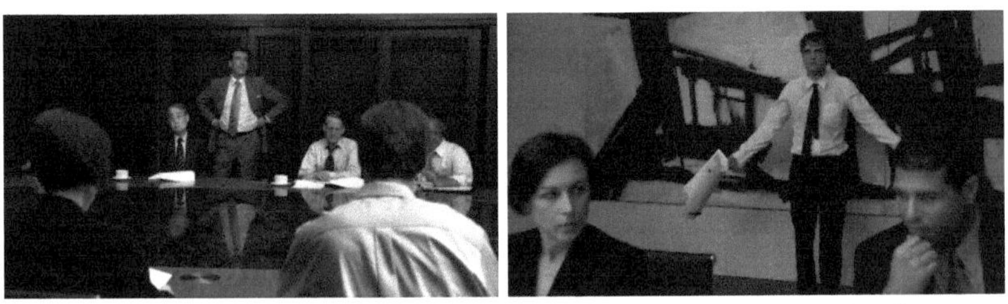

Abb. 37 und 38: Der Vater nimmt die dominante Rolle ein, als Tyler ihn konfrontiert.

mern zusätzlich eingerahmt wird. Wo Jim Stark bildlich auf einer Treppe zwischen seiner über ihm stehenden, dominanten Mutter und dem am Fußende sitzenden, schwachen Vater positioniert war, steht der Tisch hier stellvertretend für die unüberbrückbaren Differenzen der beiden entfremdeten Familienmitglieder. »You have a daughter who sincerely believes that you don't like her. I mean, she is trying to communicate. She's speaking. But why aren't you listening?!« Der Vater fragt ihn, ruhig und mit den Händen in den Hosentaschen des Anzugs, für wen dieser Auftritt sei – »For you« – und weist den Vorwurf zurück, da er sich sicher sei, Caroline wisse, dass er für sie sorge. Herausfor-

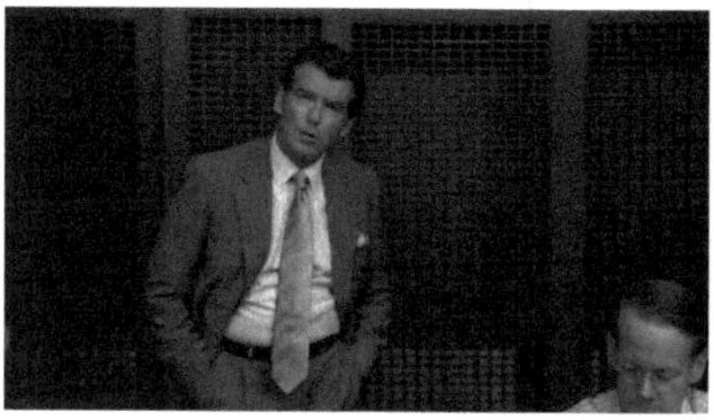

Abb. 39: Der Vater, ruhig und gelassen...

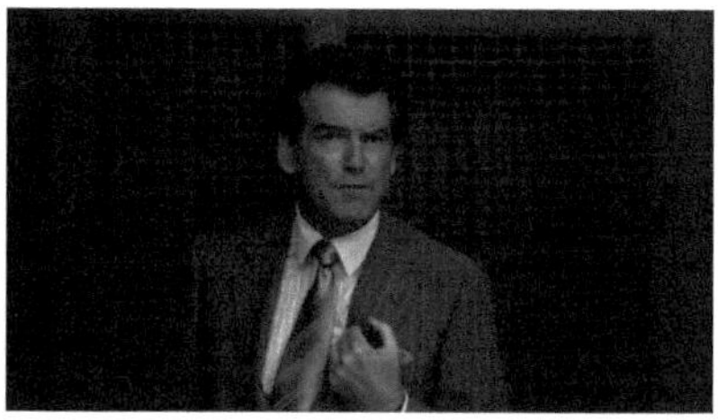

Abb. 40: ...wird aus der Reserve gelockt.

dernd, noch immer mit dem Bild der Schwester in der Hand, das er bis zur Eskalation des Gesprächs nicht loslässt, fragt er nur »And?«, woraufhin der Vater eingesteht, seine Tochter ebenfalls zu lieben und das erste Mal seine Stimme erhebt: »You toss that word around, but you have no idea what it means! (...) I have provided her world and yours«. Tyler schreit zurück, es sei trotzdem kein Grund, diese Welt immer wieder zu zerstören, wenn es etwas Besseres für ihn zu tun gäbe, sodass der Vater noch lauter wird, erst die eine, dann die andere Hand gestikulierend aus der Hosentasche zieht und ihn zur Vernunft bringen will, in dem er seine Rolle als Versorger klarmacht:

> Who do you think you're talking to? You pedal down here on your bike for Christ's sake. You got to take care for nothing. You're responsible for no one. You're a kid! You think you're the first one to lose anything? You think that whatever you feel in your heart I don't also feel in mine?

Das Streitgespräch mündet daraufhin im Grundkonflikt der Beziehung zwischen Vater und Sohn. Tyler erwähnt ruhig, dass er seinen großen Bruder damals gefunden hätte und nicht der Vater. Ein ›Totschlagargument‹, das er mit einem harten Vorwurf kombiniert: »You're just so tragically blind that the rest of your children will hang themselves on your watch«. Der Punkt der Eskalation ist hier erreicht; weder Vater noch Sohn bleiben hier auf ihren vorherigen Positionen stehen und stürmen in schnellen Schuss-Gegenschuss-Aufnahmen von ihrer jeweiligen Tischseite aufeinander zu. Ein physikalischer Zusammenstoß wird durch einige der Konferenzteilnehmer unterbunden, die sowohl Vater wie Sohn festhalten, bis Tyler unter dem entsetzten Rufen der Sekretärin, dass er das Büro verlassen soll, zur Tür hinausrennt.

Der Tod des Bruders Michael ist allgegenwärtig. So zum Beispiel findet das Familienessen zu Beginn des Films in Gedenken an ihn statt, ebenso hat sich Tyler seinen Namen tätowieren lassen. Michael hatte sechs Jahre zuvor anstatt eine Band zu gründen in der Firma des Vaters angefangen und sich an seinem 21. Geburtstag erhängt. Der Selbstmord scheint von allen Familienmitgliedern noch nicht überwunden zu sein und hat den Vater von seinen anderen Kindern weiter entfernt, als es sich dieser eingestehen wollte. Er hat sich sehr auf die Arbeit konzentriert und einen hohen Posten in der Firma erlangt und dadurch die Nähe zu seiner Familie verloren. Es wird zwar nicht direkt erwähnt, aber vermutlich war es auch der Tod des Sohnes, der für die Scheidung verantwortlich war.

Hier soll das Augenmerk jedoch auf der Diskrepanz zwischen den Lebensauffassungen des Vaters und des Sohnes liegen. Ebenso ist es nicht nur eine reine Jugendrebellion, die in diesem Film portraitiert wird. Es geht vielmehr auch um Trauerbewältigung von Vater und Sohn (und auch Tochter und Vater). Dies wird in dieser Konfrontation offensichtlich. Tyler hatte im Gegensatz zu Jim Stark ein Idol, zu dem er aufsehen konnte – doch dieses hat sich das Leben genommen und er sucht aus diesem Grund verzweifelt bei seinem Vater nach Unterstützung. Hier können wir bereits kurz an den Existenzialismus von Albert Camus anknüpfen.[206] Der Selbstmord ist für diesen allerdings nicht etwa eine Erleichterung, sondern eine komplette Verweigerung. Allein das Bewusstsein einer absurden Welt (Camus nennt den Tod die »offensichtlichste Absurdität«[207]) und die Auflehnung gegen die Absurdität gebe dem Leben seinen Wert. »Bewusstsein und Auflehnung – diese Verweigerungen sind das Gegenteil von Verzicht. (…) Es geht darum, unversöhnt und nicht aus freiem Willen zu sterben«[208]. Es geht bei Camus im Leben vor allem darum, »sein Leben, seine Auflehnung und seine Freiheit so stark wie möglich (zu) empfinden, das heißt: so intensiv wie möglich zu leben«[209], das heißt eine Leidenschaft zu entwickeln, die aus der Bewusstwerdung des Absurden entspringt. Tylers Bruder Michael hat sich somit der absurden Revolte verweigert und sich durch die Ar-

206 Wir werden auf den Existenzialismus ausführlicher im Exkurs in Kapitel 5 zu sprechen kommen.
207 Camus, Albert: *Der Mythos des Sisyphos*, S. 72
208 Ebd., S. 68
209 Ebd., S. 76

beit bei seinem Vater immer mehr Schranken geschaffen, sich quasi einer »Achtstundentag-Moral«[210] unterstellt, wie es Camus nennen würde. Tyler hingegen hat den Kampf aufgenommen, indem er sich seiner Situation bewusst wurde und somit Konflikte gesucht und auch gelöst hat. Deutlich wird dies im Film, da er als sehr philosophischer Charakter angelegt ist, der ähnlich wie Troy Dyer aus Reality Bites ständig Bücher liest und philosophische wie religiöse Leitsätze in sein Tagebuch an seinen verstorbenen Bruder schreibt, an denen er den Zuschauer per *Voice-Over* teilhaben lässt. Er ist antriebslos, hat sich bisher nicht für ein Hauptfach entschieden, weil er, wie er im ersten Gespräch mit Ally mitteilt, unentschlossen gegenüber allem sei. Eines von Tylers Lieblingszitaten ist von Ghandi, das auch den Film rahmt: »Whatever you do in life will be insignificant. But it's very important that you do it«. Der an den Existenzialismus erinnernde (zum Handeln auffordernde) Grundgedanke lässt ebenfalls eine Verbindung zu den ›Angry Young Men‹ schließen, einer Gruppe britischer Autoren in den 1950er Jahren, die sich in ihren Schriften gegen die bürgerliche Gesellschaft auflehnten und einen Sinn bzw. einen geistigen Halt suchten.[211] Vor allem dem Außenseiter der Gesellschaft wurde eine wichtige Rolle beigemessen:

> For the Outsider, the world is not rational, not orderly. When he asserts his sense of anarchy in the face of the bourgeois' complacent acceptance, it is not simply the need to cock a snook at respectability that provokes him; it is a distressing sense *that*

210 Ebd., S. 74 (in Bezug auf Nietzsche)

211 Vgl. Antor, Heinz: *Die Narrativik der Angry Young Men: Eine Studie zur literaturdidaktischen Bedeutung rezeptionslenkender Gruppenstereotopien*, Würzburg Univ., Phil. Diss., Heidelberg: Winter, 1989; zu den Autoren zählen u. a. Colin Wilson, Stuart Holroyd, John Osborne, John Wain und Bill Hopkins.

> *truth must be told at all costs*, otherwise there can be no hope for an ultimate restoration of order.[212]

Tyler nimmt bereits zu Beginn des Films eine Außenseiterrolle ein, eine Position, die sich schon in der ersten Szene, in der man den Charakter sieht, zeigt. Nach einigen einführenden Einstellungen der WG sieht man im Vordergrund sein Zimmer, er selbst sitzt verträumt und rauchend auf dem Balkon und wird vom Fensterrahmen eingerahmt. Er sticht durch sein rotes T-Shirt hervor und ist auch im Zentrum der Einstellung, sodass die Aufmerksamkeit an dem Chaos der WG vorbei direkt auf ihn gerichtet ist. Das Telefon klingelt unerlässlich, er reagiert erst nach Minuten und das auch nur sehr langsam. Er arbeitet im Buchladen und ist über einen dortigen Besuch seines Freundes Aiden mehr genervt als erfreut, möchte dabei nicht gestört werden. Erst durch die direkte Konfrontation zwischen Tyler und seinem Vater, in der beide ihren Standpunkt und ihre Auffassung dem anderen offenbaren –

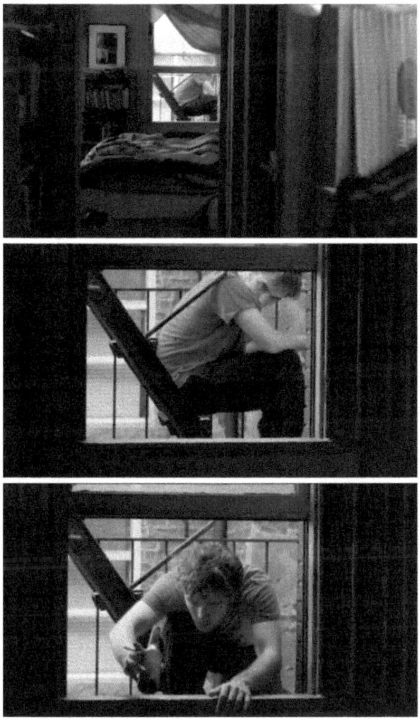

Abb. 41 bis 43: Tyler klettert langsam vom Balkon in die Wohnung.

212 Colin Wilsons *The Outsider*, zit. ebd., S. 36. Als Beispiel solcher Außenseiter nennt Wilson Harry Haller, Hermann Hesses Protagonisten in *Der Steppenwolf*, als auch T.E. Lawrence (von Arabien), sowie Albert Camus' Meursault in *L'Étranger*, s. ebd., S. 38 ff.

desinteressierter Vater einerseits, unvernünftiges Kind andererseits –, entsteht dann aber tatsächlich eine Art Restauration des Status Quo vor dem Tod des Bruders. So erscheint der Vater sofort, nachdem seine Tochter in der Schule gemobbt wurde, und unterstützt Tylers Demolierung von Schuleigentum, als dieser den mobbenden Mitschülerinnen aufzeigen will, dass seine kleine Schwester einen starken Bruder hat. Am Ende bringt der Vater Caroline sogar in die Schule. Dies ist der Grund, dass er sich verspätet, um Tyler im World Trade Center zu empfangen. Dort, kurz bevor der Anschlag geschieht, sieht Tyler dann auf dem Bildschirmschoner des Vaters eine Fotoreihe mit Bildern von ihm und seinen Geschwistern und muss erkennen, dass der Vater, obwohl er der Arbeit mehr Zeit zugewandt hatte als seinen Kindern, diese nie vergessen hat. Tyler lernt also die andere Seite seines Vaters kennen, und dieser wiederum, seine Gefühle zu zeigen und sich um seine Tochter zu kümmern.

Neben der Beziehung zu seinem Vater ist auch die zu Ally eine sehr wichtige. Sie ist keineswegs eine leere Figur wie etwa Sloane in FERRIS BUELLER'S DAY OFF, sondern steht dem Rebellen ebenso wie Lelaina durch ihre eigenen Schwächen und Stärken zur Seite. Sie hat einen ebenso »compelling guy« als Vater wie Tyler, nur dass dieser überfürsorglich ist, nachdem er seine Frau nicht hatte retten können. Kurz nach der Vater-Sohn-Konfrontation findet im Film auch eine weitere Auseinandersetzung der Generationen statt, diesmal zwischen Tyler und Allys Vater, der in dessen Wohnung auf ihn wartet. Ihr Vater hat Ally aufgespürt, die vorher aufgrund seiner übertriebenen Fürsorge Abstand von ihm suchte. Er hat über das Leben Tylers nachgeforscht, bezeichnet ihn als verloren und wittert hinter der Beziehung zu Ally berechtigterweise einen Komplott gegen ihn. Tyler erwidert dann lediglich, dass er ebenso wüsste, wie verloren Allys Vater selbst sei und dieser nur einen Schuldigen für die Entfremdung zu seiner Tochter suche. Seine Liebe zur Provokation mit der Wahrheit (verpackt in die ironische Distanz des Coolen) beweist Tyler aber auch hier, als er lässig zugibt, dass er Ally sowieso nur aufgrund einer Wette angesprochen hätte. Diese Provokation bleibt nicht ohne Folgen, Allys Vater stürzt sich auf ihn und würgt ihn, bis er zu Boden geht. Zur Aussöhnung kommt es im Verlauf des Films nur noch zwischen Ally und Tyler, jedoch nicht zwischen Tyler und ihrem Vater.

Allerdings macht Ally neben Tylers Vater eine der größten Entwicklungen des Filmes durch: Die letzte Szene gilt ihr, als sie das erste Mal seit dem Tod ihrer Mutter am U-Bahn-Gleis wieder in einen Zug steigt; die letzte Einstellung zeigt ihr Gesicht, das starr in die Zukunft blickt. Sie hat sich sowohl von ihrem Vater gelöst als auch den Schicksalsschlag vom Tod der Mutter verarbeitet. Ebenso schafft es Tyler, die Distanz zwischen seinem Vater und der Schwester zu verkleinern. Die Rebellion beider hat insofern funktioniert, als dass ein Mittelweg zwischen Abgrenzung und Assimilation stattgefunden hat. Dies ist ähnlich zur Entwicklung in Rebel, in der Jim Stark am Ende seinen Eltern seine erste Freundin Judy vorstellt und, visuell verstärkt durch die Jacke seines Vaters um die Schultern, sich seinen Eltern somit annähert.

Robert Pattinsons Leistung wurde in einigen Kritiken auch mit der James Deans in Verbindung gebracht, wenn auch nicht unbedingt in positiver Weise.[213] Deutlich wird dies durch die visuelle Ebene unter anderem anhand seines Outfits. Er trägt in seiner Freizeit weiße T-Shirts mit Flanellhemden mit etwas ausgebeulten Hosen. Auch durch die im Drehbuch verankerten Hintergründe des Charakters, wie seinem Vaterkomplex, ist Tyler klar an dem Image von James Dean orientiert. Seine Haare sehen meist aus, als wäre er eben gerade aus dem Bett gekommen, und die obligatorische Zigarette hängt im Mundwinkel. Diese dient hier auch als Differenzierung zu anderen, vor allem in Bezug auf die Arbeitsumgebung des Vaters. Als Tyler in der Lobby des Büros auf einen Termin mit seinem Vater wartet, um diesem mitzuteilen, dass er ihm die Anwaltskosten für die Schlägerei zurückzahlen möchte, zündet er sich dort eine Zigarette an, nachdem er eine Schale sieht und für einen Aschenbecher hält. Die ohnehin genervte Empfangsdame – sie beäugt ihn missgünstig und blättert lautstark die Dokumente um – richtet daraufhin das Wort an ihn. »You can't smoke in here«. - »Then why do

213 Wesley Morris bezeichnet ihn als »Luke Perry doing James Dean in the dreariest John Hughes movie ever made«. In seiner einseitigen Kritik erwähnt er jedoch weder die Charakterentwicklungen, die meiner Meinung nach sehr gut dargestellt werden, und führt auch nicht aus, was an Luke Perry oder John Hughes seiner Ansicht nach negativ besetzt ist. Die Kritik klingt eher nach betont herabschauendem Entertainment aufgrund persönlicher Antipathie, s. Morris, Wesley: »Remember Me: Pattinson in a Brood for Love«, auf *boston.com*, http://www.boston.com/ae/movies/articles/2010/03/12/pattinson_in_a_brood_for_love_in_remember_me/, 29.11.2012; Sascha Westphal bezeichnet Robert Pattinsons Interpretation von Tyler als einen Versuch beschränkter Schauspielkunst, ihn »zu einer Art Widergänger von James Deans jugendlichen Rebellen zu stilisieren«. Hier wird aber auch nicht darauf eingegangen, dass eine Verbindung zu James Dean gewollt sein könnte oder auch für die Rolle naheliegt und die Schauspielkunst vor allem in der Konfrontation mit dem Vater nicht als beschränkt bezeichnet werden kann, s. Westphal, a.a.O.; Roger Ebert hingegen spricht den Charakteren nur Gutes zu, bezeichnet die Handlung jedoch als zu übertrieben tragisch: »I cared about the characters. I felt for them. Liberate them from the plot's destiny, which is an anvil around their necks, and you might have something«. Somit ist indirekt eine überzeugende Darstellung des Cast und somit auch Robert Pattinsons erwähnt. s. Ebert, a.a.O.

you have an ashtray?« - »It's a bowl. It completes the room«. Tyler nimmt daraufhin die Glasschale in die Hand, stellt sie direkt vor der Empfangsdame ab und fragt ungläubig »This is a bowl?«, drückt die Zigarette dort wieder aus und sagt dabei »Well, I guess it was just here to tease me«.

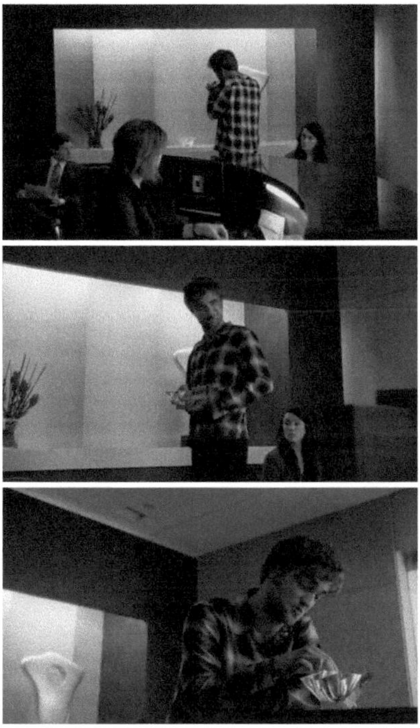

Abb. 44 bis 46: Tyler und die Schale.

Die Szene zeigt sehr deutlich, dass Tyler nicht in das Umfeld seines Vaters passt und dort sofort aneckt. Auch die beiden anderen wartenden Personen beobachten ihn skeptisch; alle sind in Kostüm und Anzug gekleidet, nur er trägt ein Flanellhemd mit Blutflecken und hat außerdem ein blaues Auge. Die Sekretärin seines Vaters meint, er sähe furchtbar aus und würde nach Bier und Zigaretten riechen. Der Vater sitzt an seinem Schreibtisch in seinem riesigen Büro, und auch hier, wie in der Szene später, steht ein Tisch zwischen ihnen; zusätzlich bleibt Tyler stehen, obwohl ein Stuhl gegenüber dem Platz seines Vaters steht.

Obgleich er häufig mit Zigarette zu sehen ist, will Tyler den Zigarettenkonsum für Ally jedoch einschränken; somit steht er im Trend der Versuche der Harvard School of Public Health, Rauchen auf der Leinwand zu verbannen, was zumindest seit einem Verbot des Product Placements von Zigarettenmarken in Filmen seit dem Jahr 1998 vorangetrieben wird.[214] Rauchfrei ist er also fast, der Rebell auf der Leinwand der Neuzeit. Die Zigarette wird jedoch durch Tabletten ersetzt, wie wir im nächsten Kapitel sehen werden.

214 Vgl. Kluger, Jeffrey: »Hollywood's Smoke Alarm«, in: *Time Magazine*, 12.04.2007, http://www.time.com/time/magazine/article/0,9171,1609773,00.html, 4.12.2012; Ferris Bueller wurde bspw. aufgrund von Befürwortern des rauchfreien Films zum Nichtraucher erkoren.

4. Der Rebell auf der Couch: Die psychologische Behandlung im kontemporären Coming-of-Age-Film

Der psychologische Rahmen, der in der Analyse von REBEL grob genutzt wurde, soll hier genauer beschrieben werden. Dabei möchte ich mich an Skip Dine Youngs Definition des liberalen Ansatzes der Psychologie orientieren. Dieser beinhaltet nicht nur die allgemein mit Psychologie assoziierten Gebiete des Unbewussten (Ich, Über-Ich und Es anhand der Lehre Sigmund Freuds) und der klinischen Psychologie (gewöhnlich die psychiatrische Behandlung von Krankheiten), sondern versteht sich mehr als einen allumfassenden Ansatz. Dieser schließt sowohl experimentelle Psychologie, Freudsche Psychoanalyse, Massenkommunikation als auch filmische und literarische Kritik mit ein. Für Youngs Studie über *Psychology at the Movies* bedeutet das konkret die Verbindung von »people *in* movies, people *making* movies, and people *watching* movies«.[215] Besonders ersteres ist hier von Interesse. Dies betrifft sowohl die Psychotherapie als auch psychologische Krankheiten im Film.

Psychologische Krankheitsbilder, vor allem Borderline, Tablettenmissbrauch und Schizophrenie, sind im Film vermehrt seit der Jahrtausendwende zu finden; als Beispiele seien GIRL, INTERRUPTED / DURCHGEKNALLT (James Mangold, USA 1999), REQUIEM FOR A DREAM (Darren Aronofsky, USA 2000) und A BEAUTIFUL MIND / A BEAUTIFUL MIND –

215 Young, Skip Dine: *Psychology at the Movies*, Malden [u. a.]: Wiley-Blackwell, 2012, S. 11

GENIE UND WAHNSINN (Ron Howard, USA 2001) genannt. Nachdem REBEL nur indirekt durch den Polizeioffizier Ray die psychologische Herangehensweise anspricht, werden Therapiesitzungen und Behandlungen im Film sowie auch in TV-Serien immer präsenter (THE SOPRANOS (1999-2007), IN TREATMENT (2008-2010)). Wichtig ist außerdem, dass eine simple Lösung des Problems – wie eine dominante Mutter, nicht mehr vorhandene Eltern oder ein Schrei nach Aufmerksamkeit bei Jim, Plato und Judy – nicht mehr zeitgemäß ist und die Darstellungen der Therapien und Lösungsansätze komplexer werden.

Ebenso gibt es die Tendenz des überzeichneten Therapeuten – Young nennt ihn den »Dr. Dippy«, einen Therapeutentyp, der »primarily characterized by comic foolishness«[216] ist. In CHARLIE BARTLETT wird dieser Typus vorgestellt, da hier die psychologischen Fachkräfte lediglich blind Tabletten verschreiben und von ihrem eigenen Patienten manipuliert werden. Somit ist das Therapeut-Patienten-Verhältnis hier umgedreht. In GARDEN STATE wird hingegen aufgezeigt, dass das Verschreiben von Medikamenten zu einem Taubheitsgefühl führt und der Therapeut dies nicht erkennt, da dieser gleichzeitig der Vater des Patienten ist. Somit wird ebenfalls ein krankhaftes Verhältnis zwischen beiden Parteien dargestellt. Beide Protagonisten müssen am Ende einsehen, dass sie sich von der pharmazeutischen Seite der Psychologie abwenden müssen, um zu einem zufriedenstellenden Ziel zu gelangen. Besonders wichtig für diese Art von Rebellen ist außerdem die Beziehung zum Vater, die akzeptiert werden muss, um das Leben in den Griff zu bekommen.

216 Young, a.a.O., S. 30

Prinzipiell sind die Filme ebenso im Familienmilieu eingebettet wie die Filme im Kapitel zuvor und konzentrieren sich vor allem auf die Beziehung von den Eltern zu den Kindern und den Kindern untereinander. Hier stehen aber nicht gesellschaftliche Faktoren im Vordergrund, sondern die Medikamente, die vom ›Patienten‹ als Hilfsmittel zum leichten, aber schnell vergänglichen Ruhm einerseits wie auch als Manipulation und Ruhigstellung des Sohnes vom Vater andererseits eingesetzt werden.

4.1 Charlie Bartlett: Mit Psychopharmaka zur Popularität?

Charlie Bartlett (Anton Yelchin) träumt davon, der beliebteste Schüler der Schule zu werden – der Film eröffnet auch mit einem Tagtraum von ihm, bei dem er vor eine seinen Namen rufenden Menge Jugendlicher schreitet wie ein Rockstar. Um es anders auszudrücken: Seine Idealvorstellung ist, ein Ferris Bueller der 2000er Jahre zu werden. Die Realität sieht etwas anders aus. Er ist schon von etlichen Privatschulen verwiesen worden – nicht weil er wie Ferris der Schule fernbleibt, sondern weil er beispielsweise Ausweise für seine Mitschüler fälscht, um seine Popularität zu steigern. Sein Vater, wie sich im Laufe des Films herausstellt, ist im Gefängnis. Seine reiche Mutter Marilyn (Hope Davis) kann in der ersten Szene des Films eine weitere Suspendierung durch eine großzügige Spende nicht abwenden, sodass Charlie nun an eine staatliche Schule und somit zurück ins Haus der Mutter muss. Er nimmt also eine doppelte Außenseiterrolle ein, die des neuen Schülers und eines Schülers aus sehr reichem Elternhaus.

Sein erster Tag an der High School ist vergleichbar mit dem von Jim Stark; er findet keinen Anschluss bei der ›coolen‹ Clique, sondern lediglich beim überproportional großen, gutmütigen, jedoch geistig etwas zurückgebliebenen Len (Dylan Taylor). Immerhin wurde aufgrund seines auffälligen Anzugs die Tochter des Direktors, Susan Gardner (Kat Dennings), auf ihn aufmerksam. Sie sieht ihn auch später mit Len beim Mittagessen sitzen und lächelt anerkennend – ähnlich wie Judy, die Jim für seine Freundschaft zu Plato schätzt. Der ›Kriminelle‹ der Schule, Murphy Bivens (Tyler Hilton), steckt Charlies Kopf aufgrund von Asympathie in die Schultoilette, bis der Direktor Nathan Gardner (Robert Downey Jr.) auftaucht und eingreift.

Allerdings beschließt Charlie, sich nicht weiterhin von Murphy verprügeln zu lassen, sondern sich mit ihm anzufreunden – auch aus Egoismus, da er eine neue Idee für das ›Geschäft Popularität‹ hat: mit Drogen zu dealen, die er durch den persönlichen Familienpsychiater gegen sein mutmaßliches Aufmerksamkeitsdefizitsyndrom bekommt.

Bei einem Gespräch mit seinem Familien-Psychiater erzählt er diesem von seinen Träumen vor der jubelnden Menschenmenge:

> And so, I step up to the mike and I say, ›How you all doing tonight?‹ And then they start cheering and cheering. ›It's great to see all of you. I'm Charlie Bartlett. And if there's one thing I want you to walk away with tonight, it's that the sky is the limit. So, for those of you with troubles, for those of you feeling scared, or confused or angry, remember, you are not alone‹.

Diese Vorstellung zeigt nicht nur, dass er sich um andere Gedanken macht, sondern dass er auch in dieser Weise über sich selbst spricht. Er ist selbst verängstigt und verwirrt, was man bei seiner Reaktion auf die darauf folgende Frage des Psychiaters erkennen kann: Dieser erkundigt sich nach Charlies Gefühlen gegenüber seinem Vater und ob er darüber verärgert ist, dass dieser fort ist. Charlie antwortet darauf lediglich, dass er sich über steigende Benzinpreise Gedanken macht. Dieser Verdrängungsmechanismus wird vom Psychiater als Symptom für eine Aufmerksamkeitsdefizitstörung interpretiert und er verschreibt Charlie Ritalin. Eine Substanz, die ihn zwar sehr konzentriert seine Hausaufgaben machen lässt, aber bei Erhöhung der Dosis letzten Endes *high* und hyperaktiv macht.

Dadurch kommt Charlie dann die Idee, die Schulparty durch seine Pillen etwas aufregender zu gestalten. Dazu braucht er Murphys Hilfe. Den lässt er von Len auf dem Heimweg von der Schule in seine Limousine ziehen und Charlie trägt ihm einen vorher einstudierten Monolog vor:

> I think you're angry, man. [...] Maybe you got slapped around one too many times for lunch money on your way to the bus. Maybe your pop's gotta booze himself up every morning so he can plow roads with a sense of humor. Then when he gets home, you're just a distant third to Sloppy Joes and a bad sitcom. Maybe the cheerleaders call you a scumbag behind your back. Maybe it's because the school's got you placed on the remedial track and your teachers are really good at making you feel like an idiot. Maybe it's none of these things. Maybe it's all of them.

Er hat also gelernt, psychologisch zu analysieren und den Grund für Wut und Dysfunktionalität scheinbar zu erkennen – zumindest bei anderen. Er schlägt vor, ein Freund oder zumindest ein Geschäftspartner von Murphy zu werden; und dieser geht zumindest auf den Geschäftsteil ein: »Guys like you and guys like me can't be friends. [...] I take the train tracks home. You drive around in a limo«.

Durch das Ritalin wird Charlie zum beliebten Drogendealer, und durch Kip Crombwell (Mark Rendall), einem unauffälligen Jungen, der ihn nach Medikamenten gegen Depressionen fragt, kommt ihm ein weiterer Einfall: Charlie forscht nach Symptomen und den dafür verschriebenen Arzneien und beschreibt diese Symptome dann verschiedenen Psychiatern, die ihm für die passenden Tabletten Rezepte schreiben – so erhält etwa Kip Xanax und Zoloft, Tabletten gegen Panikattacken.

Alsbald wird die Toilette umfunktioniert zu einer »Pharmacy«, in der Charlie in einer Kabine sitzt und sein »Patient« in der anderen und sie so Ängste und Probleme besprechen. Am Ende der »Therapiesitzung« erhält der »Patient« gegen Geld die jeweiligen Tabletten von Murphy. Nach und nach kommen jeder Schüler und jede Schülerin mit ihren Problemen zu Charlie. Unter den besprochenen Gefühlen sind typische Teenager-Ängste: Depressionen, Ängste vor der Zukunft – der Quarterback möchte lieber in Paris Kunst studieren als ein Sportstipendium zu bekommen – oder davor, schwul zu sein oder zu viele belanglose Sexbeziehungen zu haben. Allerdings ist Charlies Therapie unterm Strich lediglich »empathetic common sense«[217], das heißt

217 Holden, Stephen: »High School's the Same; the Drugs Have Changed«, 22.02.2008, http://www.rogerebert.com/reviews/charlie-bartlett-2008, 14.10.2014

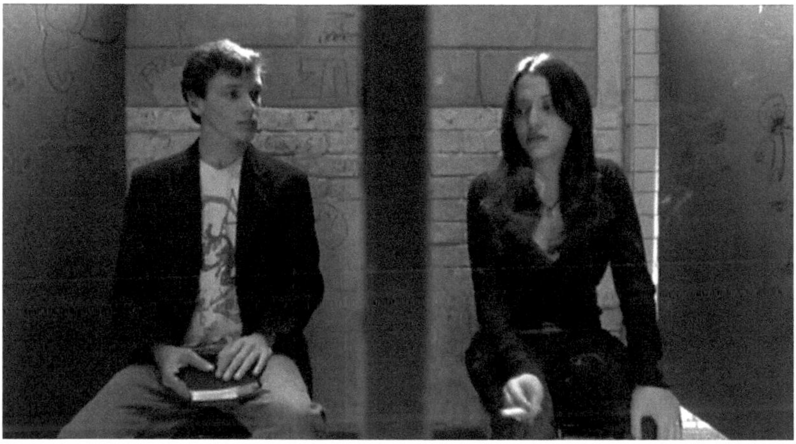

Abb. 47: Charlie und Susan in der »Pharmacy«.

Ratschläge, die auf dem gesunden Menschenverstand beruhen und wenig mit professioneller Psychologie zu tun haben. Er hört dennoch geduldig zu und stellt passende Fragen, die beantwortet werden können. Da er im gleichen Alter ist, scheinen seine Mitschüler im Gegenzug weniger zurückhaltend zu sein, sich zu öffnen, was bei einem richtigen Psychiater, oder den Eltern, nicht der Fall wäre. Hier wird also ebenfalls, ähnlich wie in REBEL, versucht, die Sicht der Jugendlichen zu zeigen. Durch den Direktor wird hier aber immerhin auch die Seite der Eltern stärker beleuchtet. Wesley Morris schreibt dazu passend:

> [CHARLIE BARTLETT is a] rare high school movie that doesn't see teenagers as jokes itching to be told or tragedies waiting to happen. It helps tremendously that every single young actor in this movie has a natural, unforced personality and a plain face

> you don't often see in Hollywood. They also seem as though they might have attended an actual high school.[218]

Als endlich Susan zu Charlie in die Therapie kommt, erfährt dieser mehr über die Beziehung zu ihrem alleinerziehenden Vater, den der Zuschauer schon durch einige Parallelhandlungen als fürsorglichen und interessierten, aber ständig Whisky trinkenden Mann kennengelernt hat. Zum Alkoholiker wurde er, als seine Frau ihn betrogen hat; auch er war in psychologischer Behandlung, weil er gedroht hatte, sich zu erschießen. Auf Charlies Frage »How do you feel about your dad?«, eine Frage, die er selbst in Sitzungen nie beantwortet, entgegnet Susan: »It kind of sucks having one parent ditch and the other one lose their mind«. Hier setzt nach einem *Close-Up* zu Charlie in der Nebenkabine bedrückende Klaviermusik ein, die unterstreicht, dass dies genau die Antwort ist, die auch Charlie geben würde, komplettiert durch Susans existenzielle Frage: »I mean, how can I possibly hope to turn out even remotely functional?« Charlie selbst formulierte seinem Psychiater gegenüber einen ähnlichen Satz: »My family has a psychiatrist on call – how normal can that be?«

So therapieren sich Charlie und Susan gegenseitig. Sie sind wie in einem Beichtstuhl voneinander getrennt in der Therapieszene, danach jedoch küssen sie sich das erste Mal – finden also aufgrund ihrer ähnlichen Probleme zueinander. In einer späteren Szene sitzen die beiden nebeneinander in einem Hinterzimmer auf einer von Charlie veranstalteten Party, bei der Susan die Therapeutenrolle einnimmt. Sie will von

218 Morris, Wesley: »A high school comedy with brains«, http://www.boston.com/ae/movies/articles/2008/02/22/a_high_school_comedy_with_brains/, 18.11.2014

ihm wissen, ob er sie nur trifft, weil ihr Vater der Direktor ist – was er verneint, weil er das zu Beginn gar nicht wusste. Außerdem erfährt der Zuschauer durch nachhakende Fragen von ihr, dass Charlies Vater im Gefängnis sitzt und Charlie einer Konfrontation im Gefängnis aus dem Weg geht. Seine Mutter hat Depressionen, ist tablettenabhängig, und eigentlich war es Charlie, der sich anstelle seines Vaters um sie kümmern musste. Auf die Frage »And who takes care of you?« kann er nicht antworten. Sie schlafen miteinander, und Charlie muss vor einer jubelnden Menge seiner Gäste im Anschluss gleich verkünden, keine Jungfrau mehr zu sein.

Dieser amüsant erscheinende Schluss der Szene wird durch den versuchten Selbstmord von Kip in der Folgeszene gebrochen. In seinem Abschiedsbrief betont er die Sinnlosigkeit zu leben, wenn ihn niemand kennt oder schätzt. Er nimmt alle restlichen Tabletten, die er von Charlie bekommen hat, auf einmal. Er überlebt zwar, aber Direktor Gardner, der sich denken kann, dass die Tabletten von Charlie stammen, stattet den Bartletts in ihrer riesigen Villa einen Besuch ab. Er nimmt in der Szene den Platz des fehlenden Vaters für Charlie ein. Er weist ihn zurecht, dass er zu sehr damit beschäftigt sei, sich beliebt zu machen, anstatt über mögliche Konsequenzen nachzudenken, die ein Deal mit Pharmazeutika nach sich ziehen kann. Direktor Gardner ist damit der einzige, der Charlies Frage, was denn wichtiger sei als Popularität, im ganzen Film beantworten kann – daran scheiterte beispielsweise auch seine Mutter zu Beginn des Films. Es sei zwar einfach, so der Direktor, dem Leben durch Drogen zu entgegnen, doch sich seinen Problemen stellen sei das was zählt: »What you do in this life matters«, ist die banal klingende Schlussfolgerung, mit der die Szene auch endet. Verantwortung übernehmen für die eigenen Handlungen und sich nicht zu sehr mit den Ansichten anderer auseinandersetzen - das sind Grundsätze, die in jedem Coming of Age-Film zentral sind und die auch Jim Stark lernen musste: Ob nun die anderen ihn »Chicken« nennen und sein Vater sich unterwirft sind Dinge, die ihn weniger beschäftigen sollten als sein eigenes Leben zu leben. Genauso erinnert es an Tylers (bzw. Gandhis) Lebensmotto: »Whatever you do in life will be insignificant. But it's very important that you do it«. In CHARLIE BARTLETT ist diese Erkenntnis gleich auf mehreren Ebenen interessant, da die fiktive Figur des Direktors einerseits zugibt, in Therapie gewesen zu sein und Antidepressiva genommen zu haben, und andererseits der Schauspieler Robert Downey Jr. ebenfalls bekannt war für seine Drogeneskapaden:

> There's no avoiding the intent behind the meta-moment when he [Robert Downey Jr.] acknowledges that being zonked out of your mind is a lot easier than dealing with your problems.[219]

Charlies Mutter wirkt in der Szene wie gewohnt überfordert und kann ihn nur verzweifelt fragen »Why did you do that, Charlie?« oder

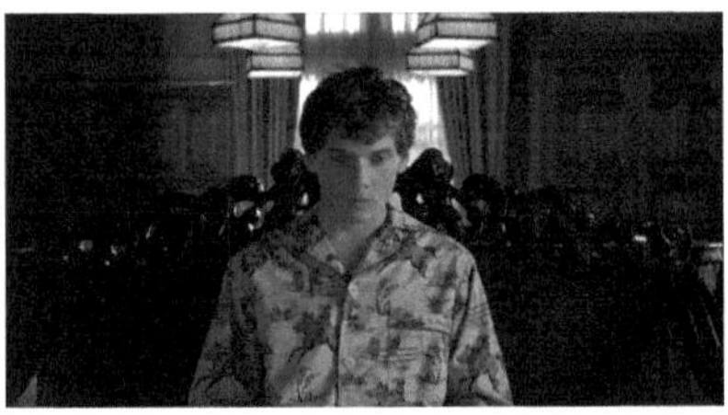

Abb. 48: Charlie erscheint in dem übergroßen Sessel wie ein kleines Kind.

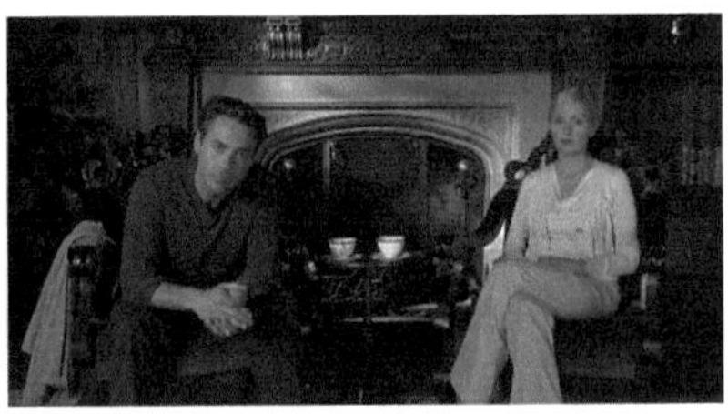

Abb. 49: Direktor Gardner und die Mutter reden auf Charlie ein.

219 Emerson, Jim: »CHARLIE BARTLETT«, http://www.rogerebert.com/reviews/charlie-bartlett-2008, 14.10.2014

nickt stumm, wenn Direktor Gardner ihn zurechtweist. Zusätzlich besteht auf der Bildebene ein eindeutiges Machtverhältnis, da Charlie in einem Pferdchen-Pyjama auf einem viel zu großen Sessel gegenüber seiner Mutter und Direktor Gardner sitzt. Direktor Gardner wird somit zu einer Bezugsperson, was in einer der letzten Szenen noch deutlicher wird.

Charlie besucht in der Folgeszene auch direkt Kip, um sich mit ihm zu unterhalten und ihn etwas aufzumuntern; die Erziehungsmethode des Direktors scheint somit funktioniert zu haben. Kip fühlt sich zwar, wie er selbst sagt, nicht besser durch das Gespräch, jedoch spielen beide im Anschluss Videospiele, Charlie bleibt also nicht nur zum Pflichtbesuch, sondern beweist seine Freundschaft. Er unterstützt Kip später dabei, Direktor Gardner davon zu überzeugen, das von Kip geschriebene Theaterstück »Hell Comes With Your Own Locker« in der Schule aufzuführen. Kip erläutert: »It has truth. It's about us and the way we see things«. Zudem sei er weniger suizidgefährdet, wenn der Direktor das Stück erlauben würde, und so wird es abgesegnet. Das Stück wird am Ende des Films in Auszügen gezeigt. Man sieht einen Jungen und ein Mädchen (gespielt von Susan), die auf dem Bett sitzen, und der Junge drängt das Mädchen, etwas zu tun, was aber nicht deutlich ausgesprochen wird. In einem anderen Teil der Bühne sieht man die Eltern, die über die Kinder schimpfen, dass sie nur Sex und Drogen im Kopf haben, bis ein Elternteil meint, man solle den Kindern doch vertrauen . Daraufhin sieht man den Jungen, wie er sich eine Gitarre nimmt und anfängt zu spielen, während das Mädchen, Susan, in die Mitte der Bühne läuft und anfängt Cat Stevens' »If You Wanna Sing Out, Sing Out (If You

Wanna Be Free, Be Free)« zu singen. Das Stück widerspiegelt auf eine Art auch die Entwicklung der Charaktere im Film, da hier gezeigt wird, dass junge Menschen eigene Entscheidungen treffen müssen und nicht immer nur verantwortungslos agieren, wie es oftmals von den Erwachsenen erwartet wird. Weiterhin wird über das Stück nichts gesagt oder gezeigt, aber es ist anzunehmen, dass es durchgehend mit Vorurteilen gegenüber Schülerinnen und Schülern spielt – und vermutlich auch Lehrkräfte und Eltern nicht allzu gut dastehen, wenn Direktor Gardner sich so dagegen stemmte.

Dass Charlie sich gut in andere hineinversetzen kann und dadurch ein vertrauensvoller Therapeut für seine Mitschüler wird, beweist er auch bei einer Probe der Theatergruppe, die von Susan geleitet wird und für die er sich schon am ersten Tag bewirbt. Dort trägt er einen Monolog des (fiktiven) Stücks *Misadventures of a Teenage Renegade* vor, in dem ein Mädchen über ihre erste Periode spricht. Er durchbricht hier gewollt Geschlechterrollen, was von Susan ebenfalls positiv aufgenommen wird. Die Gefühlsseite des Rebellen verkörpert er also sehr gut. Sein Hang, berühmt werden zu wollen und der Traum, wie ein Rockstar vor einer jubelnden Menschenmenge zu stehen, lässt sich als narzisstischen Wunsch deuten. Die vielen Partys, die er durch Drogen aufpeppt, und das Mitwirken am Theater zeigen seine hedonistische Veranlagung. Auch die ironische Distanz, das dritte Merkmal der »Coolness«, die einen Rebellen in der Regel ausmachen, lässt sich bei Charlie finden. Besonders stark tritt sie bei der kritischen Beziehung zu seinem Vater zu Tage. Dass er nicht über seinen Vater reden will, sondern die steigenden Benzinpreise erörtert, wurde durch das Gespräch mit seinem

Psychiater deutlich. Als Susan ihn zu Hause besucht und sie gemeinsam am Klavier sitzen, erzählt er Susan nach ihrer Frage nach seinem Vater eine hanebüchene Geschichte, dass sein Vater einst von einem Eiswagen überrollt wurde, der »Yankee Doodle« spielte, und dass Charlie daher dieses Lied immer mit seinem Vater in Verbindung bringen würde. Susan glaubt ihm ab einem gewissen Punkt nicht mehr, sodass er dann übertrieben laut und schief am Klavier »Yankee Doodle« vorspielt und dabei laut lacht. Er hat dadurch erreicht, was er wollte: Nicht weiter über seinen Vater zu sprechen. Neben diesen Coolness-Faktoren agiert er selbst aktiv rebellisch in verschiedenen Richtungen: Zum einen unterbricht er die Besprechung über die einzurichtenden Sicherheitskameras im Aufenthaltsraum der Schüler durch einen Feueralarm. Zum anderen versammelt er weitere Schüler um sich, um gemeinsam gegen die Überwachungskultur der Erwachsenen vorzugehen, und natürlich ist auch der illegale Drogendeal als ein Akt der Rebellion zu erkennen. Eine Rebellion, die im Grunde gegen seinen Vater gerichtet ist. Denn dieser sitzt schon seit Jahren im Gefängnis und hat ihm aufgetragen, für seine Mutter zu sorgen, obwohl er selbst noch ein Kind ist. Alles, was ihm da scheinbar bleibt, ist die Popularität, die ihm so wichtig ist. Und da sein eigener Vater unerreichbar ist, gerat er immer wieder mit Susans Vater aneinander, was in einer großen Konfliktszene am Ende des Films mündet.

Zuvor betonten beide ihren jeweiligen Respekt gegenüber der anderen Person: Charlie sagt zu Susan, dass ihr Vater ihm oft entgegengekommen sei und es ihm wichtig ist, dass dieser gut von ihm denkt; Direktor Gardner verteidigt Charlie gegen den Vorschlag seines Vorgesetzten, Charlie der Schule zu verweisen. Anschließend wird dieser Respekt jedoch in einer kurzen Konfrontationsszene revidiert, als Direktor Gardner Charlie dabei beobachtet, wie er Susan vor deren Haus eine Tüte aus der Apotheke reicht, und Gardner Drogen darin vermutet. Susan weigert sich, ihm die Tüte zu geben, und als ihr Vater sie am Arm packen will, schlägt Charlie ihn nieder, um sich gleich darauf dafür zu entschuldigen. Susan schmeißt dem am Boden liegenden Vater die Tüte hinterher, steigt zu Charlie ins Auto und sie fahren davon. In der Tüte befindet sich eine Packung Nikotinkaugummis – Charlie will Susan dabei helfen, mit dem Rauchen aufzuhören. Hier werden Charlies rebellische Aktionen in der Schule vom Direktor übertragen auf Charlies Beziehung zu Susan, er sieht ihn als schlechten Einfluss auf seine Tochter. Dieses Missverständnis führt zu weiteren sich zuspitzenden Maßnahmen: Direktor Gardner lässt Charlie später bei einer Demonstration gegen die Sicherheitskameras festnehmen – obwohl Charlie genau dort die Rede gehalten hatte, wie er sie sich in seinen Träumen immer vorgestellt hatte: Dass die Schüler ihn nicht brauchen, dass sie nicht auf andere hören sollen, sondern das tun sollen, was sie für richtig halten. Während seiner Rede noch wird er ins Polizeiauto abgeführt; die Schüler randalieren aus Protest und zerschlagen Sicherheitskameras und Stu-

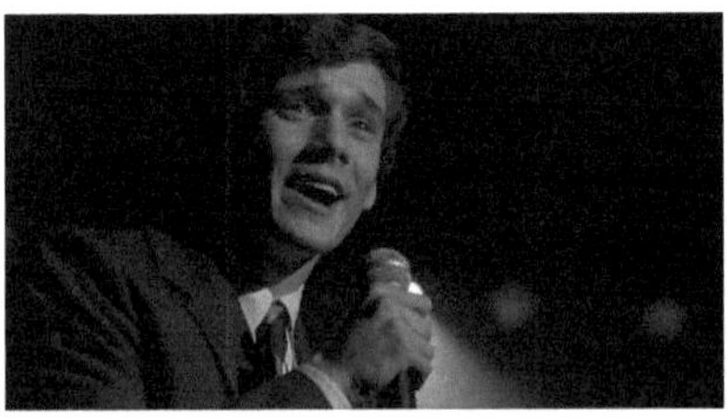

Abb. 50: Charlies Vision seiner Rede als Teenie-Idol…

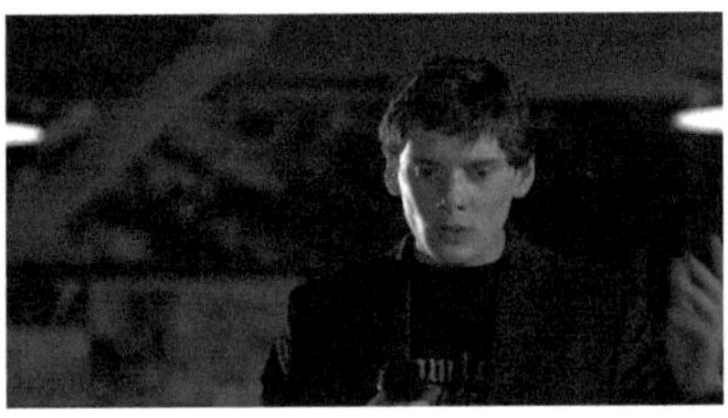

Abb. 51: …und seine tatsächliche Rede, in der er die Rolle als Idol ablegt.

dentenraum, was dazu führt, dass Direktor Gardner von seinem Posten enthoben wird.

Susan meidet im Anschluss ihren Vater und lädt ihn auch nicht zur Aufführung von Kips Theaterstücks ein. Charlie, der von seiner Mutter aus dem Gefängnis geholt wurde, geht daraufhin zum Haus der Gardners, um den Rektor zu überreden, doch zur Aufführung zu kommen. Hier folgt die in vielen Kritiken hochgelobte Kernszene des Films, quasi eine Vater-Sohn-Konfrontation, die den Kampf der Schüler gegen die Autorität der Erwachsenen sowie auch die Schwierigkeiten der Erwachsenen beim Ausüben der Autorität auf den Punkt bringt:

> CHARLIE BARTLETT is just as preoccupied with the give-and-take between authority and rebellion as its peers. But this movie is unique in its unwillingness to cede ground to either side. Neither the kids nor the adults have the upper hand for long. The grown-ups, as dysfunctional as they are (namely the principal), have the wisdom of experience - and Charlie, being the listener he is, actually pays attention.[220]

In der Szene wird einerseits die angesprochene Dysfunktionalität des Direktors ersichtlich, andererseits auch die Verzweiflung und Ohnmacht Charlies im Hinblick auf sein eigenes Leben und die Beziehung zu seinem eigenen Vater. Charlie findet den Direktor betrunken auf seinem Balkon mit Blick auf den Pool vor, einen Revolver in der Hand, mit dem er herumfuchtelt und sein ferngesteuertes Modellboot im Pool während des Dialogs abschießt, ein Relikt aus seinem obsessiven Hobby, das er nach seiner Depression und Therapie aufgenommen hatte. Er konfrontiert Charlie, wieso er ihm alles weggenommen habe. Damit meint er

220 Morris, Wesley: »A high school comedy with brains«, a.a.O.

klar seinen Job und seine Tochter. Charlie sitzt verängstigt auf einem kleinen Plastikstuhl, ähnlich unsicher wie einige Szenen zuvor bei der Zurechtweisung des Direktors aufgrund von Kips Selbstmordversuch. Robert Downey Jr. spielt den Direktor mit einer Stärke und Wucht, dass dieses autoritäre Ungleichgewicht noch viel stärker wird: »The film's centerpiece scene features Downey, Yelchin, and a gun. Yelchin and the gun do their best to hold their own, but the sequence belongs to Downey.«[221] Dieser versucht aus Charlie ein wenig von dessen »post-pubescent psychobabble« herauszuholen, fordert ihn auf, ihm »a pearl of wisdom« weiterzugeben. Doch Charlie kann hier nur zugeben, ein Kind zu sein, »a stupid kid«, das ihm eben nicht helfen kann. Das scheint den Direktor etwas zu beruhigen (»It's tough. I was a kid once, too«), er dreht sich zum Pool um und führt seinen Revolver nachdenklich an den Kopf. Charlie missversteht dies als ein Versuch sich umzubringen, stürzt von hinten auf den Direktor zu und wird von diesem reflexartig den Balkon hinuntergestoßen. Charlie trifft mit dem Kopf auf das Sprungbrett des Pools und fällt hinein. Gardner, noch immer mit der Pistole in der Hand, realisiert erst einige Sekunden später, was geschehen ist, springt hinterher und zieht Charlie in die flache Seite des Pools. Im Anschluss, als Gardner ihm trockene Klamotten reicht, entsteht die erste intimere Konversation zwischen Vaterersatz und Sohn. Gardner fragt Charlie nach seinem Vater und bekommt als erster im Film endlich eine Antwort. Der Direktor hatte in der Vergangenheit Charlies nachgeforscht und gehofft, etwas zu finden, was ihn dazu berechtigen würde, Charlie der Schule zu verweisen. »There are worse crimes than tax

221 Berardinelli, James: »Charlie Bartlett«, http://www.reelviews.net/movies/c/charlie_bartlett.html, 14.10.2014

evasion, you know«. Daraufhin äußert sich Charlie: »Yeah, but it's not worth losing your father over«. Auf die Frage, wie das für ihn laufe, sagt Charlie – ebenfalls wie Gardner selbst im Gespräch in Charlies Haus –, dass einige Tage besser seien als andere. Der gegenseitige Respekt ist wiederhergestellt und beide erreichen die Aufführung rechtzeitig zu Susans Auftritt, dem Singen von »If You Wanna Sing Out, Sing Out (If You Wanna Be Free, Be Free)«.

Das Lied haben Susan und Charlie bereits in dessen Haus gemeinsam gesungen, und es steht für Charlies Appell an seine Mitschüler, eben genau das zu tun, was man selbst möchte und nicht auf das zu hören, was andere wollen. Natürlich ist dies auch eine eindeutige Anspielung auf HAROLD UND MAUDE. Für den Film hatte Cat Stevens den Soundtrack und unter anderem dieses Lied aufgenommen, das die Freiheit eines jeden einzelnen betont. Die im Film dargestellte sexuelle Beziehung von einem Teenager zu einer fast 80 jährigen Frau wird durch das Lied als Form der Freiheit assoziiert, ein provokantes Statement, das sich gegen gesellschaftliche Normen richtet. In CHARLIE BARTLETT besteht die sexuelle Beziehung zwischen zwei Teenagern: »The romance between Charlie and Susan (which even has a Cat Stevens song for a theme) is basically HAROLD UND MAUDE with a gorgeous teenage girl instead of feisty septuagenarian Ruth Gordon«.[222] Kurzum: Jeder soll so leben, wie er es möchte, ohne sich von Stereotypen, Autoritätspersonen oder anderen Vorgaben in eine bestimmte Richtung drängen zu lassen. Dennoch betont CHARLIE BARTLETT immer wieder die Teilnahme an der Gesellschaft – wie hier in der Schule an einem Theaterstück oder als Charlie

222 Emerson, Jim: »CHARLIE BARTLETT«, a.a.O.

seinen Vater am Schluss des Films endlich im Gefängnis besucht. Es ist wichtig, noch einmal zu betonen, dass die Rebellion der Teenagerhelden in den hier besprochenen Filmen sich generell nicht gegen die Gesellschaft, sondern gegen dysfunktionale Auswüchse der Gesellschaft – insbesondere in der Elterngeneration – richtet: Die Rebellen wünschen sich im Kern ein normales (liberales, offenes) Leben, in dem sie sich geben können, wie sie sind. Es sind keine Revolutionäre, die die Gesellschaft umstürzen wollen – vielmehr wollen sie sich innerhalb der Gesellschaft eine individuelle Nische einrichten.

Die psychologischen Aufarbeitungen, die in den Gesprächen in REBEL durch den Polizeioffizier erfolgten, werden hier für Charlie nichtig. Seine Psychiater hören ihm zwar zu und stellen Fragen, lassen ihn jedoch nicht mit sich selbst konfrontieren, sondern wollen ihn mit Tabletten ruhig stellen. Diese Verschreibungswut zeigt subtil das gespaltene und scheinheilige Verhältnis der amerikanischen Gesellschaft gegenüber Drogen auf:

> The major difference between physician-prescribed «good« drugs like antidepressants and tranquilizers and «bad« drugs like marijuana and cocaine, it [the movie] implies, has to do with the sanctification of some by the medical, pharmaceutical and legal establishments and the outlawing of others, which, given their effects, seems somewhat arbitrary.[223]

Der Psychiater wird auch visuell lächerlich gemacht, da Charlie in einer Sitzung ein T-Shirt trägt, auf dem deutlich »People like you are the reason people like me need medication« steht. Vielmehr sind es die

223 Holden, Stephen: »High School's the Same; the Drugs Have Changed«, a.a.O.

Gespräche der Schüler untereinander, vor allem die Gespräche von Charlie und seinen Bezugspersonen, die als Heilung und als Weiterentwicklung funktionieren. Dies ist erkennbar an seiner Einsicht, nur ein Kind zu sein, da dies seine Mutter zu ihm sagte, als sie ihn nach seiner Verhaftung abholte. Dort haben sowohl sie als auch er etwas gelernt: »I treated you like an adult for so long, you missed out on being a little boy (...). But you are just a kid, Charlie«. Sowohl die Mutter als auch Charlie selbst lernen, Verantwortung zu übernehmen.

Die letzte Szene des Films unterstreicht noch einmal die psychiatrische Karriere, die Charlie anstrebt. Man sieht ihn bei einem Interview mit einem Psychologen des Franklin Psychiatric Institute, und Charlie legt nahe, dass er dort trotz seiner Vorstrafen sehr gern ein Praktikum absolvieren würde. »Let's get on with the interview... I've got a hell of a day ahead of me«, sagt der Psychiater, woraufhin Charlie fragt, ob dieser darüber reden möchte – die Punchline des Films. Der Film macht sich zwar explizit über die Psychotherapie lustig, zeigt aber dennoch, dass sie sinnvoll sein kann – Direktor Gardner hat dadurch seine Probleme halbwegs im Griff und die Gespräche von Charlie mit seinen Mitschülern haben auch nur Positives gezeigt; lediglich die übertriebene Verschreibungswut und Ruhigstellung wird in Frage gestellt. Der Film folgt »the improbable climb of one student from outcast to icon, and observes the consequences of his popularity«[224]. Durch die vielen Perspektiven und Ansätze, mal komisch, mal tragisch, kann man den Film nicht wirklich einem Genre zuordnen:

224 Berardinelli, James: »Charlie Bartlett«, a.a.O.

> It's impossible to label CHARLIE BARTLETT as any one thing because it veers (sometimes erratically) from one genre to the next. At one point, it's a satire. At another, it's a teen comedy. Then it's a drama. Then a message piece. At times, it recalls the teen movies of the 1980s.[225]

Besonders erinnert der Film an BREAKFAST CLUB an, in dem die verschiedenen Charaktere sich gegenseitig therapieren.

> Like many of John Hughes' high school movies, it [CHARLIE BARTLETT] presents a fantasy of tolerance and camaraderie about kids from different social circles - nerds, jocks, hoods, cheerleaders, drama clubbers - coming together to fight adult authoritarianism.[226]

Und genau wie in BREAKFAST CLUB lassen sich die Schüler nicht so leicht in Schubladen stecken, ebenso wenig wie der Lehrer: »The slut wants romance. The suicide case wants stage fame. The jock wants to paint. Charlie the spoiled preppie doesn't want entitlement. And the principal really just wants to teach.«[227]

225 Ebd.
226 Emerson, Jim: »CHARLIE BARTLETT«, a.a.O.
227 Morris, Wesley: »A high school comedy with brains«, a.a.O.

4.2 GARDEN STATE: Die Seele als unendlicher Abgrund

Wenn CHARLIE BARTLETT eine Art Hommage an FERRIS BUELLER'S DAY OFF war, ist Zach Braffs Regiedebüt GARDEN STATE, wie der Kritiker Holger Römers schreibt, an THE GRADUATE orientiert. Beide Filme handeln »von der Entfremdung, die ein introvertierter junger Erwachsener, der seinen Platz im Leben sucht, angesichts eines Besuchs im Heimatort empfindet«.[228] Im Gegensatz zu Benjamin Braddock, der nach dem Universitätsabschluss nach Hause zurückkommt, kehrt Andrew Largeman (Zach Braff), genannt Large, erst nach neun Jahren zurück in seine Heimat, einem Vorort in New Jersey. Dies tut er auch nicht freiwillig, sondern aufgrund des Todes seiner Mutter. Die Jahre zuvor war er auf einem Internat und versucht sich seit dem Abschluss als Schauspieler in Hollywood zu etablieren, hat es aber bisher nur zu einer Hauptrolle eines geistig zurückgebliebenen Baseball-Stars in einem Fernsehfilm geschafft. Dieser Fakt ist auch ein *Running Gag*, der immer wieder angesprochen wird, wenn er alte wie neue Bekannte trifft. Sam (Natalie Portman), die er in einem Warteraum einer Arztpraxis kennenlernt, fragt ihn beispielsweise mehrmals ungläubig, ob er wirklich nicht selbst geistig zurückgeblieben sei. Außerdem erwähnt sie eine Szene des Films, in der er eine sehr überzeugende Rede im Stadion hält und der Film-Vater ihm eine unterstützende *Thumbs-Up*-Geste zeigt. Das schlechte Verhältnis zwischen Large und seinem eigenen Vater, das in den Sze-

228 Römers, Holger: »GARDEN STATE«, in: *Munzinger Online/Film - Kritiken aus dem film-dienst*, http://www.munzinger.de.ubproxy.ub.uni-frankfurt.de/document/10000037069, via Universitätsbibliothek Johann Christian Senckenberg, 08.12.2012

nen zuvor verdeutlicht wurde, wird durch diese Anekdote hervorgehoben.

Er ist also fähig, seine Erfahrungen in Schauspielkunst umzuwandeln. Untalentiert ist er somit nicht, muss aber dennoch in Los Angeles als Kellner in einem vietnamesischen Restaurant arbeiten. Sein Chef erinnert ihn wegen Zuspätkommens daran, dass er bei nochmaligem verpasstem Einsatz von einem der unzähligen Bewerber ersetzt wird. GARDEN STATE zeigt eine ähnlich deprimierende Sichtweise auf das Arbeitsleben der »Twentysomethings«, wie es zehn Jahre vorher REALITY BITES getan hat, nur mit zusätzlicher Abgestumpftheit, die sich durch subtilen Humor, langsame Erzählweise, passende, ruhige Musik und wenig Dialoge zeigt. Es ist alles in allem eine »Komödie voller Skurrilitäten, in deren Verlauf der Protagonist seine Vergangenheit erkundet und mit einer Reihe merkwürdiger Typen konfrontiert wird«[229]; und die Vergangenheit hat mit dem unterkühlten Verhältnis zwischen Eltern und Sohn und dem starken Tablettenkonsum des Sohnes zu tun.

Large erfährt vom Tod seiner Mutter, die beim Baden ertrunken ist, durch eine Nachricht seines Vaters (Ian Holm) auf dem Anrufbeantworter. In der Szene der Beerdigung steht Large weitab von den restlichen Gästen und beobachtet diese von weitem, als sei er gar kein Familienangehöriger. Auf dem Bild der Mutter, das neben dem Grab steht, sieht man, dass diese im Rollstuhl saß. Large spricht auch nicht mit seinem Vater, sondern wandert vom Grab zu seinem ehemaligen Freund Mark (Peter Sarsgaard), den er zufällig erspäht hat und der nun als Totengräber auf dem jüdischen Friedhof arbeitet. Im darauf folgenden Dialog

229 Ebd.

wird die von Römers angesprochene Nonchalance des Films beispielhaft deutlich, die den Hang zum Kitschigen, die der Film gegen Ende nimmt, ausgleicht: »Wenn Mark vom Tod von Andrews Mutter erfährt, antwortet er nicht etwa mit einer Beileidsfloskel, sondern mit einem schlichten: ›Fuck‹.«[230]

Er lädt ihn für den Abend auf eine Party ein. Direkt im Anschluss sieht man Large im Gespräch mit der besten Freundin der Mutter im Haus der Eltern bei der Beerdigungsfeier. Diese erzählt ihm, sie habe mit der Mutter einen Monat zuvor das Bad neu dekoriert. Die Mutter habe dieses ganz plötzlich erneuern wollen, obwohl sie nie ein Interesse an solchen Dingen hatte. Dies kann ein Hinweis sein, dass die Mutter ihren Tod geplant hatte; vielleicht, um den Sohn endlich nach Hause zu holen – oder es war tatsächlich ein Unfall.

Die Freundin hat Large aus den Resten des Tapetenstoffs ein Hemd genäht, das er bitte anprobieren soll. In der folgenden Einstellung sehen wir Large in diesem Hemd vor besagter Tapete mit »extravagentem

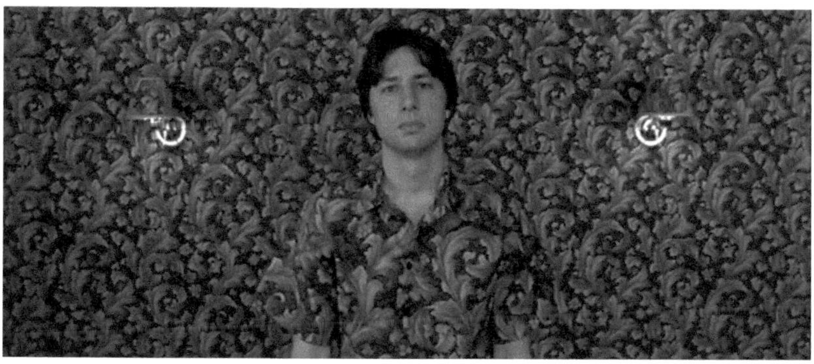

Abb. 52: Large verschwimmt mit dem Hintergrund.

230 Ebd.

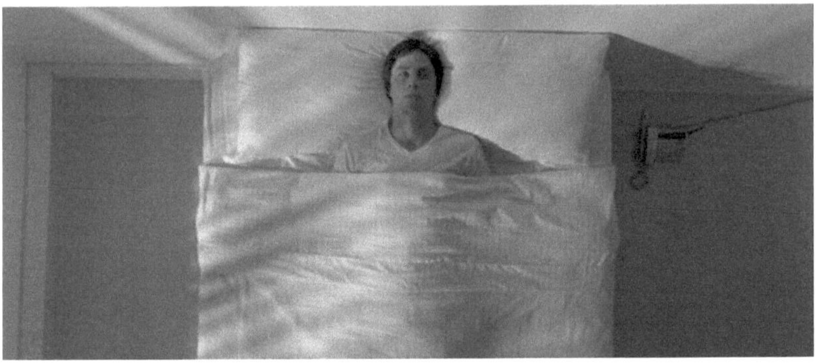

Abb. 55: Larges Schlafzimmer erinnert an ein Krankenhaus.

Pflanzenmuster«[231] und ausdruckslosem Gesicht stehen; er verschwindet förmlich in der Wand. Dies zeigt die innere Leere, die er spürt. Er ist auch in einer der ersten Szenen ähnlich mit seiner Umgebung verschmolzen; dort lag er in seinem sterilen, leeren, weißen Zimmer unter einer weißen Bettdecke, während der Vater auf den Anrufbeantworter sprach. Bildlich wird auch seine Betäubung gleich in der Eingangsszene festgehalten: Man sieht Large in einem unter Turbulenzen stehenden Flugzeug vollkommen ruhig gestellt in seinem Sitz sitzen, während um ihn herum die Menschen stumm und in Zeitlupe schreien und heulen sowie Sauerstoffmasken aus der Decke fallen. Die Szene ist mit ruhiger, fast hypnotischer Musik untermalt, einem indischen Gebet an den Hindu-Gott Ganesha.[232] Large stellt die Belüftung höher und sieht stoisch seinem Ende entgegen, bis er durch das Klingeln des Telefons aus seinem Traum gerissen wird.

---

231 Ebd.

232 Dieses wurde einem Wecker entnommen, s. http://www.imdb.com/title/tt0333766/trivia, 08.01.2012; vgl. auch den Audiokommentar mit Zach Braff und Natalie Portman auf der GARDEN STATE-DVD während besagter Szene.

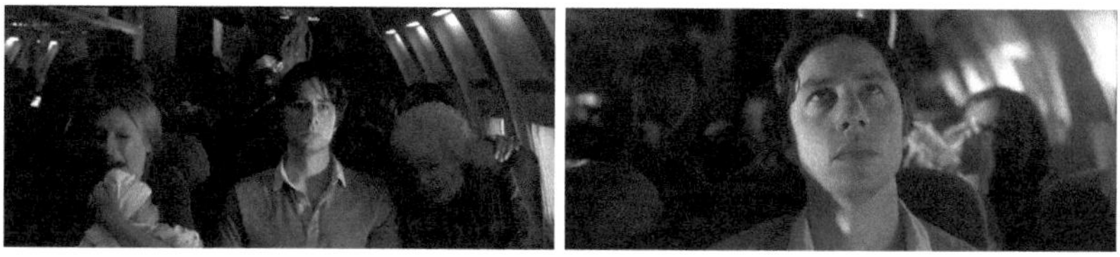

Abb. 53 und 54: In seinem Traum sitzt Large wie betäubt in einem abstürzenden Flugzeug.

Die Ruhe des Films wird vor allem durch diese langen Einstellungen gepragt, die oft mehr an Fotografie erinnern. Dies war auch die Absicht von Regisseur, Autor und Hauptdarsteller Zach Braff: »I've always been into still photography and I love production design. I wanted the movie to be still. I wanted the camera to really reply that feeling of stillness. I feel like when you have a still camera, when it does move it's a feeling of release.«[233] Als auf der Party eines Freundes von Large alle um ihn herum in einen Drogenrausch geraten, sitzt Large nur unbeweglich auf dem Sofa, da er bedingt durch seine langjährige Medikamenteneinnahme nur noch abgestumpfter durch weiteren Drogenkonsum wird. Anfangs im Wechsel zwischen Zeitlupe und Zeitraffer, später nur in be-

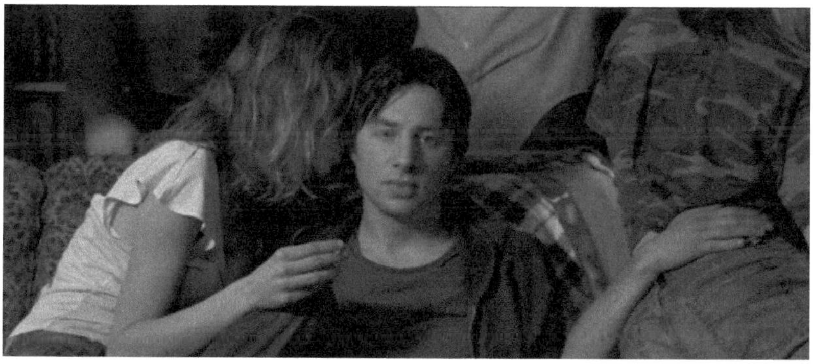

Abb. 56: Large sitzt teilnahmslos unter lauter feiernden Leuten.

233 Thomas, E.C.: »Garden State: Zach Braff Is Lost In Jersey«, 10.08.2004, http://www.glidemagazine.com/articles/47699/garden-state-zach-braff-is-lost-in-jersey.html, 08.01.2012

schleunigter Geschwindigkeit werden die anderen gefilmt, wie sie um ihn herum liegen, mit ihm sprechen, oder untereinander Küsse und Worte austauschen oder Alkohol und Drogen konsumieren. Währenddessen wird die Kamera immer wieder auf ihn zurück gerichtet oder eine Einstellung hinter dem Sofa gewählt, sodass der Zuschauer aus Larges Sicht dem chaotischen Treiben zusieht.

Large redet auch nur das Nötigste, ist also sowohl verbal als auch optisch von anderen abgeschottet. Braff misst der Entfremdung, die der Protagonist des Films spürt, einen universellen Anspruch bei: »I have this theory that your body goes through puberty in its teens, and the mind goes through puberty in your twenties. [Large] is dealing with issues that you are going through all the time going into your thirties«.[234]

Das distanzierte Verhältnis zu den Eltern wurde durch die ersten Szenen schon eingeleitet, in denen etabliert wird, dass Large neun Jahre lang nicht zu Hause war und offensichtlich auch kein großes Interesse an einem telefonischen Kontakt hegte. Noch deutlicher wird die Distanz im Anschluss an die Hemd-Szene, als Large das erste Mal mit seinem Vater spricht. Dieser sitzt in seinem Arbeitszimmer hinter dem Schreibtisch verschanzt, während Large an einer Wendeltreppe am

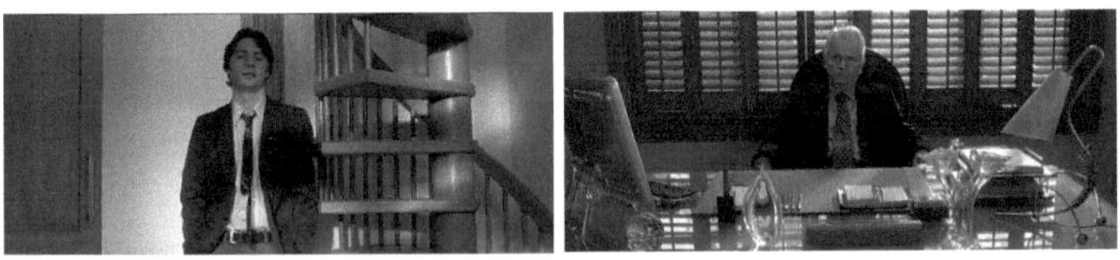

Abb. 57 und 58: Large steht unbequem vor seinem am Schreibtisch sitzenden Vater.

234 Ebd.

Türeingang lehnt und nicht so recht weiß, was er sagen oder wie er stehen soll. Nach kurzen Floskeln über das Befinden und das gut gepflegte Haus sowie einem »I'm not really sure what to say here, Dad. I'm sorry« von Large bietet der Vater ihm an, wegen seiner Kopfschmerzen, die dieser von Zeit zu Zeit spürt, einen Termin für einen Neurologen in seinem Arbeitsgebäude zu vereinbaren. Es wird ersichtlich, dass der Vater neben seiner Rolle als Elternteil auch die von Larges Psychiater und Hausarzt übernimmt. Das Gespräch zwischen Vater und Sohn verläuft mehr als schleppend: Die Sätze sind kurz und nach jedem entsteht eine unangenehme Stille. Das Ende der Unterhaltung leitet der Vater durch einen Vorwurf ein, indem er mit zusammengepressten Lippen sagt: »I'm glad you're here. Saying goodbye is important. I'm glad you could fit it in«. Es ist, als stünde eine Wand zwischen ihnen; Large bleibt während des Gesprächs stehen, der Vater reglos hinter dem Schreibtisch, und das, obwohl Large ohnehin seinen stehenden Vater um Köpfe überragt. Es liegt nahe, dass Large nach dieser vorwurfsvollen Anschuldigung erst einmal das Zimmer sowie auch das Haus wortlos verlässt. Sein Vater spricht ihn noch einmal während seines Aufenthalts an, dass er sich mit Large unterhalten möchte, jedoch weicht Large ihm aus, indem er sich ununterbrochen mit Freunden oder seiner Freundin Sam trifft, bis es letzten Endes dann zu einer Art Aussöhnung kommt.

Im Kontrast zu diesem unterkühlten Verhältnis stehen alle anderen Eltern-Kinder-Beziehungen, die im Film dargestellt werden. Da wäre zum einen die Mutter von Mark. Sie ist eine jung gebliebene Frau, die, wie beiläufig klar wird, eine Affäre mit einem ehemaligen Mitschüler von Large und Mark hat, der mit einer *Medieval Times*-Ritterrüstung am

Frühstückstisch sitzt.[235] Mark ist ganz offensichtlich nicht begeistert davon, macht sich über dessen Arbeit als »Fast Food Knight« lustig und schickt ihn letzten Endes aus dem Haus. Die Mutter möchte Mark dazu bringen, etwas aus seinem Leben zu machen. »I'm only 26. I'm not in any rush. What's your rush for? Just let me be«, sagt Mark daraufhin – ein typischer Slacker-Satz, den auch Troy Dyer hätte sagen können. Die Mutter verlässt kurz darauf das Haus zur Arbeit, aber nicht ohne Mark einen liebevollen Abschiedskuss zu geben und sich bei Large für die Anwesenheit zu bedanken. Die antiautoritäre Mutter schreibt Mark nicht vor, was er zu tun hat, macht sich aber Sorgen und möchte, dass er aus seinem Leben etwas mehr macht als Gräber auszuheben. Mutter und Sohn haben trotz der von Mark äußerst negativ eingeschätzten sexuellen Beziehung der Mutter ein enges Verhältnis.

Auch die Mutter von Sam ist eine sehr herzliche Dame, die Large auch gleich umarmt und diesem unter anderem ein Video von Sams frühen Eiskunstlauf-Aufführungen zeigt, ihn also sofort in die Familie integriert. Sie ist stolz auf ihre Tochter, obwohl diese aufgrund von Epilepsie viele Träume nicht verwirklichen konnte. Ein Vater ist in keiner der anderen Familien anwesend.

Sam ist ein etwas verrücktes, oft sehr farbenfroh gekleidetes Mädchen, das wegen zwanghaften Lügens in Behandlung ist. Sie lockt Large durch ihre offene und kommunikative Art aus der Reserve. Sie ist es, die anfangs die Initiative ergreift, in der Arztpraxis ununterbrochen redet und ihn anschließend auffordert, sie nach Hause zu fahren (»This would be the point in the conversation where you ask me to drive me

235 Römers sieht auch darin eine ironische Anspielung auf Mrs. Robinson in The Graduate, s. Römers, a.a.O.

home«). Sie unternehmen an den die restlichen zwei Tagen, die Large noch zu Hause verweilt, einiges. An einem Abend sind sie bei einem durch die Erfindung von geräuschlosem Klettverschluss reich gewordenen Schulkameraden von Large namens Jesse (Armando Riesco) zusammen mit Mark und einigen anderen. Als alle in den dortigen Pool springen, bleibt Large am Rand stehen. Es wird ersichtlich, dass er nicht schwimmen kann. Sam geht mit ihm in den flachen Teil, und er beginnt, sich ihr gegenüber zu öffnen – dass er vieles in der Kindheit verpasst und kein Zuhause mehr hat und ihm das bei seiner Rückkehr in den Ort seiner Jugend bewusst geworden ist. »The idea of home is gone«, sagt er zu Sam, die sagt, sie würde sich hier noch immer zuhause fühlen. Er antwortet:

> You'll see one day when you move out. It just sort of happens one day and it's gone. You feel like you can never get it back. It's like you feel homesick for a place that doesn't even exist. Maybe it's like this rite of passage, you know? You won't ever have that feeling again until you create a new idea of home for yourself. You know, for... For your kids. For the family you start. It's like a cycle or something.

Im Anschluss an diese Szene sitzen Large, Sam, Mark und Jesse im Kreis vor einem Feuer in Jesses vollkommen unmöblierter, riesiger Villa. Nachdem Large erwähnt, der Schule verwiesen worden zu sein, drängt Sam so lange, bis er seine Geschichte erzählt. Ähnlich wie Susan bei Charlie Bartlett fungiert sie hier als Therapeutin. Large gibt zu, der Grund dafür zu sein, dass seine Mutter im Rollstuhl saß. Er habe seine Mutter als Neunjähriger gestoßen, weil diese immerzu depressiv war.

Der Plastikriegel der Spülmaschinentür sei kaputt gewesen, sodass die Spülmaschine sich von Zeit zu Zeit einfach öffnete. So auch an jenem Tag. Seine Mutter ist durch den Stoß über die Tür der Maschine gestürzt und hat sich den Hals auf der Küchentheke angeschlagen, sodass sie seither von der Taille an gelähmt war. »It's really amazing how much of my life has been determined by a quarter-inch piece of plastic«, reflektiert Large. Er sei in Therapie geschickt worden und seither mit Pillen, die seine ›Wut‹ kontrollieren sollen, versorgt worden. Mit sechzehn wurde er dann zum Internat entsandt.

Schon zu Beginn des Films wird Larges Medizinschränkchen gezeigt, das gefüllt ist mit Pillendosen. Der Neurologe Dr. Cohen stellt fest, dass die Dosierung der Tabletten sehr hoch sei und Large sich besser einen Psychiater suchen sollte, der *nicht* sein Vater ist. Large erzählt im Gespräch auch, dass er hier in der Heimat das erste Mal seit Jahren ohne Tabletten lebt. Somit ist Large das erste Mal nicht abgestumpft und kann sich seinen Gefühlen stellen oder überhaupt einmal etwas empfinden. Nach seiner Geschichte über die Familientragödie gesteht er Sam beispielsweise, dass er sie mag. Er selbst erkennt auch im letzten Gespräch mit seinem Vater, dass er sich nicht länger betäuben lassen möchte, dass er nur dieses Leben habe und es voll genießen möchte. Der Vater jedoch will, dass Large sich selbst für seine damalige aggressive Handlung vergibt. Durch diese Aussage wird das Tablettenverschreiben des Vaters zu einer Art Strafe gegen den Sohn, es wird deutlich, dass dieser seinem Sohn nicht vergeben hat. »I was a boy, and somebody made a shitty latch. That's what I think«, antwortet Large darauf – ein Urteil fernab jeglicher psychologischer Erklärungsversuche, da er sich selber, im Gegensatz zu seinem Vater, nicht als aggressiv einschätzt. Er möchte endlich wieder Dinge fühlen und wirklich erleben: »What I want more than anything in the world is for it to be okay with you for me to feel something again. Even if it's pain«. Sie verbleiben dabei – die Szene ist weniger Konfrontation als eine längst überfällige Klarstellung von Large, wie er zu dieser ganzen Tragödie steht.

Large sieht ein, dass er so nicht weiterleben will und erkennt am Ende des Films, dass er gar nicht nach Kalifornien zurückzugehen braucht, da es in New Jersey, dem »Garden State« Amerikas, alles gibt, was er braucht: Eine Freundin, gute Freunde und einen Vater, mit dem er versucht, wieder halbwegs glücklich zu werden. Er hat seine innersten Komplexe ausgesprochen und verarbeitet. Für diesen Verarbeitungsprozess bietet der Film auch eine wunderschöne Metapher, die wieder an die Klippe in Rebel erinnert: Einen Steinbruch in New Jersey[236], zu dem Mark Sam und Large führt, um einen Gegenstand wiederzufinden, den Mark seinem Kumpel geben möchte. Large ist, als sie nach einigen Zwischenstationen an dem Krater ankommen, sehr genervt. Er hatte sich den letzten gemeinsamen Tag mit Sam anders vorgestellt. Als sie jedoch das Ausmaß des riesigen Steinbruchs sehen, sind alle drei fasziniert. Es beginnt aus Strömen zu regnen. Sie begeben sich zu einem alten Schiff, das auf einem Teil des Felsens gebaut ist und in dem ein Mann namens Albert mit seiner Frau und seinem Baby lebt, nebenher eine Art Schrottplatz betreibt und währenddessen darauf achtet, dass niemand dieses Naturphänomen betritt. Albert erklärt, dass niemand weiß, wie tief der Krater sei und er nicht wirklich begehbar sei. »I like

236 Dieser existiert wirklich unter dem Namen »Kiernan's Quarry« in Newark, was auch im Film erwähnt wird.

to pretend it's infinite«, sagt er mit einem Schmunzeln. Er handle aber auch mit altem Schmuck, um sich etwas dazu zu verdienen. Auf die Frage, weswegen er so weit abgeschottet von allem leben würde, antwortet Albert schlicht:

> I guess I just like the idea of discovering something. Of doing something that's completely unique. That's never been done before. But, you know what? That's all ego. None of that really matters. If I get to be with this person right here and our beautiful baby. That's all I need.

Vor allem Large ist davon sehr beeindruckt. Es spiegelt sowohl seine Auffassung wieder, ein Zuhause selbst zu erschaffen, als auch eine von Sams Eigenarten, für die Large sie schätzt. Sam vollführt, wenn sie sich unoriginell fühlt, gerne eine Sache, die sonst niemand zuvor getan hat, beispielsweise eine abstruse Verrenkung, um sich wieder einzigartig zu fühlen.[237] Large wünscht Albert in strömendem Regen vor dem Hausboot viel Glück beim Erforschen des ›unendlichen‹ Abgrunds. Albert bedankt sich, und bevor er ins Haus zurückkehrt, ruft er Large zu: »You too«. Damit ist sein eigener innerer Abgrund gemeint.

Somit steht der riesige, unergründliche Abgrund für die Seele eines jeden, die es zu erforschen gilt. Dass sowohl Large, Sam als auch Mark dieser Aufforderung nachgehen, beweisen sie dadurch, dass sie auf einen Bagger am Rande der Klippe klettern und, oben angekommen, lautstark in den Abgrund schreien. Mark gibt Large später den Gegenstand, den sie den Tag über gesucht hatten: Die alte Goldkette von Larges Mutter, die Mark der Leiche entnommen und weiterverkauft hatte.

---

237 Vgl. auch Römers, a.a.O.

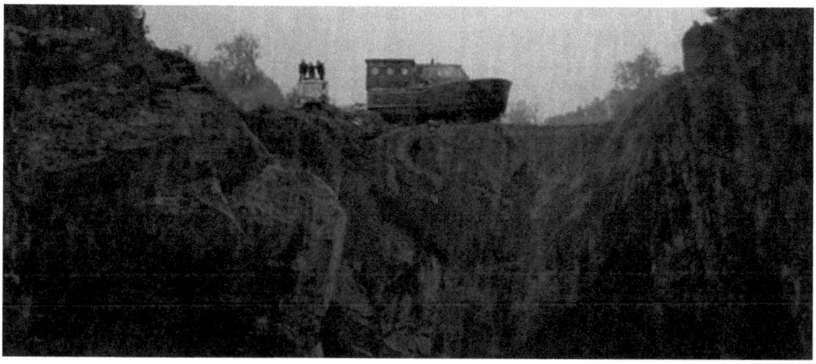

Abb. 59: Large, Mark und Sam brüllen in den Abgrund.

Die letzte Szene des Films ist die Verabschiedung von Sam am Flughafen. Dort sieht Large ein, dass eine Rückkehr nach Kalifornien ein Fehltritt wäre und er sein Leben nicht ohne Sam verbringen möchte. Im Hintergrund läuft Frou Frous »Let Go«, um den Abspann einzuleiten:

> So, let go, let go
> Jump in
> Oh well, what you waiting for?
> It's all right
> 'Cause there's beauty in the breakdown

Der »Breakdown«, hier Larges Aufarbeitung der Vergangenheit, hat einmal mehr zu Heilung geführt – zur im Lied angesprochenen Schönheit –, und der Film endet, ähnlich wie CHARLIE BARTLETT, sehr positiv. Er gibt zu verstehen, dass sich jeder einmal verloren fühlt, aber durch die Aufarbeitung und die Kommunikation mit anderen eine gewisse Verirrung oder Verzweiflung überwunden werden kann.

Hier rebellierten die existenziellen Rebellen aus unterschiedlichen Gründen gegen die Vaterfigur. Psychiatrische ›Heilung‹ ist nur bedingt möglich – es ist mehr der Eigenantrieb und das selbstständige Aufarbeiten, da zu der von Miller bezeichneten »rightful position« im Leben führt. Im folgenden Kapitel wird untersucht, was passiert, wenn solche psychologisch wertvollen Maßnahmen nicht möglich sind und es keine Bezugspersonen gibt, an die sich gewendet werden kann.

5. Der Rebell am Rande des Weltuntergangs: Sex, Drugs & Existentialism

»The idea of the young rebel continued to figure prominently in movies, but with a noticeable darkening of tone and an increasingly ambiguous perspective.«[238] Genau diese von Graham McCann angesprochene Entwicklung ins Düstere und Negative soll in folgendem Kapitel beleuchtet werden. Thomas Doherty vertritt eher die Meinung, dass vor allem um die 1990er Jahre vermehrt Kinder und keine Jugendlichen die Hauptrollen in den erfolgreichen, an Teenagern ausgerichteten Filmen der Zeit hatten. Er erwähnt dabei u. a. STAND BY ME / STAND BY ME – DAS GEHEIMNIS EINES SOMMERS (Rob Reiner, USA 1986), LITTLE MAN TATE / DAS WUNDERKIND TATE (Jodie Foster, USA 1991) und THE SIXTH SENSE (M. Night Shyamalan, USA 1999). Dies führt er unter anderem auf den Schatten, der AIDS über die Zeit legte, zurück.[239] Entgegenhalten könnte man hierbei den Indie-Film KIDS (Larry Clark, USA 1995) über den jugendlichen, unwissentlich HIV-positiven Skateboarder, der es sich zur Aufgabe gemacht hat, so vielen Mädchen wie möglich ihre Jungfräulichkeit zu nehmen. »The chronological downsizing and sexual neutering of the American adolescent«,[240] wie Doherty es nennt, kann man hier nicht sehen, ebenso wenig im Transgender-Drama BOYS DON'T CRY (Kimberly Peirce, USA 1999) sowie den weiter unten besprochenen Jugendfilmen Gregg Arakis. Ganz unrecht hat Doherty dennoch nicht,

238 McCann, a.a.O., S. 168.
239 Vgl. Doherty, a.a.O., S. 200; Horrorfilme sind in der Darstellung bedeutend expliziter als in Teenagerfilmen, vgl. S. 201f.
240 Ebd., S. 200

da sich hauptsächlich unabhängigere und kleinere Produktionen explizit mit Sex unter Jugendlichen und HIV auseinandersetzen.

Der Umgang der Protagonisten mit einer größtenteils gefährlichen Umgebung ist ein Hauptaugenmerk der folgenden Analyse. Bereits im gesellschaftlich und familiär orientierten dritten und im psychologisch orientierten vierten Teil der Arbeit wurde immer wieder das Handeln des Einzelnen betont. Nachdem das übertriebene Einnehmen von Psychopharmaka, wie im letzten Kapitel besprochen, nur zum Abstumpfen und nicht zur Lösung des inneren Konflikts führt bzw. ohne objektive Hilfe eines professionellen Psychologen keine Heilung stattfinden kann, verschiebt sich hier die Betrachtung von innen mehr nach außen: Wie gehen die adoleszenten Rebellen beim Aufwachsen mit einer immer schwierigeren und problematischeren Umgebung um? Macht es hier Sinn, zu rebellieren? Dabei erfolgt eine Vertiefung der Frage nach dem eigenen Lebenssinn, indem auf die philosophische Strömung des von Jean-Paul Sartre geprägten Existenzialismus und die daran anknüpfenden Überlegungen Albert Camus' über den Kampf gegen das Absurde eingegangen werden soll. Der Exkurs erhebt nicht den Anspruch, die Philosophie hinreichend abzubilden – dazu bedarf es mehr als einiger weniger einleitenden Seiten –, sondern versucht, die Grundidee der Freiheit und Verantwortung, die sich durch jede Schrift Sartres zieht – insbesondere natürlich durch das gut 1000 Seiten umfassende Werk *L'être et le néant / Das Sein und das Nichts* (1952) –, zu verdeutlichen. Anschließend werden die Filme Donnie Darko und Kaboom auf eben diese beiden Punkte hin untersucht sowie darauf, wie die absurde Welt in den Filmen dargestellt wird; eine Absurdität, die wir anhand von Camus' *Le Mythe de Sisyphe / Der Mythos des Sisyphos* (1942) zuvor definieren.

Zusätzlich zu den düsteren Entwicklungen des Umfelds wurden die Rebellen auch mehr und mehr »ambiguous«, wie im eingangs erwähnten Zitat McCanns angedeutet. Die nach der Analyse von REBEL angesprochene Darstellung des neuen Männertypus, der nicht dem traditionellen Männlichkeitsbild entspricht, soll in diesem Kapitel ebenfalls ergänzend angesprochen werden. Dazu wird ein Überblick über das New Queer Cinema gegeben, zu dem Gregg Araki zählt, der sowohl THE DOOM GENERATION als auch KABOOM gedreht hat. Im Vergleich zu den sehr expliziten Darstellungen in diesen Filmen wird auch der Film THE RULES OF ATTRACTION herangezogen, der auf Bret Easton Ellis' gleichnamigen Roman beruht und in dem homosexuelle Beziehungen am Mainstream orientiert gezeigt werden. Dieses Kapitel zeigt also zum einen, wie sich die (rebellischen) Charaktere in einem immer absurderen und realitätsferneren Umfeld verhalten und zum anderen, wie sie durch ihre sexuelle Ambivalenz gesellschaftliche Normen in Frage stellen – und somit gegen diese rebellieren.

5.1 Angst, Freiheit und Verantwortung: Die absurde Revolte

In der Einleitung haben wir bereits die Grundprinzipien der Freiheitsphilosophie Sartres kennengelernt. Hier werden die Begriffe der Angst, Freiheit und Verantwortung noch vertiefend erläutert. Von Sartres Verständnis der Angst und der freien Wahl gelangen wir zu dem Schluss, dass das Ich der Gegenwart sowohl von der Vergangenheit als auch der zu wählenden Zukunft abhängig ist. Dieses Abwägen und Gegenüberstellen zwischen dem Jetzt und der Zukunft ist absurd – und der Ausgangspunkt für die Lehre von Albert Camus. Ein jeder wird kontinuierlich mit dem Absurden konfrontiert und muss sich dagegen auflehnen – genau dies ist der Sinn oder die Motivation, die den Menschen am Leben erhält. Mit Hilfe des Mythos des Sisyphos macht Camus deutlich, dass sich der Sinn auch bei einer scheinbar großen Qual und Strafe finden lässt. Sisyphos, der von den Göttern dazu bestraft wurde, jeden Tag einen großen Stein einen Berg hinaufzurollen, ist sich seines Leides bewusst, und durch diese Bewusstwerdung entsteht für den absurden Menschen bei Camus auch Freude und Lebenswillen. Ohne Hoffnung, aber mit Verachtung nimmt der absurde Mensch sein Schicksal an. Durch diese Ideen und Anschauungen werden sowohl die Filmbesprechungen zuvor, aber vor allem die im Anschluss den (absurden bzw. existenziellen) Konflikt der jeweiligen Charaktere verdeutlichen können. So sehen beispielsweise die Schüler in BREAKFAST CLUB ein, dass sie sich nicht hinter ihren Stereotypen verstecken brauchen, und Large in GARDEN STATE will endlich Verantwortung übernehmen und wieder fühlen und bewusst leben. Nach dem Exkurs über den Existenzialismus von Sartre und Camus werden die etwas düstereren Handlungen von DONNIE DARKO und KABOOM genauer betrachtet, bei denen die Absurdität noch deutlicher zu Tage tritt.

Exkurs: Sartre und Camus

Der Mensch existiert durch seine Handlungen, und der Mensch ist frei in seinem Handeln. Die durch die Freiheit des Menschen entstandene »Autonomie der Wahl«[241] ist es, mit der sich Sartre intensiv beschäftigt. Martin Suhr bezeichnet in *Sartre zur Einführung* das Abwägen und Analysieren einer Wahl an Freud angelehnt »Probehandeln«[242]. Diese Möglichkeit, »ein Nein, ein Nicht aus sich hervorzubringen«[243], bedeutet für Sartre die menschliche Freiheit, eine Freiheit des Denkens.[244] Am Beispiel der Angst verdeutlicht Sartre diesen Vorgang. Er unterscheidet strikt zwischen der Furcht, die für ihn »Furcht vor den Wesen [*êtres*] der Welt ist« und der Angst, die »Angst vor mir ist«.[245] Steht nun ein Mensch an einem Abgrund, entsteht ein Schwindelgefühl. Vom vorerst objektiven Einschätzen der Lage – Furcht vor dem Hinunterfallen – »bewirkt das Gefühl der Furcht die Reflexion«[246]: Möglichkeiten, was der Mensch selbst tun kann, werden abgewogen bzw. im Kopf ›probegehandelt‹. Der Selbsterhaltungstrieb, sich eben nicht hinabzustürzen, son-

241 Sartre, a.a.O., S. 836
242 Suhr, a.a.O., S. 47
243 Ebd., S. 48
244 Vgl. ebd.
245 Sartre, a.a.O., S. 91
246 Suhr, a.a.O., S. 50

dern auf den Weg zu achten, ist nur eine Möglichkeit, wie das Ich mit der Situation umgehen kann, die keinesfalls gewählt werden *muss*. Hier setzt die Angst für Sartre an.

> Aber ich ängstige mich gerade deshalb, weil meine Verhaltensweisen nur *mögliche* sind, und das bedeutet genau, daß ich, während ich eine Gesamtheit von Motiven *zur Abwehr* dieser Situation konstituiere, im gleichen Augenblick diese Motive als nicht wirksam genug erfasse. Im selben Augenblick, wo ich mich selbst als *Schaudern* vor dem Abgrund erfasse, habe ich Bewußtsein von diesem Schaudern als für mein mögliches Verhalten *nicht bestimmend*.[247]

Sobald der Mensch sich als denkendes Subjekt seiner eigenen Möglichkeiten sieht, deren Ausgang ungewiss ist, entsteht das Gefühl der Angst:

> Die Furcht richtet sich also auf mich als determinierendes Ding in der Welt; die Reflexion liefert mich einer undeterminierten Zukunft aus, indem sie mir meine Möglichkeiten vor Augen führt; und gerade diese machen deutlich, daß nichts mich zwingen kann, diese Verhaltensweise durchzuhalten.[248]

Die Gegenwart hängt also zum einen von der Zukunft ab, aber ebenso von der Entscheidung in der Vergangenheit. »So bin ich derjenige, der ich sein werde, in der Weise, er nicht zu sein. Und das Bewußtsein, seine eigene Zukunft zu sein, in der Weise, sie nicht zu sein, ist genau das, was wir Angst nennen«.[249] Angst definiert sich für Sartre somit als

247 Sartre, a.a.O., S. 95
248 Suhr, a.a.O., S. 52
249 Ebd.

»Freiheitsbewußtsein«[250], es ist eine »ständig erneuerte Obligation [...] das Ich wieder hervorzubringen«.[251] Sartre bezeichnet dieses Hervorbringen als Entwurf, der niemals determiniert und immer von einem selbst abhängig ist.

> Allein und in der Angst tauche ich gegenüber dem einzigen und ersten Entwurf auf, der mein Sein konstituiert, alle Barrieren, alle Geländer zerbrechen, genichtet durch das Bewußtsein von meiner Freiheit: bei keinem Wert finde ich und kann ich Zuflucht finden vor der Tatsache, daß ich es bin, der die Werte am Sein erhält; nichts kann mich gegen mich selbst sichern, abgeschnitten von der Welt und meinem Wesen durch dieses Nichts, das ich *bin*, habe ich den Sinn der Welt und meines Wesens zu realisieren: ich entscheide darüber, allein, unlegitimierbar und ohne Entschuldigung.[252]

Diese Wahl des eigenen Seins bringt auch Verantwortung mit sich, nicht nur für sich selbst, sondern auch für andere.[253] Sartre resümiert:

> Die wesentliche Konsequenz unserer vorangehenden Ausführungen ist, daß der Mensch, dazu verurteilt, frei zu sein, das Gewicht der gesamten Welt auf seinen Schultern trägt: er ist für die Welt und für sich selbst als Seinsweise verantwortlich. Wir nehmen das Wort ›Verantwortlichkeit‹ in seinem banalen Sinn von ›Bewußtsein

250 Vgl. ebd., S. 53
251 Sartre, a.a.O., S. 101
252 Ebd., S. 108
253 Vgl. Fleischmann, a.a.O., S. 26: »Durch die Wahl des Seins wählt es zugleich auch für den anderen«; dies wurde von Sartre in seinem schriftlich veröffentlichten Vortrag *Der Existenzialismus ist ein Humanismus* stark betont. Der Vortrag war im Prinzip eine Verteidigung des Existenzialismus gegen scharfe Kritik aus den kommunistischen und katholischen Lagern, vgl. auch: Hastedt, Heiner: *Sartre*, Leipzig: Reclam, 2005, S. 54

> (davon), der unbestreitbare Urheber eines Ereignisses oder eines Gegenstands zu sein«.[254]

Somit ist verständlich, weswegen Sartre den Determinismus ablehnt. Vor allem die Psychologie, die aufgrund der Genetik oder der Erziehung den Menschen bestimmt, ist für ihn ein »Entschuldigungsverhalten oder, wenn man so will, die Grundlage aller Entschuldigungsverhalten«.[255] Jegliche Verdrängung, jedes Ausweichen und Verhalten, die dem Ich die Verantwortung und die Wahl nehmen, bezeichnet Sartre als *mauvaise foi*, ins Deutsche teilweise übersetzt als »Selbstlüge« oder auch »Unaufrichtigkeit« gegenüber sich selbst. »In der Haltung der Aufrichtigkeit übernimmt der Mensch die totale Verantwortung für sein Sein in Anerkennung der Tatsache, dass es keine Rechtfertigung im Sinne einer höheren Macht oder Ordnung gibt«.[256]

Erst in späteren Schriften räumt Sartre – bezugnehmend auf den Marxismus – eine Bedingtheit der Möglichkeiten für das Sein ein, die »höchst abhängig von der gesellschaftlichen und geschichtlichen Realität«[257] sei. Laut Suhr schränkte dies den Freiheitsbegriff jedoch nicht ein, da »einzelne Entscheidungen im Rahmen eines Gesamtentwurfs interpretiert werden müssen. Die Freiheit besteht in der Wahl dessen, was man ist, nicht darin, daß jede einzelne Entscheidung ohne Bedingungen abliefe«.[258]

Die existenzielle Angst, die Fleischmann als »Einsamkeitsempfindung, als Rat- und Orientierungslosigkeit, als formloses Entsetzen oder

254 Sartre, a.a.O., S. 950
255 Ebd., S. 109
256 Fleischmann, a.a.O., S. 28
257 Sartres »Marxismus und Existenzialismus« zit. in Suhr, a.a.O., S. 98
258 Suhr, a.a.O., S. 90

als wahnhafte Panik«[259] beschreibt, liegt sowohl den philosophischen wie literarischen Werken Sartres[260] als auch denen von Albert Camus zu Grunde. Allerdings, so fasst Fleischmann zusammen, war das Ziel Sartres früherer Werke die Feststellung der Absurdität menschlichen Lebens – und genau diese ist der Ausgangspunkt für Camus' Ausführungen.[261] Er befasst sich im Gegensatz zu Sartre weniger mit der ontologischen Fragestellung, sondern für ihn ist die Frage nach dem Sinn des Lebens von Interesse.[262] Das Gefühl der Absurdität ist für Camus ein

> Vergleich zwischen einem Tatbestand und einer bestimmten Realität, zwischen einer Handlung und der Welt . [...] Das Absurde ist im Wesentlichen eine Entzweiung. Es ist weder in dem einen noch in dem anderen der verglichenen Elemente enthalten. Es entsteht durch deren Gegenüberstellung.«.[263]

Die Absurdität, so Camus, wird umso größer sein, je größer der Abstand zwischen den Vergleichsobjekten ist. Sie ist »widersprüchlich«.[264] Somit bedeutet Absurdität für ihn »der Zusammenstoß des Irrationalen mit dem heftigen Verlangen nach Klarheit, das im tiefsten Inneren des

---

259 Fleischmann, a.a.O., S. 36

260 Als Beispiel sei hier Sartres Roman *La nausée / Der Ekel* (1938) genannt, den Camus in *Le Mythe de Sisyphe* selbst erwähnt: »Auch dieses Unbehagen vor der Unmenschlichkeit des Menschen selbst, dieser unberechenbare Sturz vor dem Bilde dessen, was wir sind, dieser ›Ekel‹, wie ein Autor unserer Tage es nennt, ist das Absurde«. S. Camus, Albert: *Der Mythos des Sisyphos*, übers. von Vincent von Wroblewsky, Reinbek bei Hamburg: Rowohlt, 2000, S. 27

261 Vgl. Fleischmann, a.a.O., S. 33

262 Vgl. ebd., S. 31

263 Camus, a.a.O., S. 43

264 S. u. vgl. ebd., S. 42. Als Beispiel für eine absurde Handlung nennt er u. a. einen Mann, der sich mit einer bloßen Waffe vor eine Gruppe mit Maschinengewehren ausgestatteter Männer stürzt. Diese Absurdität erschließt sich für ihn »aufgrund des Missverhältnisses zwischen seiner Absicht und dem, was ihn erwartet, aufgrund des Widerspruchs, den ich [man] zwischen seinen wirklichen Kräften und seinem Ziel feststellen kann«.

Menschen laut wird«.[265] Dies kann dem Menschen jederzeit in einem kurzen Moment bewusst werden; als Beispiel nennt Camus den immer wiederkehrenden 8-Stunden-Arbeitstag, den der Arbeiter jeden Tag von Neuem verrichtet, sodass es eines Tages zu einem »Überdruss am eintönigen Leben«, zur Frage des »Warum«, kommt – zu einer »Bewusstseinsregung«.[266] Diese Erkenntnis führt zu Camus' Kernfrage des gesamten Essays: Ist es das absurde, irrationale Leben wert, gelebt zu werden, oder ist Selbstmord die einzig vertretbare Lösung? Die Konfrontation mit dem eigenen Tod, der nicht fassbar ist, ist ebenfalls absurd. Doch das Absurde liegt für Camus weder im Menschen noch in der Welt, sondern beide Seiten sind miteinander verbunden: Der absurde Mensch »erkennt den Kampf an, verachtet die Vernunft nicht absolut und lässt das Irrationale zu«.[267] Camus wiederholt immer wieder Sätze wie der Gewissheit über das Absurde »ins Gesicht sehen«,[268] »Leben heißt das Absurde leben lassen. Es leben lassen heißt vor allem ihm ins Auge sehen«[269], »Das Absurde klärt mich […] auf: es gibt kein Morgen. Das ist von nun an der Grund für meine tiefe Freiheit«.[270] Nicht ohne Grund vergleicht Camus den Menschen gerne mit einem zum Tode Verurteilten, dem Tod und das Absurde allgegenwärtig sind in einem »begrenzten Universum, in dem nichts möglich, aber alles gegeben ist«,[271] und in welchem der Mensch die Entscheidung hat, in diesem Universum zu leben und aus ihm Kraft zu schöpfen, trotz des Verzichts auf Hoffnung

265 Ebd., S. 33
266 Ebd., S. 25
267 Ebd., S. 50
268 Ebd., S. 34
269 Ebd., S. 67
270 Ebd., S. 71
271 S. u. vgl. ebd. S. 73

und einem Leben ohne Trost. Diese Freiheit ist für Camus eine Freiheit des Geistes und des Handelns, die einen Gott, ebenso wie Sartre, entschieden ablehnt.

All diese zitierten, wiederholenden Konfrontationen mit dem Absurden sind die Voraussetzungen für die Aufrichtigkeit jedes einzelnen, Verantwortung zu übernehmen, ähnlich zu Sartres Gedanken um den *mauvaise foi*. Camus nennt es eine kontinuierliche Auflehnung:

> Sie ist eine ständige Konfrontation des Menschen mit seiner eigenen Dunkelheit. [...] Sie stellt die Welt in jeder Sekunde in Frage. [...] Diese Auflehnung ist nichts als die Gewissheit eines erdrückenden Schicksals, weniger die Resignation, die es begleiten sollte. [...] Es geht darum, unversöhnt und nicht aus freiem Willen zu sterben. Der Selbstmord ist ein Verkennen. Der absurde Mensch hat nur die eine Möglichkeit, alles auszuschöpfen und sich selbst zu erschöpfen. Das Absurde ist seine äußerste Anspannung, die er beständig mit einer unerhörten Anstrengung aufrechterhält, denn er weiß: in diesem Bewusstsein und in dieser Auflehnung bezeugt er Tag für Tag eine einzige Wahrheit, die Herausforderung.[272]

Als Zusammenfassung am Ende gibt Camus eine existenzialistische Sichtweise auf den Mythos von Sisyphos, der seinem Essay auch den passenden Titel verlieh. Sisyphos wurde von den Göttern dazu verurteilt, einen Felsbrocken einen Berg hinaufzuwälzen, nur damit dieser am Gipfel wieder hinunterrollt und Sisyphos die Arbeit des Hinaufrollens wieder aufnehmen muss. »Sie meinten nicht ganz ohne Grund, es gäbe keine grausamere Strafe, als unnütze und aussichtslose Arbeit«,[273]

272 Ebd. S. 67ff.
273 Ebd., S. 141

schreibt Camus. Sisyphos hatte in allen überlieferten Mythen den Groll der Götter auf sich gelenkt. So habe er beispielsweise das Geheimnis der Entführung der Tochter Jupiters preisgegeben, er habe den Tod in Ketten gelegt oder aber sterbend seine Frau gebeten, dass diese ihn unbestattet auf den Marktplatz werfen solle – was diese tat, und er war »von ihrem Gehorsam, der aller Menschenliebe widersprach, derart aufgebracht«,[274] dass er Pluto überredete, ihn für die Bestrafung seiner Frau wieder auf die Erde zurück zu lassen. Dort wollte er dann, aller Aufforderungen und Zornesausbrüchen der Götter zum Trotz, nicht mehr fort. Erst Merkur habe ihn einfangen und zu seinem Berg mit dem Felsbrocken bringen können. Er hat die Götter überlistet, er ist laut Camus »der weiseste und besonnenste unter den Sterblichen«.[275] Er ist der ›absurde Held‹, ein Rebell:

> Seine Verachtung der Götter, der unerbittliche Hass gegen alle Endgültigkeit wie den Tod und seine grenzenlose Liebe zum irdischen Leben führen zu seiner Bestrafung. Sisyphos rebelliert gegen die olympische Hierarchie, er verkörpert die Revolte, welche die alte Ordnung – das Leben ist nichts, der Tod ist alles – umkehrt. Er liebt das Menschliche mit all seinen Qualen.[276]

Camus konzentriert sich vor allem auf den Abstieg des Sisyphos. Dabei sei dieser sich seines Leidens bewusst. Das sei die Tragik des Ganzen. Denn:

> Worin bestünde tatsächlich eine Strafe, wenn ihm bei jedem Schritt die Hoffnung auf Erfolg neue Kraft gäbe? […] Sisyphos,

274 Ebd.
275 Ebd.
276 Oei, Bernd: *Camus: Sisyphos zwischen dem Absurden und der Revolte*, Berlin: LIT, 2010, S. 65

> der ohnmächtige und rebellische Proletarier der Götter, kennt das ganze Ausmaß seiner elenden *conditio*: über sie denkt er nach während des Abstiegs. Die Klarsichtigkeit, die Ursache seiner Qual sein sollte, vollendet sogleich einen Sieg. Es gibt kein Schicksal, das durch Verachtung nicht überwunden werden kann.[277]

Das Schicksal von Sisyphos gehöre ihm, »sein Fels ist seine Sache«[278], und beim Gedanken an die Qual lasse der absurde Mensch, so Camus, alle Götzenbilder schweigen. »Glück und Absurdität sind die Kinder ein und derselben Erde. Sie sind untrennbar.«[279] Erst durch den Schmerz entsteht die Freude; das Absurde kann man nicht besiegen oder verbannen, denn dann würde, der Auffassung Camus' folgend, auch das Glück verschwinden.[280] »Vielmehr entspringt Freude aus dem Bewusstsein von Leid, folglich dem Vergleich der Situationen und Empfindungen«,[281] schreibt Bernd Oei, und Camus schließt seinen Essay mit den Worten: »Der Kampf gegen Gipfel vermag ein Menschenherz auszufüllen. Wir müssen uns Sisyphos als einen glücklichen Menschen vorstellen«.[282]

Existenzielle Rebellion bedeutet nicht nur, eine »rightful position« anzustreben, sondern sich auch der Sinnlosigkeit des Daseins, aber auch seiner Existenz bewusst zu sein. Handeln, Engagieren, Verantwortung zeigen für sich und andere, seine Freiheit bewusst leben, kurz: »so intensiv wie möglich leben«[283] ist das Ziel des Existenzialismus, der sowohl von Sartre als auch von Camus geprägt wurde. Das bedeutet auch,

277 Camus, a.a.O., S. 143
278 Ebd., S. 144
279 S. u. vgl. Camus, a.a.O., S. 144
280 Vgl. Oei, a.a.O., S. 67
281 Ebd.
282 Camus, a.a.O., S. 145.
283 Ebd., S. 76.

sich nicht weiter hinter »absurden Mauern«[284], wie Camus sie nennt, oder dem *mauvaise foi*, wie Sartre es betitelt, zu verstecken.

5.1.1 Donnie Darko: Das Selbstopfer

Donnie Darko (Jake Gyllenhaal) lebt in der Kleinstadt Middlesex, Virginia, zusammen mit seiner älteren Schwester Elizabeth (Maggie Gyllenhaal), seiner jüngeren Schwester Samantha (Daveigh Chase) sowie den Eltern Eddie (Holmes Osborne) und Rose (Mary McDonnell). Gleich zu Beginn des Films beim Familienessen wird durch einen Streit ersichtlich, dass Donnie in Therapie ist und Medikamente nehmen muss. In der Nacht, nach Einnahme der Tabletten, wird er von einer Stimme geweckt, die ihn auffordert, ihr zu folgen. Donnie schlafwandelt und sieht draußen auf der Wiese den Ursprung der Stimme: Einen menschengroßen Hasen namens Frank (James Duval), der ihm das Ende der Welt in 28 Tagen, 6 Stunden, 42 Minuten und 12 Sekunden voraussagt. Ab diesem Zeitpunkt beginnen sich zusehends merkwürdigere Dinge zuzutragen. Es fällt eine Flugzeugturbine auf das Haus der Darkos und zerstört das Schlafzimmer von Donnie komplett. Dieser befindet sich zu der Zeit aber auf dem Golfplatz, schlafwandelnd, und wird am nächsten Morgen von Nachbarn dort aufgelesen. Die Federal Aviation Administration (FAA) kann sich nicht erklären, wo die Turbine hergekommen ist. Gegenüber seiner Therapeutin Dr. Thurman (Katharine Ross) bezeichnet er das prophezeite Weltende als »stupid«, also als wi-

284 Ebd., S. 22: Camus nennt sein Kapitel über das Bewusstwerden der Absurdität »Die absurden Mauern«.

dersprüchlich und absurd. Allerdings wird er weiterhin nachts von Frank in seinen Träumen heimgesucht. Dieser befiehlt ihm immer aggressivere Taten zu vollbringen. Erst flutet er durch die Zerstörung der Wasserleitungen mit einer Axt die Schule, schlägt die Axt in die riesige Bronzestatue vor der Schule und schreibt »They made me do it« daneben. Später setzt er auf Franks Weisung hin die Villa des hoch angesehenen Selbsthilfetherapeuten und Angstbekämpfungsgurus Jim Cunningham (Patrick Swayze) in Brand. Die Ermittlungen entlarven Cunningham als Kopf eines Kinderpornographierings.

Eine weitere ›absurde Person‹ ist die sehr alte Roberta Sparrow (Patience Cleveland), von den Jugendlichen nur »Grandma Death« genannt, die oft mitten auf der Straße steht, wenn sie auf dem Weg zu ihrem Briefkasten ist. Mehrere Autos müssen stark abbremsen, doch Mrs. Sparrow läuft immer wieder mehrmals täglich über die Straße zu ihrem Briefkasten, ohne dass jemals Post darin wäre. Sie flüstert Donnie, nachdem dessen Vater sie ebenfalls beinahe überfahren hat, ins Ohr: »Every living creature on earth dies alone«. Dr. Thurman fragt Donnie, ob er sich allein fühle. Er antwortet darauf, dass er zu keiner eindeutigen Antwort komme und die Suche nach Gott daher absurd sei. Dr. Thurman fragt nach, ob er das wirklich glaube. »It is if everybody dies alone. [...] I don't wanna be alone«. Das erinnert an das Grundproblem Troy Dyers in Reality Bites, als dieser erkennen muss, dass zwar jeder alleine stirbt, sein Wunsch nach einer Beziehung zu Lelaina dieser nihilistischen Auffassung jedoch widerspricht.

Donnie allerdings ist alleine – Dr. Thurman diagnostiziert bei ihm paranoide Schizophrenie und möchte sowohl die Tablettendosis erhöhen als auch die Hypnosetherapien intensivieren. Einzig zu der neuen Mitschülerin Gretchen Ross (Jena Malone) kann Donnie wirklich eine Verbindung aufbauen. Gretchens Stiefvater hat ihre Mutter mehrmals mit einem Messer attackiert, daher sind sie aus deren alten Wohngegend nach Middlesex gekommen. Sie ist ebenso emotional traumatisiert wie Donnie. Trotz der emotionalen Traumatisierung scheint letzterer mehr als geistesgegenwärtig zu handeln – vor allem im Kontrast zu Jim Cunningham und dessen großem Fan, der spießbürgerlichen Lehrerin Kitty Farmer (Beth Grant).

Vor seiner Verhaftung gibt Cunningham einen Vortrag in der Schule, mit dem er die Schüler überzeugen will, sich ihren inneren Ängsten zu stellen und sich selbst anzuerkennen, greift aber nur zu leerer Rhetorik ohne richtige Hilfestellung – einem Jungen, der kämpfen lernen will, rät er beispielsweise, sich selbst zu lieben, da Gewalt nur ein Produkt der Angst sei. Donnie steht auf, geht zum Mikrofon und gibt seine Sicht der Dinge preis: »Sick of some jerk shoving your head down the toilet? Well you know what, maybe you should lift some weights or take a karate lesson. And the next time he tries to do it, you kick him in the balls«. Cunningham bezeichnet ihn daraufhin als »troubled and confused young man«, was Donnie auch nicht abstreitet, sondern zugibt, wobei er Cunningham aber als »Antichrist« deklariert – was bei der späteren Auflösung der dunklen Seite Cunninghams nicht zutreffender sein könnte. Ebenso gerät Donnie mit Mrs. Farmer aneinander, als diese ihn auffordert, aufgrund einer kurzen Geschichte, bei der ein Mädchen einen Geldbeutel findet und diesen zurückbringt, aber das Geld behält, zu entscheiden, ob die Handlung mehr der Angst oder der Liebe zugeordnet sei. Angst und Liebe sind die beiden Enden der »Lebenslinie«, die Cunningham entwickelt hat. Donnie macht auf die Absurdität dieser Aufgabe aufmerksam, da man solche Handlungen nicht auf zwei Kategorien beschränken könne, und beschimpft die Lehrerin, sodass er sechs Monate von allen außerschulischen Nachmittagsaktivitäten suspendiert wird.

Er rebelliert im Rahmen seiner Möglichkeiten, und durch die zusätzlichen Vorahnungen vom Weltende verdichten sich die Konfrontationen. Eigentlich könnte man den Film als ein Drama deuten, bei dem der Hauptdarsteller mehr und mehr der Schizophrenie verfällt und durchweg halluziniert. Allerdings wird noch eine übersinnliche Ebene eingefügt: Das Element der Zeitreise und das Entstehen und Zerstören eines Paralleluniversums. Frank fragt Donnie einmal, ob dieser an Zeitreisen glaube, woraufhin Donnie seinen Physiklehrer Dr. Monitoff (Noah Wyle) über dieses Phänomen befragt. Dr. Monitoff leiht Donnie »The Philosophy of Time Travel« aus, ein Buch, das von niemand geringerem als »Grandma Death« selbst geschrieben wurde. Donnie sieht im Laufe des Films auch eines der dort beschriebenen Phänomene: lange, flüssig anmutende Schläuche, die aus den Menschen herauskommen und an denen er absehen konnte, wo sich diese in Zukunft hinbewegen würden. Beim Schauen eines Football-Spiels sieht er einen dieser Schläuche zum ersten Mal bei seinem Vater, es scheint eine »visible manifestation of his father's future«[285] zu sein. Auch bei ihm selbst entsteht ein solcher

285 Dan Kois hat den Großteil der Fragen zu den SciFi-Elementen, die sich beim Schauen stellen, in einem hilfreichen Artikel beantwortet. S. Kois, Dan: »Everything You Were Afraid to Ask About DONNIE DARKO«, 23.07.2004, http://www.salon.com/2004/07/23/darko/, 18.01.2013; bzw. die Homepage des Films http://www.donniedarko.org.uk, 18.01.2013.

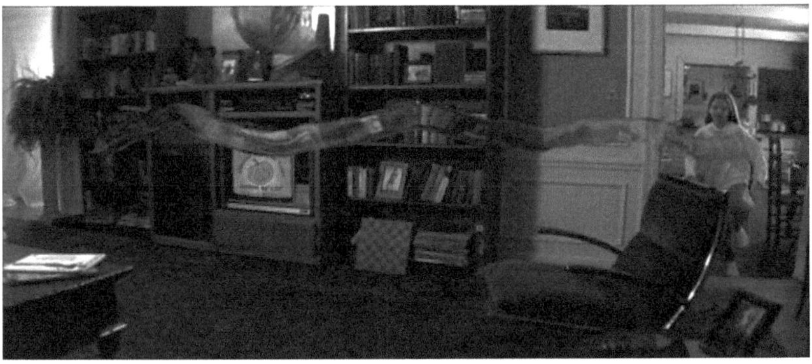

Abb. 60: Donnie sieht anhand des Schlauchs, wohin sich seine kleine Schwester bewegen wird.

»Zukunftsschlauch«, der ihn ins Schlafzimmer der Eltern zu einem dort versteckten Revolver führt. Donnie spricht mit Gretchen darüber, dass er diese Dinge sieht, aber sonst wird im Film konkret nichts erklärt, es bleibt zweideutig, was real ist und was nicht. Regisseur Richard Kelly hat in seinem *Directors Cut* aus dem Jahr 2004 vor allem die Science-Fiction-Inhalte des Films in den Vordergrund gerückt. Auf der Webseite des Films befanden sich bereits Auszüge aus dem fiktiven Buch »The Philosophy of Time Travel«, die nun auch in den *Directors Cut* eingebaut wurden und die Vorgänge der Zeitreise genauer erläutern. Grundlegend ist hierbei, dass mit dem Einstürzen der Turbine der Großteil der Handlung in einem Paralleluniversum stattfindet und dort alle Akteure Donnie Darko darin unterstützen, sein Ziel – die Zerstörung des Paralleluniversums und Rettung seiner Liebsten – zu erfüllen. Das Entstehen eines Paralleluniversums ist laut »Roberta Sparrow« selten, kann aber durchaus auftreten: »If a Tangent Universe occurs, it will be highly unstable, sustaining itself for no longer than several weeks. Eventually it will collapse upon itself, forming a black hole within the Primary

Universe capable of destroying all existence«.[286] Dieses Universum entstand mit dem Einstürzen der Flugzeugturbine und besteht genau 28 Tage; das Haus der Darkos ist somit das Epizentrum, die Turbine das von Sparrow bezeichnete »Artefakt«. Dieses muss durch den sich formenden Raum-Zeit-Strudel nach den 28 Tagen wieder zum Entstehungszeitpunkt des Paralleluniversums zurückgeführt werden, damit das primäre Universum – die Realität – geschützt werden kann. Diese Rettung fällt dem sogenannten »Living Receiver« zu, in diesem Fall ist es Donnie Darko. Diese Rolle hat sowohl Vor- als auch Nachteile, wie Dan Kois erklärt: »You get superpowers, like strength, telekinesis and the ability to see into the future, but you also get horrifying hallucinations and the people around you tend to fear and attack you«.[287] Die Personen um Donnie herum sind allesamt dazu da, um ihn zu leiten und sicherzustellen, dass das Ende der Welt von ihm abgewendet wird: »Which is to say that every other character in the movie has been set up like a piece on a chessboard, ready to behave in the exact perfect way necessary to push Donnie toward his eventual destiny«.[288] Allen voran ist hierbei natürlich Frank, der Donnie als Führer zur Seite steht, aber auch seine Englischlehrerin Ms. Pomeroy (Drew Barrymore) und Dr. Monitoff sind ihm behilflich.[289] Ms. Pomeroy erzählt ihm beispielsweise, dass »Cellar Door« laut einem berühmten Linguisten die schönsten Wörter der englischen Sprache seien; eine Information, die zunächst absurd und überflüssig erscheint. Doch dadurch kommt Donnie auf die Idee, in den Keller von Roberta Sparrows Haus

286 http://www.donniedarko.org.uk/philosphy-of-time-travel, 18.01.2015
287 Kois, a.a.O.
288 Ebd.
289 S. Kois, a.a.O.

zu gehen, um noch mehr über die Zeitreise am Ende des Films zu erfahren. Er erreicht das Haus mit Gretchen, sie finden Roberta Sparrow allerdings nicht vor und werden von zwei tyrannischen Mitschülern (Alex Greenwald, Seth Rogen) überfallen und wieder auf die Straße gelockt – ebenfalls ein gewollter Schritt der Akteure im Paralleluniversum: Gretchen wird bei dem Gemenge auf die Straße geworfen. Ein Auto nähert sich, die beiden Angreifer verschwinden. Plötzlich steht »Grandma Death« auf der Straße. Das Auto muss ausweichen, überfährt und tötet Gretchen dabei. Frank, der Freund von Donnies Schwester, steigt in einem Hasenkostüm aus dem Wagen. Er hat den Hasenkopf abgesetzt und kann nicht glauben, was gerade passiert ist. Hier treffen Donnie und Frank das erste Mal außerhalb der Halluzinationen aufeinander. Donnie hebt den Revolver und schießt Frank direkt ins Auge. Innerhalb weniger Sekunden hat er einerseits einen geliebten Menschen verloren und andererseits selbst einem Menschen das Leben genommen, beides Dinge, die ebenfalls schon vorher geplant waren:

> Once he has killed a person and seen his girlfriend die before his eyes, he feels he has no choice but to send time backward — to telekinetically rip off the engine, send it through the time vortex, and fulfill his destiny as the Living Receiver.[290]

Sparrow nennt dies auch »Ensurance Trap«, das heißt eine Absicherung der Akteure, dass Donnie auch tatsächlich seine Arbeit verrichtet. Donnie trägt Gretchen nach Hause, nimmt sich das Auto und fährt mit ihr zu der dunklen Gewitterwolke, die sich mittlerweile gebildet hat. Ein Flugzeug fliegt hinein und die Zeit beginnt rückwärts zu laufen, bis

290 Ebd.

zu dem Tag, an dem der Film begann, kurz bevor die Turbine einschlägt. Donnie sitzt lachend im Bett, dreht sich um und geht eben nicht schlafwandeln, sondern bleibt liegen, in Gewissheit, dass die Turbine direkt auf ihn einstürzen würde, aber dass Frank und Gretchen im primären Universum überleben.

Gary Jules »Mad World« wird eingespielt: Man sieht unter anderem Kitty Farmer, Jim Cunningham und Frank, die alle verzweifelt und traurig im Bett oder in ihren Zimmern sitzen, als wüssten sie von der Katastrophe, die sich abgespielt hat oder sich hätte abspielen können. »All around me are familiar faces / Worn out places/ Worn out faces/ [...] The dreams in which I'm dying are the best I've ever had«. Letzten Endes wird zur Familie Darko übergeblendet, die um Donnie trauert. Der Film endet damit, dass Gretchen, die Donnie in dieser Zeitkonstellation nicht kennengelernt hat, am Haus der Darkos vorbeifährt. Sie fragt einen Nachbarsjungen, was passiert sei und winkt Donnies Mutter unbeholfen zu.

Christina Lee betont den Unterschied der Zeitreise in Donnie Darko und der Zeitreise in Back to the Future. Letztere stelle eine Glorifizierung der 1980er Jahre dar, wohingegen Donnie Darko, der im Jahr 1988 angesiedelt ist, ein eher zynisches Portrait der Dekade zeichne, in dem die Zukunft unsicher ist:

> Donnie Darko foreshadows the social and political unease that would pockmark the nation throughout the 1990s, and is a scathing commentary of the greed and hypocrisy of a post-Second

> World War generation that enjoyed the spoils of their success, but left behind the debris of an American dream.[291]

Zusätzlich entstand der ganze Film nicht nur im Schatten der 1990er Jahre, sondern ebenfalls unter dem der Anschläge am 11. September 2001, da die ohnehin auf wenige Kinos begrenzte Veröffentlichung des Films auf nur einen Monat nach dem Terroranschlag festgelegt war.[292] Eine Flugzeugturbine, die in ein Haus einschlägt, hatte eine zu starke und negative Wirkung, sodass das Interesse ausblieb.

Man sollte den Film aber auch nicht nur unter diesen Gesichtspunkten betrachten. Dan Kois zitiert in seinem Aufsatz über den Film die Interpretation eines Freundes über das Lachen Donnies am Ende des Films, bevor die Turbine einschlägt:

> [Donnie] is pleased about the circumstances of his onrushing death. He was afraid of dying alone, without a connection to God or anyone? Well, following «God's channel,« he has known love for the first time and has been given a chance to sacrifice himself for the love of Gretchen and his family and everyone. He knows he is about to die, but he doesn't feel at all alone.[293]

Donnie ist also mit der absurden Welt in Kontakt getreten – er sieht nachts einen Menschen in Hasenkostüm und kennt das Gefühl der Vereinsamung und Entfremdung. All seine zu Beginn absurden Handlungen wie das Zerstören der Wasserleitung oder das Abbrennen von Cunning-

---

291 Lee, a.a.O., S.125

292 Vgl. Davies, James: »Blu-Ray Review: DONNIE DARKO: 2 Disc Ultimate Edition (rerelease)«, http://www.cine-vue.com/2010/07/dvd-releases-donnie-darko-2-disc.html; sowie die Übersicht der Einnahmen des Films auf »The Numbers: Box Office Data, Movie Stars, Idle Speculation«, http://www.the-numbers.com/movies/2001/DARKO.php, beides abgerufen am 21.01.2013

293 Kois, a.a.O. »God's Channel« ist eine Interpretation Donnies über seine Zukunftsschläuche.

hams Villa haben Positives hervorgebracht, sodass auch der prophezeite Weltuntergang Positives hervorbringen müsste. Genau diesen Gedanken spricht Donnie selbst im Englischunterricht aus, als Ms. Pomeroy ihn nach den Intentionen der Kinder in Graham Greene's *The Destructors* fragt, die in eine Villa einbrechen, randalieren, sie überfluten und wissentlich eine Matratze mit Geld verbrennen: »[D]estruction is a form of creation. So the fact that they burn the money is ironic. They just want to see what happens when they tear the world apart. They want to change things«.

Lee spricht hier von einem Omen für den weiteren Verlauf der Handlung. Die Zerstörung Donnies hat auch einen positiven Effekt: Die Charaktere des Films erscheinen in der Montage vor der letzten Szene, als hätten sie ein vages Gefühl, was im Paralleluniversum passiert ist. So berührt Frank sein rechtes Auge, das ihm dort weggeschossen wurde, und Jim Cunningham weint bitterlich, weil seine kriminellen Handlungen offenbart wurden.[294] Laut der Webseite des Films erinnern sich Personen des primären Universums in Träumen an das Paralleluniversum, sodass man sie in der Montage genau in dem Moment sieht, als sie aufwachen und sich kurzzeitig daran erinnern. Es erscheint aufs Neue absurd, dass gerade durch den Tod Donnies das Schlimmste verhindert werden kann. Jedoch ist er glücklich, die Verantwortung auf sich genommen und die Welt verändert zu haben. In einem Brief an Mrs. Sparrow schreibt er vorausblickend: »I hope that when the world comes to an end I can breathe a sigh of relief, because there will be so much to look forward to«. Er hat also gehandelt, Verantwortung übernommen –

294 Vgl. Lee, a.a.O., S. 131

und das, obwohl er im Grunde genommen fühlte, dass jeder alleine stirbt und die Existenz an sich absurd ist. Er rebelliert gegen die Autoritätsfigur Cunningham und entlarvt ihn als Pädophilen; das Fluten der Schule hat zur Folge, dass er Gretchen auf dem Heimweg besser kennenlernt; er erschießt Frank im Affekt, weil er einen geliebten Menschen verloren hat – und all das im Rahmen der Rettung der gesamten menschlichen Existenz.

Dennoch wird immer wieder in dem Film Gottes Plan erwähnt und es ist nicht ersichtlich, ob das Paralleluniversum nicht auch ohne den Tod Donnies zerstört worden wäre. Er scheint hoffnungsfroh zu sein – neben einem Gott ein weiterer Aspekt, den der Existenzialismus streng ablehnt. Ebenso scheint es mit dem freien Willen auch nicht weit her zu sein in einem solchen Paralleluniversum, wenn alle Akteure dem »Living Receiver« zuspielen und ihn in die Rolle des Retters zwängen. Dadurch, dass er aber immerhin am Ende lacht und seinen Frieden gefunden hat, zeigt sich immerhin, dass er nicht unbedingt unter Zwang gehandelt hat. Die ständige Konfrontation mit dem Absurden ist hier natürlich ohnehin gegeben: Mit Frank, mit den Visionen der »Zukunftsbahnen«, mit den Angstbewältigungsparolen eines tief gestörten Pädophilen und mit dem Verschließen der Augen vor der Realität der Lehrerin Kitty Farmer, um nur ein paar Dinge aufzuzählen. Dies stellt ein äußerst ambivalentes Auffassen der Welt dar. Das Absurde und das Glück liegen auch hier nah beieinander – sie existieren nur gemeinsam. Donnie hat lediglich eine Alternative des Universums zerstört; niemand weiß, wie es in der realen Welt ohne ihn weitergeht. Durch die Ahnung der lebenden Charaktere entsteht laut Lee aber eine vage Hoffnung auf Besserung:

> When his bloody end arrives, Donnie's final laughter is a haunting reminder that the tragedies of contemporary society and crises of identity are inevitable – a case of history repeating itself – but, more importantly, that they will be learned from. That is the future he hopes for. It might not be enough, but it's a start.[295]

5.1.2 Kaboom: Die unfreiwillige Rebellion

Gegensätzlich ist da Gregg Arakis Film Kaboom von 2010, der sich an seinen früheren Coming-of-Age-Werken wie beispielsweise The Doom Generation orientiert, welcher später genauer untersucht wird. Kaboom beginnt als unkonventioneller Teenagerfilm, in dem der 18jährige Protagonist Smith (Thomas Dekker), der über seine sexuelle Orientierung nur sagt, dass er »undeclared« sei, sowohl an Männern als auch Frauen Interesse zeigt und auch mit beiden Geschlechtern das Bett teilt. Smith ist Filmstudent an einer kalifornischen Universität und teilt sein Zimmer mit dem Surfer-Schönling Thor (Chris Zylka), der allerdings nur an Frauen interessiert ist. Seine beste Freundin ist die zynische Stella (Haley Bennett), die mit Lorelei (Roxane Mesquida) zusammen ist. Auf einer Party und nach Einnahme eines Drogenkekses landet Smith im Bett der selbstbewussten London (Juno Temple). Im Laufe des Films treten immer mehr Charaktere in sein Leben. Einer davon ist das rothaarige Mädchen (Nicole LaLiberte), das er, schon bevor er es kannte, in einem

295 Lee, a.a.O., S. 132

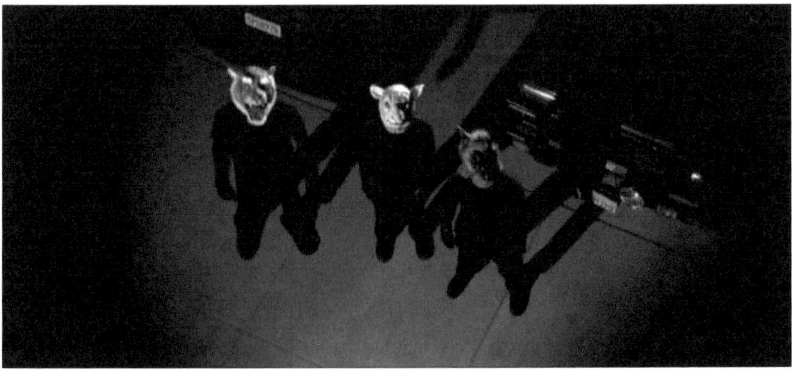

Abb. 61: Die Männer in Tiermasken.

immer wiederkehrenden Traum gesehen hat, ebenso wie Stellas Freundin Lorelei. Das rothaarige Mädchen erscheint Smith auf dem Rückweg von einer Party, sie ist vollkommen aufgelöst und wird von Männern in Tiermasken verfolgt und getötet. Es ist nicht ersichtlich, ob dies eine Halluzination war oder ob es tatsächlich stattfand – denn auch der USB-Stick, den er nach der Nacht in seiner Hand hält und auf dem sich ein Video mit den Menschen mit Tiermasken befindet, ist am nächsten Morgen verschwunden. Drei weitere Männer treten in sein Leben, einmal ein Freund von Thor namens Rex (Andy Fischer-Price), mit dem er auch eine Nacht zusammen mit London verbringt. An einem Nacktbadestrand trifft er auf Hunter (Jason Olive), mit dem er in dessen Campingbus schläft. Außerdem sendet ihm Oliver (Brennan Mejia) eine Videonachricht per Mail, in der er Smith freundlich nach einem Date fragt.

Soweit erscheint alles wie eine herkömmliche Campus-Komödie mit vielen sexuellen Spannungen. Dennoch häufen sich mit der Zeit die irrationalen Ereignisse. Smith sieht noch mehrmals die Menschen in Tiermasken, die allerdings jedes Mal verschwinden, sobald eine dritte Person hinzukommt. Der Hausmeister des Studentenwohnheims, genannt

Messiah (James Duval), wird vergiftet und kündigt das Ende der Welt an. Lorelei besitzt übernatürliche Kräfte, mit denen sie Besitz von Stella ergreifen will. Als diese sich von ihr trennt, schickt Lorelei ihr beispielsweise einen Donut voller Maden, sendet ihr eine Nachricht (eine Billardkugel mit den Worten »Till Death Do Us Part«) und will sie letzten Endes mit quietschendem Geschrei und roten Augen im Waschraum erwürgen. All diese Zaubereien – inklusive einem Traum, in dem Lorelei einen Voodoo-Zauber auf Stella anwendet – wirken durch übertriebene Farbspiele auf der visuellen Ebene äußerst lächerlich, machen aber Stellas Verhaltensänderung – von nüchternem Zynismus über Skepsis hin zu Panik – nachvollziehbar.

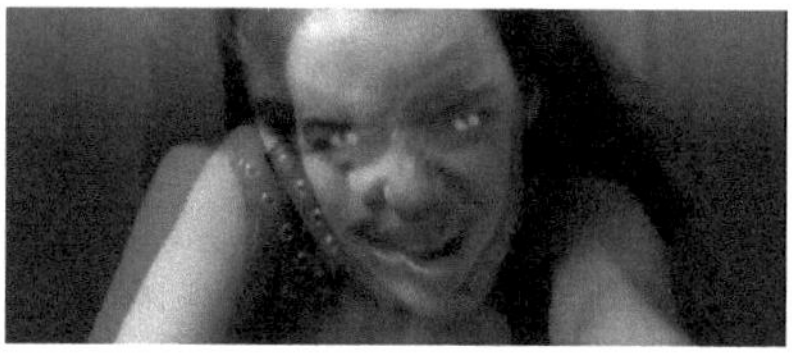

Abb.62: Lorelei würgt Stella.

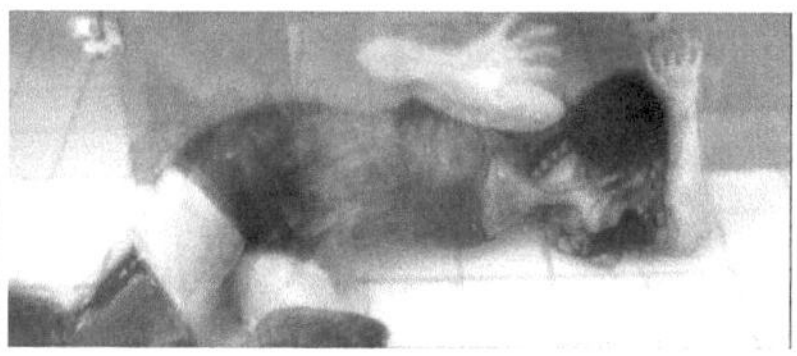

Abb. 63: Wasser löst Lorelei auf.

Smith erhält Nachrichten, dass er der auserwählte Sohn sei und den Link einer Webseite über die »New Order«, einem geheimen Untergrundkult, auf dessen Todesliste unter anderem das rothaarige Mädchen, Rebecca Nowak, steht und dessen Oberhaupt der Vater von Smith ist, den Smith selbst nur von einem Foto kennt und der laut seiner Mutter (Kelly Lynch) bei einem Autounfall ums Leben gekommen ist. Als Smith seine Mutter anruft und noch einmal nach genaueren Hintergründen über den Tod seines Vaters fragt, blockt diese ab und bittet ihn, er solle aufhören nachzuforschen, da dies besser für ihn wäre. Wenig später jedoch, kurz nach seinem 19. Geburtstag, fordert sie ihn per Telefon auf, sofort zu ihr nach Los Angeles zu kommen. Damit wird der kommende Weltuntergang eingeleitet, der schon vorher von Messiah prophezeit und auch immer wieder angedeutet wurde: Smith sagte zu Oliver beispielsweise, dass er diesen auf jeden Fall anrufen würde, selbst wenn die Welt unterginge; und Smith sagt zu Stella, er habe das Gefühl, dass dies das Anfang vom Ende sei, als er mit dieser zu seiner Mutter fährt.

Seine Mutter ist nicht zu Hause, Klamotten sind wild in ihrem Schlafzimmer verteilt und ihr Blackberry liegt unter dem Bett, sodass Smith davon ausgehen kann, dass sie entführt wurde. Auf dem Blackberry findet er die Antworten auf die »New Order« – sein Vater ist tatsächlich der Führer der die gesamte Gesellschaft infiltrierenden Organisation, der mit jeder Frau der Organisation geschlafen hat. Das schließt Londons Mutter mit ein. Als Smith London anruft, um ihr zu erklären, dass sie Halbgeschwister sind, wird diese ebenfalls entführt. Zurück am Campus, findet Smith seine gefesselte Mutter in seinem Kleiderschrank und wird ebenfalls von Männern in Tiermasken überfallen und mit seiner Mutter in ein Auto gebracht, in dem auch schon London geknebelt sitzt. Währenddessen findet Messiah Stella, die vergeblich auf Smith wartet, und erklärt ihr, dass er Anhänger der »Resistance« ist, einer rebellischen Formation, die gegen die New Order vorgehen möchte. Diese hat zum Ziel, die Erde zu zerstören, damit danach die neue Weltordnung beginnen kann. Dies ist möglich durch die Rückkehr des erstgeborenen Sohnes, in diesem Falle Smith. Stella, Messiah und Oliver – ebenfalls Mitglied der Resistance – verfolgen in ihrem Auto das der Kidnapper, die sich als Thor, Rex und Hunter herausstellen. Sie wollen Smith zu seinem Vater bringen, damit die New Order beginnen kann. Allerdings kommen beide Wagen vom Weg ab und stürzen in einen Abgrund, was zum Tode aller Insassen führt. Während dieser Verfolgungsjagd singen Placebo »See you at the bitter end«. Das »bittere Ende« und auch das Ende des Films sind in diesem Fall, dass der Vater, alleine und gänzlich in weiß gekleidet, in einem weißen Raum an einem weißen Schreibtisch mit einem roten Knopf sitzt und diesen nach kurzer Überlegung drückt. Dadurch implodiert die Erde – die titelgebende Szene.

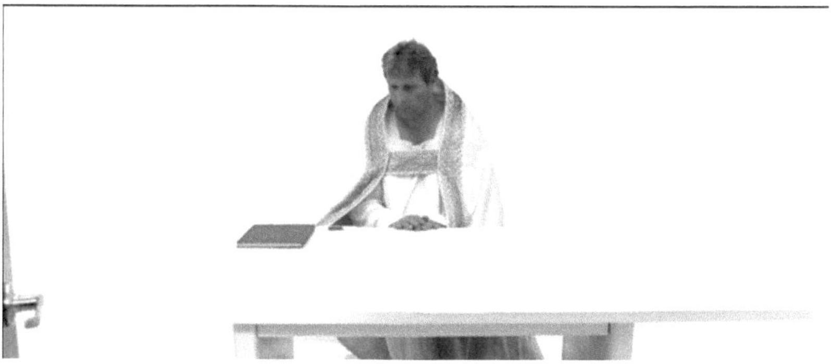

Abb. 64: Dem Vater bleibt nichts übrig als die Zerstörung der Erde.

Das Ende kommt sehr schnell und unerwartet, sodass man als Zuschauer verwirrt zurückgelassen wird. Wo plötzlich all die zufälligen Ereignisse Sinn ergeben und eine Rebellion gegen eine Macht erkenntlich wird, stirbt eben dieses Aufbegehren mit einer geringfügigen Handlung wie dem Drücken eines einzelnen Knopfes. Roger Ebert erkennt:

> If the events in KABOOM are anything, they're arbitrary. That helps justify the film's ending, which nobody can claim doesn't tie up all the loose threads. But this movie isn't about beginnings and

> endings — or middles, for that matter. If anything can happen, does it much matter?[296]

Alles kann passieren, und nichts ist so wie es zu sein scheint. »Araki lets his absurdist imagination run wild«,[297] schreibt Kevin Thomas in seiner Kritik. Dies könnte nicht passender ausgedrückt werden, denn nicht nur die Handlung allein ist äußerst absurd, sondern vor allem die visuelle Ebene. Die Farben sind übersättigt, die Outfits erinnern an die 1980er Jahre (der Film selbst spielt aber in der Gegenwart, was durch Handys und Laptops ersichtlich wird) und die Superkräfte von beispielsweise Lorelei werden durch grelle Lichtspiele und rot funkelnde Augen dargestellt. Die meisten Teenager-Dramen enden mit der Auflösung des Konfliktes oder einer Moral; hier parodiert Araki genau diese ›Sinnhaftigkeit‹ eines Coming-of-Age-Films.

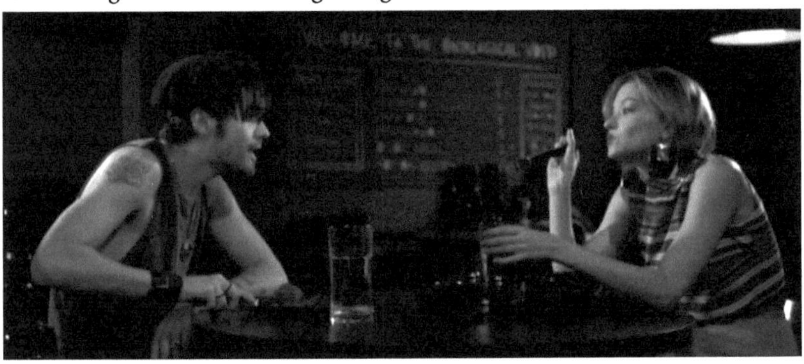

Abb. 65: Alle sind immer bunt und/oder stylish angezogen.

296 Ebert, Roger: »KABOOM«, 16.02.2011, http://www.rogerebert.com/apps/pbcs.dll/article?AID=/20110216/REVIEWS/110219989/1023, 22.01.2013

297 Thomas, Kevin: »Movie Review: KABOOM: Gregg Araki Lets His Absurdist Imagination Run Wild«, in: *Los Angeles Times*, 04.02.2011, http://articles.latimes.com/2011/feb/04/entertainment/la-et-capsules-20110204, 22.01.2013

> At the same time, Araki plugs in to those free-floating feelings of paranoia and that sense of loss of control over one's destiny that permeate life today. He thus makes it possible to connect with a very dark vision and still find humor in the human calamity.[298]

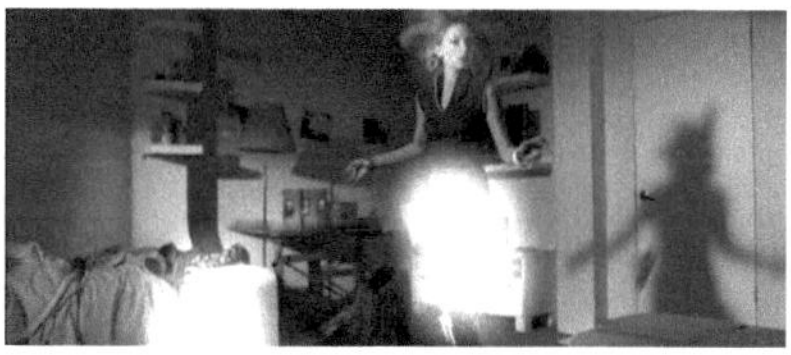

Abb. 66: Als Stella Schluss machen will, lässt Lorelei Lichtblitze niederregnen...

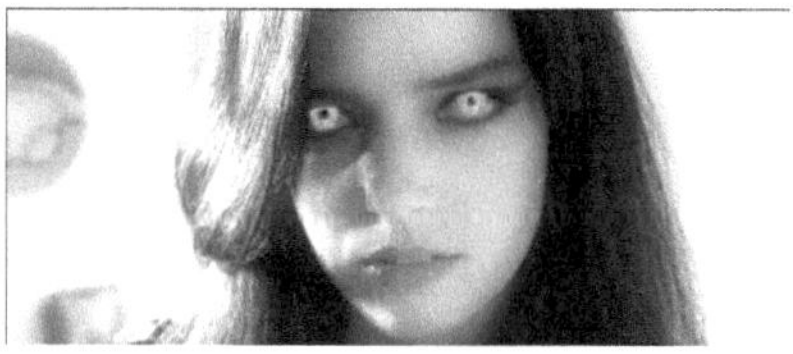

Abb. 67: ...und ihre Augen funkeln des Öfteren rot.

Das Schicksal von Smith scheint festgelegt zu sein – er muss seinem Vater gegenübertreten, damit die neue Weltordnung entstehen kann. Wieder ist es der Vater, der die Wurzel des existenziellen Problems darstellt. Dennoch kommt es anders, zuerst sterben alle Charaktere des Films und dann wird die gesamte Erde zerstört, ohne dass ersichtlich wird, dass diese neue Ordnung tatsächlich eintrifft. Der Zuschauer lernt Smiths Vater bzw. den Führer des Kults während des Films nur in kurzen, verschwommenen Traumsequenzen oder auf einem kurzen Video auf dem USB-Stick kennen. London jedoch erzählt Smith von einem Buch über eine Hippie-Kommune, über die sein Vater seine Doktorarbeit in Psychologie geschrieben hat: »An Ideal for Living«. Darin untersucht dieser die Führung und Manipulation von Menschen im Rahmen dieser Hippie-Gruppierung. Er selbst ernennt sich Ende der 90er zum Oberhaupt »The Supreme One«. Im Verlauf des Films lernt Smith, dass dies kein kleiner Hippie-Kult geblieben ist, sondern dass es eine weltweite Untergrundorganisation namens »New Order« geworden ist:

298 Ebd.

Überall auf der Welt wurden Anhänger des Kults in leitende Positionen eingestellt. Die Medien, die Regierung, die Polizei – alle sind darin involviert. Um diese neue Weltordnung zu starten, muss laut Leitfaden der erstgeborene Sohn seinem Vater gegenübertreten und würde dann die Herrschaft mit dem Vater übernehmen – nachdem die Welt, wie man sie kennt, in einem nuklearen Holocaust zerstört wurde. Die »New Order« würde dann in einem speziell angefertigten Bunker als alleinige Menschen überleben. Smith wird in diesen Konflikt erst kurz vor seinem entscheidenden 19. Geburtstag involviert. Im Gegensatz zu den Mitgliedern der »Resistance«, alles ehemalige Anhänger des Kults, die sich der neuen Ordnung widersetzen wollen, rebelliert er nicht von sich aus, sondern wird von außen in die Rolle des Entscheidungsträgers gedrängt. Dennoch entwickelt er sich in dieser kurzen Zeit vom normalen Filmstudenten, der Bestätigung in sexuellen Abenteuern sucht, zu einem Menschen, der versucht, hinter die Kulissen der irrationalen Vorgänge zu schauen. Als seine Mutter und London gekidnappt werden, übernimmt er die führende Rolle und gibt der immer verstörter werdenden Stella Aufträge, was sie als nächstes tun soll. Der direkte Zusammenstoß mit seinem Vater bleibt allerdings aus, weil sowohl die Verfolgten um Smith und die Verfolger um Thor den Abhang hinunterstürzen. Ob dieser allerdings einen anderen Ausgang zur Folge hätte, bleibt fraglich, da der Vater ohnehin vorhatte, die Welt zu zerstören, um seine Ordnung der Welt als alleinige Herrschaft zu initiieren.

Interessant ist, sich die Figur des Vaters noch einmal genauer anzuschauen: Prinzipiell ist auch er ein Rebell, der sich von der Gesellschaft jedoch direkt abspalten möchte und nicht, wie es der existenzielle Rebell wünscht, in der Gesellschaft mit für sich gutem Gewissen zu leben. Die Hippiekultur ist ebenfalls Teil einer gesellschaftlichen Rebellionsform, die aber, wie es durch von der Gesellschaft unabhängigen Kommunen deutlich wird, in friedlicher Abgeschiedenheit lebt. Smiths Vater plant jedoch eine komplette Auslöschung der normalen Gesellschaft, in der er offensichtlich das Übel der Welt sieht und in der er nie wieder leben möchte. Aufgrund eines Traums will er die Herrschaft mit seinem erstgeborenen (unehelichen) Sohn übernehmen; da dies am Ende des Films und somit am Ende seiner jahrelangen Planung und Infiltration ausfällt, zerstört er emotionslos auf Knopfdruck die Erde. Seine Rebellion gegen den Status Quo läuft aus dem Ruder; als dies von Anhängern erkannt wird, formen diese eine Widerstandsgruppierung, eine erneute Rebellion gegen die Rebellion des Vaters. Diese gesellschaftlichen Umwälzungen werden ad absurdum geführt: Selbst wenn gegen diese sinnlos erscheinende Organisation angekämpft wird, endet alles im Tod. Hier bietet sich wieder Camus' Beispiel des zum Tode Verurteilten an, der sich den Sinn – den Kampf gegen das Absurde – selbst erschaffen und wie Sisyphos jeden Tag von Neuem damit beginnen muss, ohne Aussicht auf Besserung. Bevor der zum Tode Verurteilte verzweifelt, sich etwa umbringt oder verrückt wird, nimmt er sein Schicksal an und versucht, im Rahmen seiner Möglichkeiten die Zeit, die ihm geblieben ist, zu nutzen. Smith ahnt den ganzen Film lang, dass etwas Merkwürdiges vor sich geht und dass es der Anfang vom Ende sein kann, und trotzdem versucht er bis zum letzten Augenblick seine Existenz zu verteidigen und seine Freunde zu retten. Der Vater bleibt emotionslos, für Zuschauer wie Smith selbst ein verschwommener Fleck, der zwar am

Ziel – die Zerstörung der Gesellschaft – angekommen ist, darüber aber keinesfalls glücklich oder zufrieden scheint.

Trotz allem gibt es in solch düsteren Visionen immer noch genug Humor, den Araki durch seine übertriebene Darstellung der Superkräfte und die abgedrehte Handlung verdeutlicht: »Araki celebrates life, youth and impulse but knows that darkness is out there and, despite his lightheartedness, you know he fears it.«[299] Hier wird also klargestellt, dass das Leben im Grunde genommen sinnlos ist. Man kann es sich verschönern – typisch für Araki gibt es hier offene Beziehungen und viel Sex mit ästhetisch in Szene gesetzten jungen Menschen in langen *Close-Ups* – doch im Endeffekt läuft alles auf ein Nichts hinaus, das sich nicht ändern lässt.

Zwischenbilanz: Der absurde Rebell

Das absurde Ende mit der kompletten Zerstörung der Welt ist auch in weiteren aktuellen Filmen präsent. In Drew Goddards Horrorfilm THE CABIN IN THE WOODS (2011) werden zum Beispiel die Rollen der typischen Helden umgekehrt. In dem Film übernachten fünf Freunde in einer Hütte im Wald. Diese stellt sich jedoch als eine Hütte heraus, die von einer Gruppe Menschen präpariert und beobachtet wird und eine Verbindung zur Unterwelt besitzt. Diese Unterwelt, bestehend aus Zombies, Werwölfen und anderen blutrünstigen Wesen, wird von dieser Gruppe durch regelmäßige Opfergaben junger Menschen verschiedener

299 LaSalle, Mick: »KABOOM Review: Sci-Fi Sex Comedy«, auf: San Francisco Chronicle, 18.02.2011, http://www.sfgate.com/movies/article/Kaboom-review-Sci-fi-sex-comedy-2529441.php#ixzz2li6Rk4Xd, 22.01.2013

Kriterien in Schach gehalten und daran gehindert, an die Oberfläche zu gelangen. Der schöne Curt (Chris Hemsworth) stirbt bei einem Versuch, mit seinem Motorrad über einen Abgrund zu fahren (da wäre wieder der Abgrund); der bereits für tot geglaubte ›Anti-Held‹ Marty (Fran Kranz) überlebt bis zum Schluss. Dabei erschien dieser durch seine bekiffte Art und seine amüsanten Sprüche eher zur Auflockerung der angespannten Horrorsituation eingeführt worden zu sein. Auch Dana (Kristen Conolly) bleibt am Leben, die nach den Regeln des Films, als »Jungfrau«, überleben darf. Um zu verhindern, dass die Bewohner der Unterwelt an die Erdoberfläche gelangen, müsste Marty sich laut der Direktorin (Sigourney Weaver) für die Menschheit opfern oder getötet werden. Er weigert sich und Dana wird von einem Untier angegriffen, Marty stürzt die Direktorin einen Abhang hinunter, rettet Dana und die beiden kommen zu dem Schluss, dass die Welt eine Rettung nicht wert sei, teilen sich einen Joint und warten das Ende der Menschheit mit einem ruhigen und guten Gewissen ab.

Der Rebell hat also viele Gesichter, er kann sich der Rebellion bewusst sein (wie Donnie), sie bewusst niederlegen (wie Marty) oder in die Rebellion ohne sein direktes Wissen einbezogen werden (wie Smith) und sich der Verantwortung nicht entziehen. Wichtig ist, laut Camus, die Intensität, mit der das absurde Leben gelebt wird. Nicht die Suche nach jemandem, der einem die Richtung weist, ist von Belang (wie bei Jim Stark oder Tyler Hawkins), sondern vielmehr die Erkenntnis, selbst zu entscheiden, wo es langgehen soll. Smith stirbt bei diesem Versuch, aber mit ihm stirbt auch der Rest der Welt. Es scheint, als sei die in Rebel etablierte Nichtigkeit des Menschen im Vergleich zum Universum ein Vorbote für eben diese Art von absurden Filmen: Die Probleme des Menschen erscheinen »trivial and naive indeed. And man, existing alone, seems himself an episode of little consequence«, wird dort vorausgesagt.

Der Einzige, der in dieser Hinsicht widerspricht, ist Charlie Bartlett, als er Kip davon überzeugen will, dass das Leben tatsächlich Sinn haben kann: Er erzählt ihm, dass er nicht als *irgendein* Teil des Universums, wie etwa ein Einzeller, existiert, sondern er wurde als Mensch geboren, als Mensch einer Industrienation des 21. Jahrhunderts, der so viele Freiheiten besitze wie kein anderer zuvor. Dies soll Kip daran hindern, Selbstmord zu begehen, und diesen Sinn findet er in seinem Theaterstück. Die Auseinandersetzung mit dem Ende der Welt seit den 1990er Jahren ist für Marita Sturken eine Metapher für die von den 1950er Jahren stark verschiedene Paranoia der Bevölkerung:

> This new version of paranoia, which is distinct in many ways from the 1950s paranoia that centered on the external threat of communism, is inextricably tied to contemporary discourses about race and identity, and the emergence of the white male as a figure in crisis.[300]

Diese Krise wurde oben bereits in Bezug auf gesellschaftliche und historische Aspekte angeschnitten; im Folgenden soll die sexuelle Identitätsfindung in den Mittelpunkt gerückt werden.

300 Sturken, Marita: »*Affliction*: When Paranoid Male Narratives Fail«, in: Lewis, 2001, S. 204

5.2 Die ambivalente Sexualität als rebellischer Akt

Für Sartre und seine Lebensgefährtin Simone de Beauvoir (1908-1986) bedeutete die monogame Partnerschaft eine Freiheitsberaubung. Sie haben jahrzehntelang eine offene Partnerschaft ohne gemeinsamen Wohnsitz geführt, die auch sexuelle Beziehungen zu Dritten mit einschloss. Im Fall von de Beauvoir gehörten gleichgeschlechtliche Beziehungen dazu.[301] Diese Freiheit und die damit einhergehende ungefestigte sexuelle Orientierung sind ebenfalls Grundlage der sogenannten *Queer Studies*. Michele Aaron definiert queer als »umbrella term or catch-all for uniting various forms of non-straight sexual identity«[302], wozu lesbische, schwule (*gay*), bisexuelle und transsexuelle (kurz: LGBT) Identitäten zählen. »Queer« bedeutet allerdings, so die Autorin, noch viel mehr, da dieser Begriff auch als aktivistischer Grundgedanke zu sehen ist, der für Anerkennung von sozialen Randgruppen wie Nicht-Heterosexuellen steht. Dazu zählen vor allem auch die Kämpfe gegen die Stigmatisierung der Angehörigen dieser Gruppe in Bezug auf AIDS, gegen gewalttätige Angriffe auf diese, sowie gegen gesetzliche und gesellschaftliche Vorurteile.[303] Gleichzeitig bedeutet »queer«, sich den normativen Regeln von Geschlechterrollen zu widersetzen. »[B]eing /becoming/identifying as/and acting queerly means, above all else, transgressing, disrupting, and subverting straight norms and

301 Vgl. Hastedt, a.a.O., S. 23ff.

302 Aaron, Michele (Hrsg.): *New Queer Cinema: A Critical Reader*, Edinburgh: Edinburgh University Press, 2004, S. 5

303 Vgl. ebd., S. 5, 7 sowie Nowlan, Bob: »Queer Theory, Queer Cinema«, in: Juett, JoAnne C./Jones, David M. (Hrsg): *Coming Out to the Mainstream: New Queer Cinema in the 21st Century*, Newcastle: Cambridge Scholars Publishing, 2010, S. 3ff.

conventions.«[304] Sexuelle Identität wird als ein vollkommen freies Feld gesehen; weder strikte homosexuelle wie heterosexuelle Modelle und Konventionen werden als queer bezeichnet, da diese als »highly fraught, tenuous, provisional, unstable and ultimately incoherent«[305] angesehen werden. Es gibt nicht eine Identität, sondern diese besteht aus vielen von der Gesellschaft konstruierten Ideen von Identität. De Beauvoir drückte dies schon in ihrem bereits 1949 erschienenen Buch *Le Deuxième Sex / Das andere Geschlecht* in Bezug auf die Frauenrolle aus: »Man kommt nicht als Frau zur Welt, man wird es.«[306] Außerdem deckt sich diese Ansicht auch mit der Auffassung Judith Butlers, für die Geschlechtsidentität eine Erfindung ist, die durch performative Akte, Gesten sowie artikulierte und inszenierte Begehren hergestellt und aufrechterhalten wird.[307] Auch Queer-Theoretiker bezeichnen diese Konstruktion als *Performance,* die auf normativen Skripten beruhen, die wir unbewusst aufgrund von der vorherrschenden Gesellschaft aufgenommen haben.[308] Die binäre Aufteilung in homosexuell/heterosexuell (bzw. abnormal/normal, unterworfen/dominant) resultiere, so Nowlan, aus der langen und anhaltenden Geschichte »of repeated violent imposition and restriction upon the potentially free play of gender«.[309]

---

304 Nowlan, a.a.O., S. 8

305 Ebd., S. 7

306 Beauvoir, Simone de: *Das andere Geschlecht. Sitte und Sexus der Frau.* Reinbek bei Hamburg: Rowohlt, 1986, (übers. von Eva Rechel-Mertens [Erstes Buch] und Fritz Montfort [Zweites Buch]), S. 265

307 Vgl. Butler, Judith: *Gender Trouble: Tenth Anniversary Edition,* http://site.ebrary.com/lib/frankfurtm/Doc?id=10054731&ppg=209, via Universitätsbibliothek Johann Christian Senckenberg Frankfurt, London: Routledge, 1999, S. 173f. Deutlich macht sie dies hier am Beispiel der *drag queens.*

308 Vgl. Nowlan, a.a.O., S. 7

309 Ebd., S. 10

Das »New Queer Cinema«[310], wie B. Ruby Rich eine bestimmte Art Ende der 1980er/ Anfang der 1990er Jahre entstehender Filme nannte, beschäftige sich beispielsweise mit der Auseinandersetzung mit nicht-heterosexuellen Beziehungen in historischen Filmen, die in den Produktionen zuvor ignoriert wurden.[311] Allerdings, so Aaron, sei es dem New Queer Cinema nicht möglich gewesen, ein dauerhaftes Genre zu entwickeln, welches »popular radical work«, oder wie sie schreibt, »the marriage between the popular and the radical« vertritt.[312] Dennoch hatte diese Bewegung einen bedeutenden Einfluss sowohl auf nachfolgende unabhängige Produktionen als auch auf das Mainstream-Kino: New Queer Cinema »kick-started Hollywood's awareness of a queerer audience [...] and its appropriation and dilution of queer matters«.[313] Diese Abschwächung von »queeren« Inhalten erfolgt durch Stereotype, die zwar akzeptiert werden, aber meist als eine feste homosexuelle Orientierung dargestellt werden anstatt, wie für »queere« Filme bedeutsam, eine sexuelle Reorientierung.[314]

Dennoch ist seither die Repräsentation von und die Aufmerksamkeit für LGBT-Charaktere(n) durch die entstandenen kritischen Auseinandersetzungen in »queeren« Filmen gestiegen. Nowlan legt fünf Schlüsselelemente fest, die das Queer Cinema ausmachen: Erstens die Konstruktion von sozialen Identitäten, die aufgrund von Sexualität und Geschlecht entstehen, die in den Filmen aufgelöst werden sollen. Zweitens werden die binären Gegensätze zwischen normal/abnormal, bekannt/fremd,

310 Rich, Ruby B.: »New Queer Cinema«, in: Aaron, a.a.O., S. 15-22
311 Vgl. u. a. Nowlan, a.a.O., S. 2. Als Beispiel wird Derek Jarman's EDWARD II (1991) genannt.
312 Aaron, a.a.O., S. 8
313 Ebd., S. 8
314 Vgl. ebd., S. 9

etc., als instabil und konstruiert dargestellt. An dritter Stelle erwähnt Nowlan vor allem Form, Stil und Inhalt der Filme, die oft nicht naturalistisch, sondern mehr expressionistisch und fantastisch anmuten. Viertens soll der Film schockieren und mit extremen und ungewöhnlichen Mitteln verstören, um zu verhindern, dass »queere« Charaktere zu sehr dem Mainstream angepasst werden. Zuletzt betont Nowlan die dargestellte Spannung der »queeren« Personen zwischen dem Beibehalten der alternativen Lebensform und dem gleichzeitigen Versuch, Vorurteile und Unterdrückung aufzuheben.[315] Vor allem der unter Drittens angesprochene Stil der Filme ist für Rich wichtig, sie bezeichnet ihn als »Homo Pomo«. Unter dem Begriff versteht sie »traces [...] of appropriation and pastiche, irony, as well as a reworking of history with social constructionism very much in mind. [...T]hese works are irreverent, energetic, alternately minimalist and excessive. Above all, they are full of pleasure«.[316]

5.2.1 The Doom Generation: Die *Ménage-à-trois* im Independent-Roadmovie

Gregg Araki zählt seit seinem dritten Film, The Living End (USA 1992), zu einem der großen Vertreter des New Queer Cinema. Dieser Film bietet jede Menge radikales Potenzial: Zwei schwule, HIV-positive Männer auf einem Roadtrip mit »provocative images of bareback gay sex, blowjobs behind the steering wheel, S&M [...] along with

315 Vgl. Nowlan, a.a.O., S. 17ff.
316 Rich, a.a.O., S. 16

seemingly random acts of violence«.[317] Der Großteil seiner weiteren Filme beinhalten vergleichbare Themen und Darstellungen, insbesondere seine als »teen-apocalypse trilogy«[318] betitelten Folgefilme TOTALLY F***ED UP (USA 1993), THE DOOM GENERATION (USA/F 1995) und NOWHERE / NOWHERE – EINE REISE AM ABGRUND (USA/F 1997):

> Arakis films are readily recognizable by their intentionally raw depiction of extreme aggression, angst, nihilism, and sexuality that lack conventional commercial appeal, in narratives pertaining to dysfunctional young people striving desperately to forge any sort of meaningful relationship with one another.[319]

Auch auf KABOOM trifft diese Beschreibung zu, allerdings ist die dortige Umgebung lange nicht so trostlos dargestellt, wie sie in THE DOOM GENERATION schon von Beginn an etabliert wird: Die drei Protagonisten fahren ausschließlich durch Industriegebiete und machen an halbverlassenen Tankstellen und Fabrikhallen Halt. Claudia Springer bezeichnet die drei treffend als nihilistische Nachfolger James Deans, als »products of a pointless, superficial society and pop culture influences that have left them virtually brain dead«.[320] Sowohl die Popkultur als auch die sexuelle Ambivalenz werden in diesem Film auf die Spitze getrieben. Die in REBEL durch die Zensur unterdrückte Dreiecksbeziehung wird hier expliziter dargestellt. Das Interesse wird zwischen den beiden männlichen Protagonisten konkret angesprochen; am Ende käme es zu einem homosexuellen Geschlechtsverkehr, wenn dieses nicht von äußeren Umstän-

317 Hart, Kylo-Patrick R.: *Images for a Generation Doomed: The Films and Career of Gregg Araki*, Plymouth [u. a.]: Lexington, 2010, S. 4
318 Ebd., S. 5
319 Ebd., S. 105
320 Springer, a.a.O., S. 106

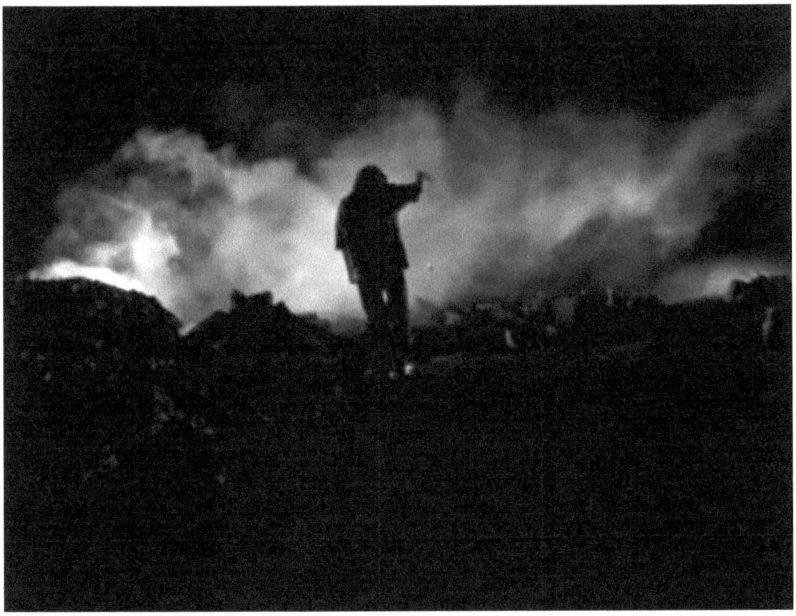

Abb. 68: Jordan in einer für den Film typischen apokalyptischen Umgebung.

den abgebrochen werden würde. Es geht vor allem darum, die von der Gesellschaft akzeptierte heterosexuelle Beziehung in Frage zu stellen. Die Rebellion geht also vielmehr weniger in die Richtung, sich in die Gesellschaft zu integrieren, sondern zeigt die Schwierigkeit auf, diese Integration zu vollstrecken, wenn man eben nicht der gesellschaftlichen Norm entspricht. Es scheint, dass in diesem Film nur eine nihilistische Abgrenzung ohne bedeutsame und tiefgründige Verbindungen zu anderen Menschen möglich ist.

Die traute Zweisamkeit wird bereits am Anfang gestört:

Amy (Rose McGowan) und ihr Freund Jordan (James Duval) nehmen zu Beginn des Films Xavier, genannt X (Jonathon Schaech), in ihrem Auto mit. Damit beginnt eine von Morden gepflasterte Höllenfahrt durch Kalifornien, in denen die drei mit Angestellten von Quickie Marts und Fast Food-Restaurants sowie Besuchern von einer Bar und einem Musikladen konfrontiert werden, die Amy für eine ehemalige Geliebte halten. Wenn Amy in ihrer gewohnt gehässigen Art klarmacht, diese nicht zu kennen, versuchen die Zurückgestoßenen sie umzubringen. X ist es, der Amy und Jordan jedes Mal rettet und dabei Menschen tötet.

Die Morde sind allerdings so übertrieben *trashy* dargestellt, dass der Zuschauer sie nicht ernst nehmen kann. So zum Beispiel der erste Mord, in dem X den Kopf eines vietnamesischen Supermarktbesitzers abschießt und der Kopf in einem großen Bogen auf Hot Dogs landet, zu sprechen beginnt und grüne Substanz ausspuckt. Ein Fast Food-Verkäufer verliert durch X einen Arm, den dieser ihm aus dem Auto noch hinterherwirft. Das Filmblut spritzt reichlich. Überhaupt erscheinen die Dialoge und die Aktionen so übertrieben künstlich, dass sich selbst Jordan im Lauf des Films fragt, ob die Realität nicht merkwürdiger sei als Träume. Dass sie sich tatsächlich in der Realität befinden, wird im verstörenden und gewaltsamen Schluss deutlich gemacht. Trostlose Gegenden wechseln sich also mit comichaft inszenierten Mordszenen ab, was dem Film einen noch absurderen Charakter verleiht.

Auf das Ende der Welt wird den ganzen Film über auf unsubtile Art und Weise hingewiesen. Schon zu Beginn fühlt sich Amy komisch und äußert eine Ahnung, dass etwas Merkwürdiges geschehen wird. Die drei fahren immer durch verlassene und trostlose Industriegebiete, an deren Straßenrand zum Beispiel ein großes Plakat mit der Aufschrift »The Rapture Is Coming« steht; in einem Secondhandladen warnt ein Banner mit den Worten »Prepare for the Apocalypse«. Zusätzlich ist der Film geschmückt mit christlicher Ikonographie in unpassenden Momenten und an unpassenden Orten. So schaut eine Jesusfigur im Auto hinunter auf den Teenagersex von Jordan und Amy, X hat sich das Konterfei von Jesus auf seinen Penis tätowieren lassen (»So people when I'm boning them can say: ›I've got Jesus inside me‹«), und einer der Neonazis am Ende des Films droht Amy, eine Marienfigur in sie einzuführen. Geradezu satanistische Elemente gibt es ebenfalls. So verlassen Amy und Jordan in der Eingangssequenz einen Club mit Namen »Hell«, um zu »Heaven« zu wechseln, einem Autokino. Jordan trägt einen Totenkopfohr-

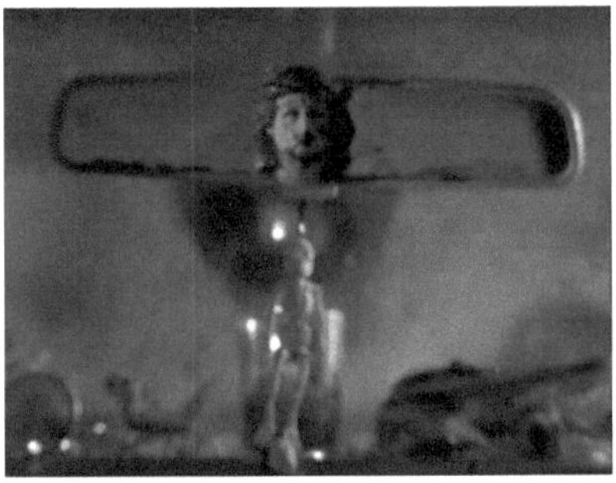

Abb. 69: Jesus schaut Jordan und Amy gelassen zu.

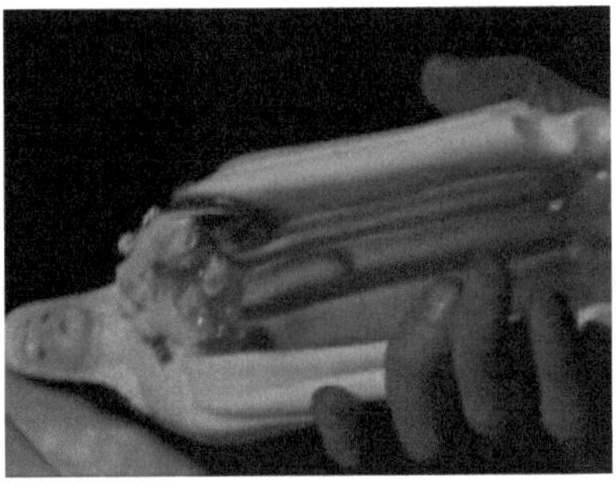

Abb. 70: Die Marienfigur als Vergewaltigungsmittel.

ring, den er von seiner Mutter für das Bestehen eines Mathematiktests geschenkt bekommen hat, und das oft verwendete schwarze Feuerzeug hat die Form eines Totenkopfes. Alles, was die drei im Laufe des Films einkaufen, kostet $6,66, und sie verbringen eine Nacht in einem Motel namens »Headless Horseman 666«. Autoritätsfiguren wie das FBI oder Nachrichtensprecher sind nicht weniger verrückt als die Menschen, die Amy umbringen wollen. Vor allem die über den Mord an dem vietnamesischen Verkäufer berichtenden Journalisten stehen für die homophobe amerikanische Gesellschaft, da die Sprecherin den am Tatort gefundenen Totenkopfohrring als ein Schmuckstück »often worn by homosexuals, satanists, and members of other dangerous cult groups« beschreibt. Diese Gleichsetzung von Queers mit Satanisten und anderen gefährlichen Kulten impliziere, so Springer, die Homophobie in den Medien. »It also satirizes through exaggeration the hysterical tone of adults in countless youth films.«[321]

Jordan, Besitzer des Ohrrings, ist der infantilste Charakter in dem Film. »Wiewohl er Totenkopfohrringe, Muscle-Shirt und zerschlissene Jeans trägt, nimmt sich der androgyne Teenager wie ein sanftmütiges *half child, an innocent* aus«.[322] Er versucht, Amys vorschnelle Verurteilung anderer Menschen auszugleichen, indem er diese als »okay« oder im schlimmsten Fall »strange« beschreibt oder im Falle von X, den Amy als »evil«, »anus face« sowie später auch als »life support system for a cock« bezeichnet: »He's not so bad. Sorta like us. Lost, like he doesn't fit in«. X bringt das Leben der beiden durcheinander und schläft trotz oder gerade wegen der Abneigung Amys mit ihr. Jordan ist keineswegs sauer, auf ihre gestammelten Entschuldigungen erwidert er nur »Whatever, Amy«. Für ihn bedeutet Amy alles, er wünscht sich sogar, dass sie gleichzeitig sterben, weil er sie niemals vermissen möchte (was Amy sehr romantisch findet). Gleichzeitig benimmt er sich oftmals wie ein Kind – er kauft ein Jo-Jo, nennt Xavier »X«, weil er den Namen nicht aussprechen kann, und ist überschwenglich begeistert von X' großem Tattoo auf der Brust. Als X Jordan fragt, wie lange Amy und er schon

321 S. u. vgl. Springer, a.a.O., S. 109

322 Köhnemann, Andreas: *Liebe in alle Richtungen: Sexuell ambivalente Dreiecksbeziehungen im Film*. Frankenthal: Mühlbeyer Filmbuchverlag, 2014, S. 115

zusammen wären, antwortet dieser, selbst übertrieben erstaunt: »A looooong time!!! Three months!« Als Jordan Amy zu Beginn des Films fragt, ob sie ihn liebe, antwortet sie nur »Yeah, totally«. Dennoch verbindet beide eine tiefe Verbundenheit. Andreas Köhnemann erkennt treffend:

> Amy und Jordan sind, ihrer Gegensätzlichkeit zum Trotz, ein harmonisches Paar – richten sich Amys unentwegt zum Einsatz kommenden Beleididungen und *four-letter-words* doch niemals gegen ihren zart dreinblickenden Freund, sondern stets gegen andere.[323]

Amy ist die selbstbewusste, emanzipierte Frau, die sowohl sexuell für Neues offen ist, den gesamten Film über am Steuer sitzt und die Handlung vorantreibt als auch zu tiefen emotionalen Bindungen fähig ist, wie man bei ihr und Jordan erkennen kann. Sie schläft zwar mit X, beteuert aber ihre Liebe zu Jordan. Gegenüber ihrer Umwelt ist sie stets sehr abfällig, vor allem X will sie zu Anfang kontinuierlich los werden, bis sich ihre Abneigung zusehends auf andere Menschen, die das Trio bedrohen, überträgt.

Seit der ersten Szene, in der X auftaucht, ist auch bereits eine gewisse Spannung zwischen Jordan und ihm spürbar; dort nutzt X Jordans T-Shirt, um die blutende Wunde an seinem Oberschenkel zu stillen. Alle drei und vor allem Jordan und X werden in sehr nahen *Close-Ups* gemeinsam in einer Einstellung eingefangen; wenn alle drei im Bild sind, ist einer oft am Rande zu sehen, je nachdem, auf welche Beziehung gerade die Aufmerksamkeit gelenkt werden soll. Selbst im Hotelzimmer, das sehr geräumig ist und in dem Amy und Jordan eng nebeneinander-

323 Ebd.

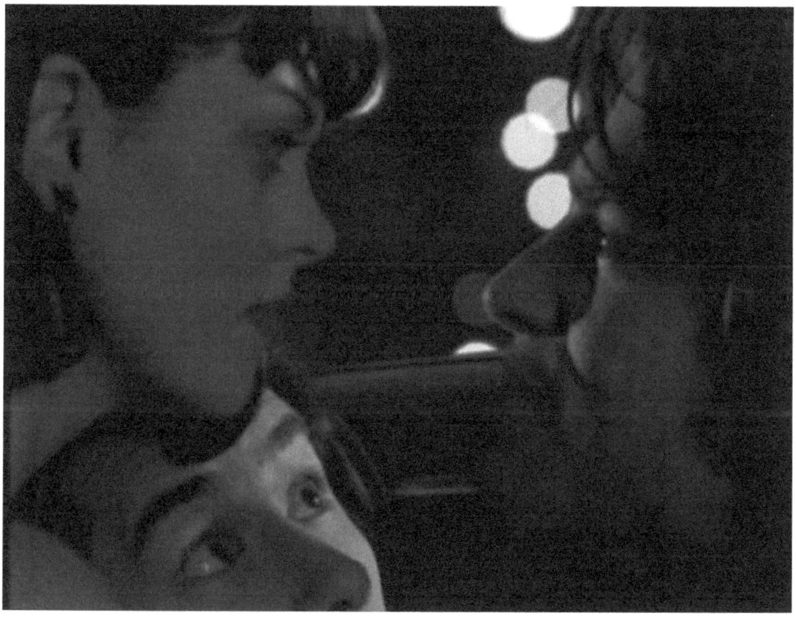

Abb. 71: Amy und X - und Jordan.

stehen, ist X direkt bei ihnen, sein Gesicht auf einer Höhe und in der gleichen Nähe und Größe wie die des Paares. Somit wird durch die Wahl der drei Gesichter in einer Einstellung eine Dreierbeziehung auch bildlich impliziert.

X versucht den ganzen Film über, Jordan zu verführen. Im Hotelzimmer, während Amy badet, bewundert Jordan X's Tattoo auf der Brust und X legt seinen Kopf nahe an den von Jordan. Auch später im Film, kurz vor dem Ende, kommen Jordans und X's Gesichter so nahe zusammen, dass sie sich küssen könnten, wenn Jordan nicht plötzlich überstürzt ginge, um mit Amy zu schlafen.

»The Doom Generation makes very explicit the sexual tensions that remain submerged in Rebel«[324], schreibt Springer. Wo dort nur Blicke ausgetauscht wurden und Plato als das asexuelle »Kind« etabliert wurde, gibt es in dieser Dreiecksbeziehung keinen, der seiner Sexualität beraubt wurde. X, der Amy beim Sex auch nach dem genauen Aussehen von Jordans Geschlechtsteil befragt, ist ganz offensichtlich stärker an diesem interessiert. Er nutzt Amy nur als Mittel zum Zweck und als Bestätigung des bei den Credits eingespielten Slogans: »A Heterosexual Movie by Gregg Araki«. Für Springer ist es weniger das als ein »ironic riff on the latent homoeroticism in the teen film genre«.[325] X tritt sehr selbstbewusst und männlich auf und ist sexuell dennoch an beiden Geschlechtern interessiert: Die Übermännlichkeit wird »mit einem verqueerenden Verhalten kombiniert«[326].

Nicht nur Springer zieht eine Verbindung zu Rebel und James Dean. Im Hinblick auf die ambivalente Darstellung von X merkt James M. Moran an: »the notorious gay subtexts in the performances of Marlon Brando or James Dean come out of the cinematic closet«[327]. X trägt nach einem Besuch im Second Hand Laden auch ein Cowboy-Outfit, das, weniger bunt, direkt von Jett Rink aus Giant stammen könnte – und normalerweise mit Männlichkeit in Verbindung gebracht wird. X zeigt seinen Gürtel mit Wackelbild dem begeisterten Jordan. »Jordan then wiggles the belt buckle close to Xavier's crotch in an erotic close-up, followed by a shot of Xavier's cigarette rising in a symbolic

324 Springer, a.a.O., S. 110
325 Ebd.
326 Köhnemann, a.a.O., S. 120
327 Moran, James M.: »Gregg Araki: Guerrilla Film-Maker for a Queer Generation«, in: *Film Quarterly*, Vol. 50, Nr. 1, 1996, S. 18-26, hier S. 24.

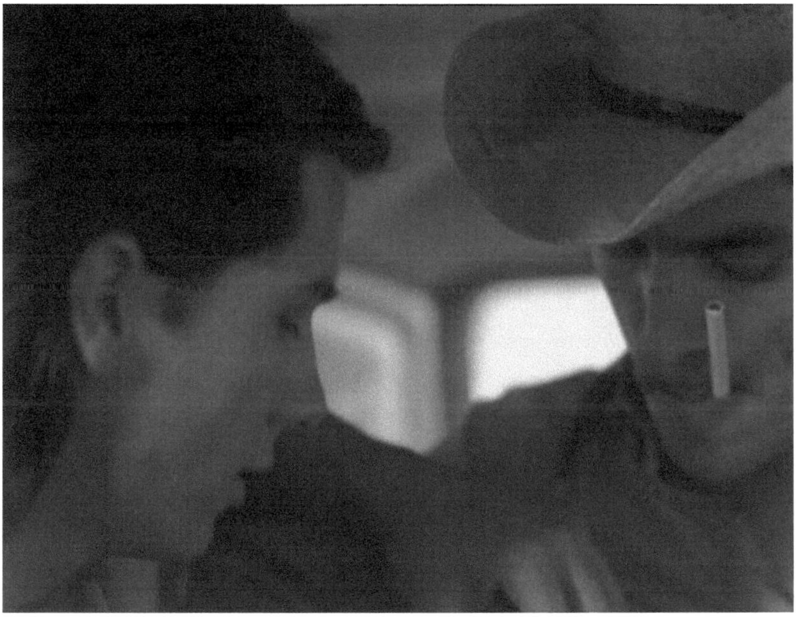

Abb. 72: X' Zigarette zeigt seine sexuelle Anspannung.

erection«.[328] Die Darstellung heterosexueller Konstruktionen in nicht-hetereosexuellen Zusammenhängen zeigt für Judith Butler den übertriebenden Status des sogenannten heterosexuellen Originals auf. So wird also betont der Orginalitätsanspruch der Heterosexualität in Frage gestellt, bzw. gar als Illusion dargestellt.[329] Einige Szenen zuvor beobachtet X Jordan und Amy beim Sex in der Badewanne und masturbiert dabei. Wenig später dreht sich diese Sicht, als Jordan Amy und X durch das Motelfenster beim Geschlechtsverkehr zusieht. Sein gerade erstandenes Jo-Jo bewegt sich auf und ab, während er in der verlassenen Straße steht, ins Zimmer schaut und sich dabei selbst befriedigt. Statt Eifersucht empfindet er bei diesem Anblick ebenfalls Lust. Somit be-

328 Springer, a.a.O., S. 110
329 Vgl. Köhnemann, a.a.O., S. 120; er zitiert hier u. a. Butler, Judith: *Gender Trouble*

steht auch an X, den er gegenüber Amy ohnehin den ganzen Film über verteidigt, ein (sexuelles) Interesse. Seine Erforschung der Bisexualität wird also vom bisexuellen Xavier vorangetrieben, eine Thematik, die typisch für das Kino Arakis ist:

> [D]uring the decade of the 1990s, Araki succeeded in substantially reworking several popular Hollywood subgenres (e.g., buddy films, juvenile delinquency films, and road movies) into non-heterosexual variations, using his directorial ›gay sensibility‹ to present even apparently ›straight material‹ in homoerotic ways, such as by eroticizing attractive male torsos (by forcing the camera to linger on them and shoot them from low angles) or by focusing intentionally on extended, intense eye contact between two sexually charged, breathtaking young men. [...] Openly acknowledging this reality, Araki himself has called THE DOOM GENERATION ›the gayest ›heterosexual movie‹ ever made‹«.[330]

Im Vordergrund des Films stehen somit sexuelle Vorlieben und erotischen Spannungen. Dadurch lässt sich auch die Rebellion gegen die festgefahrenen gesellschaftlichen Normen ablesen. Die unzähligen Blicke zwischen und die langen Einstellungen mit den beiden männlichen Protagonisten führen die nur spärlich angedeuteten Blicke von REBEL weiter. Jim, der in Rebel zwar als Schutz und Idol für Plato fungiert, ist dort aber selbst auf der Suche nach einem Vorbild. Er verwechselt die Jungen- mit der Damentoilette; er zeigt liebevolles Verständnis gegenüber Plato, was ihn eigentlich weicher erscheinen lässt, als er sein will, wenn man bedenkt, dass er seinem Vater vorwirft, kein richtiger Mann

330 Hart, a.a.O., S. 103

zu sein. Durch Deans androgynes und sexuell ambivalentes Image lassen sich durch die subtilen Nuancen, die vom strengen Production Code durchgelassen wurden, nun im Nachhinein besonders in der Beziehung von Plato und Jim tiefere Verbindungen ziehen. Ein kurzer Kuss bedeutete damals schließlich auch mehr als nur der Austausch einer liebevollen Geste, da dies die intimste Handlung war, die gezeigt werden durfte. Somit erhalten kurze Blicke schon mehr Bedeutung oder können zumindest so gelesen werden. Diese sind vor allem bei Plato zu finden, der Jim immer bewundernd anschaut – auch, wenn er nur von ihm spricht, was man bei der Konversation zwischen ihm und Judy vor dem Chicken Run sehen kann. Ebenso bewundernd schaut auch Jordan X an, aber durch die Bildsprache, die langen Blicke und die eng beieinander liegenden Köpfe und Körper wird dies stark verdeutlicht und konkretisiert. Zusätzlich ist X offen bisexuell und spricht seine Begierde offen aus, während Jim zwischen Judy und Plato hin- und hergerissen ist, weil beide gleichermaßen Aufmerksamkeit von ihm fordern, und verbringt die intimsten Momente mit Judy.

Die Morde dagegen haben kaum Einfluss auf das Befinden der Protagonisten in THE DOOM GENERATION. Besonders stark im Kontrast zu diesen steht eine Szene gegen Ende des Films, als Amy aus Versehen einen Hund überfährt und dieser von X von seinen Qualen erlöst werden muss. Amy weint und kommt zum Schluss: »The world sucks!«, als sie den Hund begraben. Die Stadt, wie Amy sagt, sauge ihr die Seele aus dem Leib, und gleich zu Beginn wird die Wurzellosigkeit etabliert mit dem Satz: »There just is no place for us in the world«. Dies lässt sich wieder zurückführen auf das Urdilemma, das auch schon in REBEL angeklungen ist: Die eigene Nichtigkeit im Vergleich zum unendlichen Kosmos. Vor allem Jordan treibt die Sinnfrage, die existenzialistischen Grundgedanken, durch den ganzen Film. Zuerst fragt er X: »Do you ever wonder what the meaning of our existence is? You ever wonder why we exist?« Die gleiche Frage stellt er anschließend Amy beim Sex. Sowohl X als auch Amy reagieren gewohnt abweisend. X, für den es weder Schuld (»Guilt is for married old people!«) noch gesellschaftliche Normen gibt, die es einzuhalten gilt, sagt darauf hin nur »No. What for?«, sieht also überhaupt keinen Sinn im Hinterfragen seiner Existenz, macht nur das, worauf er gerade im Moment Lust hat. Amy fragt nur fassungslos »Are you kidding? I'm about to come. Can we deal with this later?« Zugegeben, der Zeitpunkt von Jordans Frage war ungeschickt, doch gibt es leider keine weitere Chance für Jordan, die Frage zu wiederholen, und meistens erhält er ohnehin nur kurze Antworten (»Do you love me?« – »Yeah, totally!«). Denn auch Amy, die zentrale Figur der gesamten Handlung (sowohl als Verbindung zwischen X und Jordan als auch zwischen dem Trio und dem Rest der Welt), versucht so wenig wie möglich nachzudenken. Lediglich Jordan lockt sie zwischendurch aus der Reserve, wenn er beispielsweise darüber philosophiert, was »Liebe« bedeutet: Heißt das, jemanden zu lieben bis jemand besseres vorbeikommt, oder sagt man es einfach nur, weil man dies tun sollte? Amy denkt daraufhin nach und gibt an, die Stadt würde ihr die Seele aussaugen und erzählt von einem Stau aufgrund eines Unfalls, bei dem sie nur so schnell wie möglich zu den blutigen Opfern gelangen wollte, um sich dann wieder aus dem Stau heraus frei bewegen zu können. Jordan bringt das Dilemma dann auf den Punkt: »I feel like a gerbil smothered in Richard Gere's butthole«. Man steckt fest, kommt nicht heraus, sieht und erfährt schlimme Dinge – und macht trotzdem weiter, auch wenn das Umfeld mehr als undankbar ist. Familie existiert in diesem Film nicht, wie aus einem Gespräch der drei klar wird: Amys Vater ist tot, »an alcoholic pig always trying to molest me«, und ihre ehemals heroinabhängige Mutter ist nun Scientologin; X' Mutter erschoss seinen Vater und dann sich selbst, als dieser zwölf Jahre alt war; Jordans Eltern, die in Encino wohnen, versucht er einmal telefonisch zu erreichen, die Nachricht wird aber vom Anrufbeantworter abgeschnitten. »The dysfunctional families introduced in REBEL [...] are exaggerated to the point of absurdity here, where the concept of family is sordid«.[331]

Dass neben einer Familie weder die Gesellschaft noch Patriotismus noch Religion einen Halt in dieser fantastisch dargestellten Welt bieten, wird in der realistischen, brutalen Schlussszene des Films verdeutlicht. Die ›Ersatzfamilie‹, die von den drei Protagonisten etabliert wurde – wenn auch auf primär sexueller Basis – wird hier zerstört: »Their revolt evolves from anarchial antics to the construction of a nascent bisexual family, destroyed in the film's savage conclusion«.[332] Drei aggressive junge Männer haben X in einem Musikladen einige Szenen zuvor schon mit homophoben Schimpfworten und physischen Übergriffen belästigt. Als dieser sich loslöst und zu seinen beiden Freunden geht, hält der Anführer der Gruppe Amy für seine ehemalige Liebe Bambi. Die drei schaffen es aber, sich von den aggressiven Männern zu entfernen und fahren weiter. Sie machen in einer Scheune Halt, in der eine große be-

331 Springer, a.a.O., S. 111

332 Sharrett, Christopher: »End of Story: The Collapse of Myth in Postmodern Narrative Film«, in: Lewis, 2001, S. 330

zogene Matratze bereitliegt. Amy wirft eine Münze, um zu entscheiden, mit wem der beiden sie zuerst schläft. X gewinnt und Jordan setzt sich derweil ins Auto, bis X sich wieder zu ihm gesellt und ihn zu verführen versucht (die Köpfe nah beieinander, sie reden über Erektionen bei *Slam Dancing*[333] mit anderen Männern). Jordan jedoch geht in die Scheune zurück, um mit Amy zu schlafen. X kommt im Laufe des Geschlechtsakts zurück und die drei schlafen zusammen, bis Amy den *threesome* abrupt unterbricht, weil sie dringend urinieren muss und dazu nach draußen geht. X »makes it clear that he is in absolutely no danger of losing his erection in Amy's absence, and he moves in once again to kiss Jordan, in the utopic setting within which they may finally consummate their growing sexual attraction«.[334] Unerwartet wird dann aber das von Jordan entfachte Feuer von einem Unbekannten gelöscht, sodass der Zuschauer wie auch Jordan und X in vollkommene Finsternis blicken. In einem Singsang und in Form eines Kinderreims rezitiert eine Stimme eine homophobe Drohung: »Two little faggots sittin' in a bed / One eatin' ass and the other givin' head / Dirty, perverted scum make me see red / World'll be a purer place when they're both dead«. Ein Schlag und das Abreißen von Klebeband sind zu hören, während ein Blinklicht eingeschaltet wird, das nur flüchtige Blicke auf das Geschehen zulässt. Jordan wird von zwei nur mit Tennissocken über den Geschlechtsteilen bekleideten und mit Hakenkreuzen auf den Oberkörpern bemalten Männern festgehalten, während X bewusstlos am Boden liegt

333 *Slam Dancing* ist eine mildere Form des *Moshing*, die seit den 70er Jahren besteht und bei dem Aggressionen durch Hüpfen und Kicks ebenfalls bei engem Körperkontakt ausgelassen werden, ohne jedoch andere dabei verletzen zu wollen, vgl. http://www.urbandictionary.com/define.php?term=slam%20dancing, 26.01.2013

334 Hart, a.a.O., S. 45

und der Anführer der Gruppe, in der gleichen Aufmachung wie seine Freunde, eine amerikanische Flagge auf dem Boden ausbreitet. Während die Nationalhymne aus einem Kassettenrekorder dröhnt und er die »Pledge of Allegiance« zitiert, vergewaltigt er die geknebelte und nackte Amy auf der Flagge. Jordan, der dies hilflos mit ansehen muss, beleidigt die Mutter des Vergewaltigers, was diesen ausrasten lässt. Anstatt also der zarte liebe Junge zu bleiben, der Jordan eigentlich ist, rebelliert er hier ein letztes Mal gegen die Grausamkeit des Lebens, um Amy zu helfen – und obwohl er weiß, dass dies mit großer Wahrscheinlichkeit zum Tode führt. Der Neonazi packt eine große Heckenschere aus und droht, Jordan seinen Penis abzuschneiden. Dabei lässt er die Schere langsam an seinem Oberkörper hinab gleiten. Jordans Augen weiten sich in Schock und Terror, seine vom Anführer aufgeforderten letzten Worte sind »Amy, I love you«, die er allerdings nicht zu Ende bringen kann, da die Drohung in die Tat umgesetzt wird. Blut spritzt, Jordan schreit und stirbt nahezu direkt. Das Blinklicht ermöglicht weiterhin nur kurze Einblicke in das Horrorszenario. Der Neonazi steckt Jordans Penis in den Mund des diesmal komplett hilflosen X, während Amy sich aus den Knebeln befreit, sich die Heckenschere nimmt und gemeinsam mit X' Hilfe die drei Neonazis umbringt. Dieses unerwartete Blutbad am Ende des Films wird durch eine Ellipse zum Tag darauf genauso schnell beendet, wie es begann. X und Amy sitzen stumm mit Sonnenbrillen im Auto, X isst Chips, Amy raucht. Sie fahren los, eine verlassene Straße entlang ins Nirgendwo.

Das Ende von THE DOOM GENERATION »represents Araki's way of making an incredibly powerful statement about the repressive nature of hegemonic ideology in the United States in relation to bisexual men and other non-heterosexual individuals«.[335] Der Hass und die Gewalt der drei Neonazis gegenüber dem Verhalten Jordans und Xaviers ist, im Gegensatz zu den übrigen Mordszenen im Rest des Films, realitätsnah und schockt die Zuschauer, da diese Wendung nicht absehbar war. Springer bezeichnet die Unterbrechung des homosexuellen Geschlechtsakts durch die Schläger als »the film's way of signaling its pessimism. [... The] religious overtones [of the film] are partly ironic and partly a search for something meaningful in a putrid swamp of human vapidity«.[336] Es scheint keinen Platz in dieser Welt für die drei zu geben, und die immer wieder von Jordan gestellte Frage, warum man überhaupt existiere, bleibt unbeantwortet. Der Film zeigt eine sehr deprimierende Zukunftsperspektive, in der nur Brutalität und Sarkasmus überleben und es nichts gibt, für das man kämpfen oder an das man glauben kann. Er zeigt eine Rebellion, die in einer endlosen, wüstenhaften Landschaft ins Nichts führt, was die letzte Einstellung des Films verdeutlicht. Die Gesellschaft – die im Falle von THE DOOM GENERATION intolerant, skrupellos und gewaltsam ist – ist es scheinbar nicht wert, dass man sich in diese integriert. Vielmehr lohnt es sich, seinen eigenen Weg zu gehen und weiter zu fahren. Somit ist hier, vor allem bei Jordans selbstlosem Verhalten kurz vor seinem Tod, der existenzialistische Gedanke Sartres und Camus zu finden. Sich nicht abfinden, sondern weiterkämpfen, selbst wenn man sich wie ein Tier fühlt, das im Verdauungstrakt eines Prominenten eingequetscht ist. Andererseits ist mit diesem Ende die queere Instanz – Jordan – eliminiert, die heterosexuelle

335 Hart, a.a.O., S. 93
336 Springer, a.a.O., S. 113

Norm wiederhergestellt. Dies bedeutet, dass sich Amy und X entweder der Gesellschaft anpassen als Paar – oder sich einen neuen Partner suchen, mit dem die Rebellion fortgeführt werden kann. Amy und X leisten sich jedoch einen kurzen Moment der stummen Trauer und des Gedenkens an Jordan, als X Amy eine Zigarette mit Jordans Totenkopf-Feuerzeug anzündet. Direkt im Anschluss startet sie den Wagen und sie fahren los – auf die Suche nach neuen sexuellen Abenteuern?

5.2.2 The Rules of Attraction: Die unterdrückte *Ménage-à-trois* im College-Film

Roger Avarys The Rules of Attraction skizziert eine ähnlich destruktive Sichtweise auf die Jugend, basierend auf dem gleichnamigen Roman von Bret Easton Ellis, der bereits 1987 erschienen ist. Dort kommen etwa zehn Charaktere, vornehmlich die drei Hauptcharaktere aus dem Film, in einem Stream-of-Consciousness-ähnlichen Stil zu Wort, um ihre Eindrücke vom Leben an einem fiktiven, geisteswissenschaftlichen College an der Ostküste zu beschreiben. Im Großen und Ganzen geht es um Sex, Drogen, Partys und die Unentschlossenheit oder eher das offene Desinteresse, sich für ein Hauptfach zu entscheiden, einen festen Partner zu finden oder allgemein einen Plan für den weiteren Lebensweg zu machen. Es geht aber vor allem auch um die falschen Einschätzungen von sexueller Anziehung, die durch das Erzählen der gleichen Situation aus den unterschiedlichen Sichtweisen offenbart wird. Diese Motive schienen für Avary zeitlos zu bleiben und »immer besser mit dem zunehmenden Nihilismus einer ökonomisch besser gestellten Jugend Amerikas [zu] korrespondier[...]en«.[337] Somit ist die Ausstattung des Films nicht auf die 1980er Jahre beschränkt worden, wie Avary selbst beschreibt:

> Ich sehe DIE REGELN DES SPIELS als Todesstoß ins Herz des Teeniefilm-Genres, denn die koksenden, entpersonalisierten, ambitionslosen Kids aus Brets literarischer Imagination sind in der heutigen Realität präsenter denn je. Um aber nicht das Schwenken der Moralkeule zu riskieren, wollte ich dem Film die allzu direkten Bezüge nehmen und setzte ihn in einer unspezifischen Zeit und fiktiven Topographie an.[338]

Frauenheld und Gelegenheits-Drogendealer Sean Bateman (James Van Der Beek) hat scheinbar tiefgehendes Interesse an der jungfräulichen Lauren (Shannyn Sossamon), diese wiederum ist verliebt in Victor (Kip Pardue), der in Europa Mädchen hinterherjagt, und Laurens bisexueller Ex-Freund Paul Denton (Ian Somerhalder) legt alles daran, Sean zu verführen.

An grundlegender Handlung ist nicht viel mehr vorhanden, da vieles in der Buchvorlage durch die Gedanken der Figuren mitgeteilt wird. Das erkennt auch Scott Tobias: »[J]ust showing what happens in THE RULES OF ATTRACTION would mean presenting a plotless, shapeless mélange of couplings and uncouplings, and not much of a movie«.[339] Somit musste Roger Avary seine Kreativität in der Inszenierung und

337 S. »Produktionsnotizen« unter den Extras auf der THE RULES OF ATTRACTION / DIE REGELN DES SPIELS – THE RULES OF ATTRACTION-DVD von 2004

338 Ebd.

339 Tobias, Scott: »The New Cult Canon: Rules of Attraction«, The A.V. Club, 07.05.2008, http://www.avclub.com/articles/the-new-cult-canon-the-rules-of-attraction,2290, 24.01.2013

Bildkomposition ausleben, um der literarischen Vorlage gerecht zu werden.[340]

So lernt der Zuschauer die drei Protagonisten zu Beginn auf einer »End of the World«-Party kennen, bei denen die drei Erzählstränge jeweils abgespielt werden, um dann zum Ausgangspunkt zurückgespult zu werden, bevor die Kamera zur nächsten Person schwenkt, um aus deren Sicht die Party zu erzählen. Somit entsteht auf filmischer Ebene der gleichzeitige Ablauf eines Ereignisses. Die drei treffen sich auf dieser Party nicht, sodass die parallele Umsetzung der Handlungen ebenfalls ihre Isolation untereinander unterstreicht. Lauren verliert ihre Unschuld an einen Jungen aus der Stadt, Paul wird von einem Kommilitonen, den er verführen wollte, übertrieben abgewiesen und Sean schläft mit einem Mädchen, und währenddessen fällt ihm der Grund für den etwas seltsamen Geschlechtsverkehr auf: Er kann sich nicht mehr erinnern, wann er das letzte Mal nüchtern Sex hatte. Am Ende dieser Szenen wird klar, dass eigentlich das Ende des Films gezeigt wird, da die Zeit im Anschluss um ein Semester zurückgedreht wird, vom verschneiten Campus zurück zum Frühjahr.

Um die Gedanken der Protagonisten mit den Zuschauern zu teilen, nutzt Avary hauptsächlich Voice Over-Kommentare, die zum Großteil direkt aus der Buchvorlage entnommen sind. Er hält sich in den meisten Punkten auch sehr genau an diese; der einzig richtige Einschnitt, den er vorgenommen hat, ist, aus Lauren eine treue Jungfrau zu machen. Im

---

340 Autor Ellis bezeichnet den Film als die beste Umsetzung seiner Romane, als »the only one that captured the sensibility of the novel in a cinematic way«, was für ihn weder bei LESS THAN ZERO noch AMERICAN PSYCHO so war. S. Williams, Wyatt: »Bret Easton Ellis Talks Film Adaptions at SCAD«, 19.06.2010, Creative Loafing Atlanta, http://clatl.com/freshloaf/archives/2010/06/19/1534716-bret-easton-ellis-talks-film-adaptations-at-scad, 29.01.2013

Buch hängt diese ebenfalls am unerreichbaren Victor und auch ihre Entjungferung wird sehr ähnlich erzählt, allerdings wechselt sie anschließend in der Vorlage oft das Bett mit verschiedenen Männern und hat vor allem auch eine sexuelle Beziehung zu Sean, was im Film gänzlich fehlt. Diese Änderung der Ausgangssituation von Lauren hat die Konsequenz, dass die – ohnehin schon degradierende – Entjungferungsszene noch trauriger, Victors Abweisung von Lauren noch verschlimmert sowie Seans »mix of schoolboy eagerness and Neanderthal crudeness«[341] verstärkt wird. Dieser fragt sich an einer Stelle im Film jedoch gedanklich, ob er denn wirklich eine Jungfrau bräuchte (»Purity. Is that really what I want?«). Sean schläft im Roman nicht nur mit Lauren und anderen Frauen, sondern hat auch eine explizit sexuelle Beziehung zu Paul – auch wenn dort immer nur Paul von den sexuellen Geschichten erzählt, während Sean diese Zusammenkünfte komplett außen vorlässt. Die Erzähler im Buch sind somit äußerst unzuverlässig; dies wird im Film allerdings auch in gewissem Maße vor allem in der homosexuellen Beziehung zwischen Paul und Sean erreicht, auf die hier genauer eingegangen werden soll.

Sie reden das erste Mal auf einer früheren »End of the World«-Party miteinander (auf dem Campus gibt es immer wiederkehrende Mottopartys), nachdem Paul von seinem früheren Schwarm Mitchell (Thomas Ian Nicholas) abgewiesen wurde. Sean ist dabei interessiert an Mitchells Freundin, beteiligt sich eher beiläufig am Gespräch und sagt sogar einem Essen mit Paul zu, als dieser ihn einlädt. Sean vergisst die Verabredung am nächsten Tag und Paul wird von seinen Freunden wegen eines

341 Tobias, a.a.O.

Zwischenfalls daran gehindert und entschuldigt sich bei der am Abend darauf steigenden Party bei ihm. Als Sean daraufhin nicht besonders interessiert reagiert, lädt ihn Paul auf sein Zimmer auf einen Joint ein. Da Sean Lauren auf der Party nicht angetroffen hat, stimmt er zu und stopft sich, ans Bett gelehnt, eine Pfeife, während ihn Paul dabei auf dem Bett liegend beobachtet. Nach ein wenig Smalltalk und einigen Zügen an der Pfeife lässt Sean die Zuschauer aus dem Off an seinen tiefgründigen Plänen für den Abend teilhaben: »I need to fuck someone. Then I need to get some more pot«. Paul währenddessen erkennt, dass er gerade dieses Verbrauchte an Sean anziehend findet, »a boy who'd been around«. Nach dieser Feststellung teilt sich der Bildschirm in zwei Teile. Rechts masturbiert Paul unter einem Kissen, während er Sean intensiv beobachtet (am nächsten Morgen trägt er auch passend ein T-Shirt mit der Aufschrift: »Masturbation Is Not a Crime«); links krabbelt Paul lasziv über das Bett auf Sean zu, beginnt ihn zu küssen, die beiden ziehen sich gegenseitig aus und rollen aus dem *Split Screen*-Rahmen heraus, der dann auch verschwindet und durch die komplette rechte Seite ersetzt wird. Anschließend gibt es einen *Fade Out*, eine Außenansicht des Studentenwohnheims am Morgen, und dann sieht man Sean in den gleichen Klamotten wie am Vorabend vor dem Bett sitzend und Paul in Boxershorts und T-Shirt auf dem Bett liegend, während sie einen lesbischen Porno schauen. Pauls Mutter ruft an und bestellt ihn für den nächsten Abend in die Stadt, obwohl dann die »Dressed to Get Screwed« Party stattfindet. Paul fragt Sean, ob er mitkommen würde, was er verneint, woraufhin Paul sagt, er wolle ihn nicht alleine auf die Party gehen lassen. »Deal with it«, sagt Sean und verlässt das Zimmer.

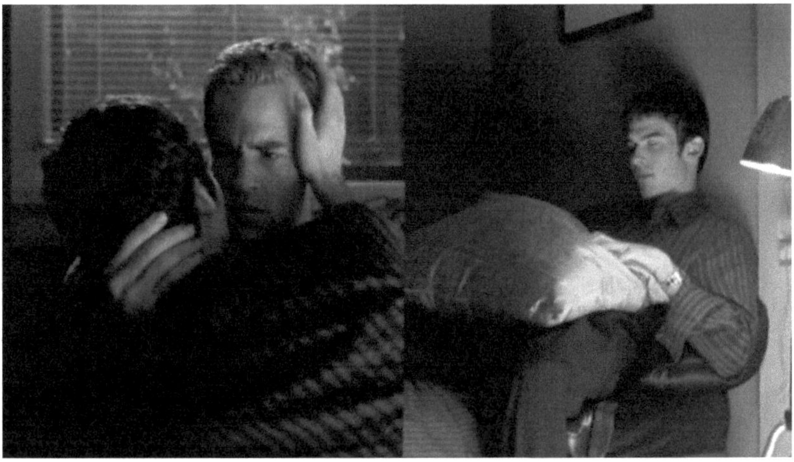

Abb. 73: Suggerierter Geschlechtsverkehr zwischen Paul und Sean.

Diese Szene kann man, *muss* man aber nicht als Beginn einer sexuellen Beziehung zwischen den beiden sehen. Sean sagt, er möchte mit jemanden schlafen und verlässt offensichtlich das Zimmer bis zum nächsten Morgen nicht; allerdings ist er stark unter Drogeneinfluss und beinahe bewusstlos, als man ihn das letzte Mal vor dem *Fade Out* sieht. Der Porno zeigt Frauen beim Sex, was zumindest Sean äußerst in den Bann zieht, aber genauso als Ausgleich für die mit Paul verbrachte Nacht stehen kann. Ob die linke Seite des *Split Screens* nur die Vorstellung Pauls war oder tatsächlich (noch) passiert, wird nicht deutlich. Sean ist am nächsten Morgen so abweisend wie zuvor, und als er Paul zur Bushaltestelle am nächsten Abend bringt, ist alles, woran er denkt, Lauren und wie er sie auf der Party verführen wird. Paul schaut ihm währenddessen aus dem Bus hinterher und gesteht gedanklich seine Liebe für ihn. Er versucht sich im weiteren Verlauf des Films immer wieder Sean anzunähern, doch dieser blockt komplett ab: »You got the wrong idea. I don't wanna be with you«. Ebenfalls als eine implizite Anspielung erkennbar, dass doch etwas mehr in der Nacht passiert ist. Paul meint, dass er ihn gerne kennenlernen würde. Sean wiederholt daraufhin Laurens Worte, die sie ihm kurz zuvor entgegenbrachte: »No one will ever know anyone. You're not ever gonna know me«.

Der Film endet damit, dass Sean auf seinem Motorrad wortlos fortfährt, während ihn Paul und Lauren dabei beobachten und zu dem Schluss kommen, dass Gefühle, oder genauer, die »Rules of Attraction«, keinen Sinn ergeben und es einfach keine Regeln gibt, die von Wichtigkeit für Leute wie Sean und auch wie sie beide wären. Am Ende sind alle drei abgestumpft und unglücklich – sowohl Paul als auch Lauren lieben Sean, und Sean liebt Lauren, doch im Endeffekt funktioniert nicht eine Paarung: Zu viele Missverständnisse, zu viele unüberlegte Handlungen und egoistische gegenseitige Ausnutzung verhindern dies.

Film wie Buch zeigen einen nihilistischen, destruktiven Lebensweg der besser gestellten Collegejugend. Die Anspielungen auf homoerotische Spannungen sind im Gegensatz zu denen in Rebel um einiges expliziter, aber nicht ganz so deutlich wie in einem Film des New Queer Cinema. Eine heterosexuelle, ›normale‹ Sichtweise der Beziehung von Sean und Paul ist im Film vor allem aufgrund der allgemeinen Emotionslosigkeit Seans und der elliptischen Erzählweise möglich. Die Collegezeit wird als eine Zeit dargestellt, in der alles und nichts möglich ist. Ob man zu den Kursen geht, ob man ein Hauptfach hat oder nicht, zählt kaum, solange Drogen, Alkohol und wechselnde Sexpartner vorhanden sind. Existenzielle Fragen werden nicht groß gestellt, da offensichtlich alles im Dilemma endet. Dennoch kann man genau in dieser plakativ zur Schau gestellten Gleichgültigkeit gegenüber dem College und der damit verbundenen Zukunftsperspektive eine Art Rebellion erkennen. Im Grunde genommen ist auch dies, ähnlich wie bei THE DOOM GENERATION, eine Rebellion der Verweigerung. Sie lehnen – in den meisten Fällen vermutlich nicht einmal intendiert – die Zwänge der Gesellschaft ab. Stella in KABOOM beschreibt die Studienphase als »an intermission between high school and the rest of your life. Four years of having sex, making stupid mistakes, and experiencing stuff«. Das gilt hier vor allem für Sean. Der dealt zum einen mit Drogen – und nimmt auch die Gewaltsamkeit seiner Chefs auf die leichte Schulter, bis er von diesen zusammengeschlagen wird. Zum anderen macht er in seiner distanziert-abweisenden Art vor allem gegenüber Paul klar, dass er weder zu tiefgründigen Beziehungen an der Universität fähig ist noch sich ernsthaft für seine Kurse interessiert. Als Paul gelassen erzählt, er sei durch einen Kurs durchgefallen, begrüßt Sean dies durch ein anerkennendes »My type of guy« – ein Ausdruck, den Paul natürlich missversteht, aber von Sean eventuell auch absichtlich fallen gelassen wurde. Sean bezeichnet sich nämlich schon in der ersten Szene selbst als Vampir, der sich von den Gefühlen anderer ernährt. So schläft er mit Laurens Mitbewohnerin, weil Lauren nicht auf einer Party war, und verletzt sie damit, obwohl (oder gerade weil?) er in Lauren verliebt ist. Er versucht sich im Anschluss mehrmals amateurhaft umzubringen: Mit dem Telefonkabel will er sich aufhängen (der Haken fällt aus der Decke), mit seinem Rasierer will er sich die Pulsadern aufritzen (das Klingensystem ist natürlich so gesichert, dass tiefe Schnittwunden vermieden werden) und danach schluckt er alle Medikamente, die er in seiner Schublade findet. Alle Versuche scheitern – und er fällt in sein altes

Muster als emotionssaugender Vampir zurück, indem er sich mit Filmblut um seinen Hals tot stellt, als Lauren ins Zimmer kommt, und sie dadurch nochmals verletzt, weil sie im ersten Moment wirklich denkt, er sei tot. Als Entschuldigung meint er dann, er habe sich doch tatsächlich umbringen wollen, was Lauren natürlich nicht ernst nehmen kann. Das am Ende wiederholte »You're never gonna know me« sowohl von Lauren als auch von Sean zeigt bei beiden die menschliche Kälte untereinander auf, die sich nach anfänglicher gegenseitiger Anziehung entwickelt hat. Sich cooler darzustellen und sich zumindest oberflächlich allem zu verweigern zeigt wieder die ironische Distanz des Images und Rollenmodells von James Dean auf; der Hedonismus wird durch die nicht enden wollende Aneinanderreihung von Partys, Blowjobs und sexuellen Interaktionen ausgelebt; und nebenher sind alle so mit sich selbst beschäftigt, dass auch der Narzissmus nicht weit ist. Vor allem Laurens Schwarm Victor stellt sich und seine sexuellen Handlungen mit zahlreichen Frauen in den Mittelpunkt, nachdem er aus Europa wiederkommt – und das, obwohl er einen positiven (AIDS-)Test hat, wie man an seiner Tür auf einer wiederbeschreibbaren Tafel entnehmen kann. Paul zieht sich kurz vor seinem geplanten Treffen mit Sean Dutzende Male um und betrachtet seinen nackten Oberkörper eingehend im Spiegel, in einer Szene versucht er sogar, sein eigenes Spiegelbild zu penetrieren. Zu Beginn des Films macht er in Boxershorts Yoga und zeigt so seinen durchtrainierten Körper – um sich im Anschluss daran gelassen eine Zigarette anzuzünden: Die eigene Schönheit und Darstellung des Körpers als ein begehrungswürdiges und cooles Gut ist wichtiger als alles andere. Alle drei Hauptcharaktere wissen es, wie man den Rauch einer Zigarette cool in die Luft bläst und zünden sich auch immer dann eine an, wenn sie sich in einem Stadium emotionaler Aufgewühltheit befinden – was meistens der Fall ist. Als Paul von einem anderen Jungen abgewiesen und beschimpft wird, zündet er sich beispielsweise eine Zigarette an, und seine ironische Distanz und nihilistische Weltanschauung findet sich für den Zuschauer in seinem charakteristischen Voice-Over: »Everything is preordained. Manifest destiny. You can stop time from happening no more than you can will the oceans to overwhelm the world, or to cause the moon to drop from her outer sphere«.

Wer dies nicht einsieht und sich nicht so von der Welt lösen kann, bleibt auf der Strecke. Ein solcher Charakter ist ein Mädchen (das auch namenlos bleibt), das vorher nie eine Rolle spielte und sich in der Mitte des Films in einer Szene die Pulsadern in der Badewanne des Badezimmers aufschneidet und von Lauren aufgefunden wird. Wie der Zuschauer durch das Vorlesen eines Briefs und einen Schnitt zu dem Selbstmord erfährt, ist sie diejenige gewesen, die Sean Liebesbriefe geschrieben hatte (die er für Briefe Laurens hielt). Im Anschluss an ihren Selbstmord werden einige Szenen des Films wiederholt, in der sie im Hintergrund oder an der Seite, immer in der Nähe von Sean, zu sehen gewesen, aber nie aufgefallen war. Schüchternheit und geringes Selbstbewusstsein – das heißt das Fehlen von Coolness – führte in ihrem Fall dazu, dass sie unter der Ablehnung Seans nur still litt und keinen anderen Ausweg als das Ausscheiden aus dem für sie schmerzhaften Leben sah. Im Gegensatz zu den dilettantischen Selbstmordversuchen von Sean ist diese Szene umso tragischer, da das Mädchen nicht einmal zögert und die Pulsadern sehr tief und gewissenhaft einschneidet. Hinterlegt ist die Szene mit Harry Nilssons herzzereißender Ballade »Without You« (*I can't live if living is without you*), was die Verzweiflung und Einsamkeit der Selbstmörderin noch verstärkt. Hier gab es also keinen Grund mehr für sie, weiterzumachen; ihr letzter Versuch, Sean durch ihre Briefe auf sie aufmerksam zu machen, ist gescheitert. Anstatt sich wie Sean, Paul und Lauren mit einem Leben ohne große Emotionen abzufinden (und ohne solch gefühlvollen Liebesbriefe, deren Ursprung für die Charaktere nie klar wird), macht das Mädchen hier den Einschnitt und gibt auf, rebelliert nicht gegen das Absurde. Ob eine Revolte aber immer sinnvoll ist – inbesondere in einem destruktiven Umfeld und bei vorherrschender Einsamkeit oder Verlassenheit –, sei dahingestellt. Für den freiheitsliebenden Existenzialismus ist das Klammern an eine andere Person als einzigen Bezugspunkt und Lebenssinn im Prinzip auch schon eine Aufgabe, ein Selbstmord, da das Individuum, das Ich, und das Ringen mit sich selbst im Mittelpunkt steht. Sean hat seinen Selbstmord nicht vollstreckt und flüchtet vom Campus, nimmt also Abstand von seinem alten Leben, um weiterzumachen. Ob er aus seinen Fehlern lernt, bleibt jedoch unklar.

Eine besonders aktive (und sexuell aufgeladene) Rebellion gibt es in einer Szene, als Paul seine Mutter (Faye Dunaway) und deren Freundin (Swoosie Kurtz) sowie deren Sohn Richard (Russell Sams) in einer Hotelbar trifft. Richard, den er schon lange kennt und mit dem er schon Sex hatte (»What the hell are you doing?« – »Getting fucked up. Maybe getting fucked?«; »Do you wanna take a shower with me? For old times sake?«) ist komplett betrunken und betont immer wieder, dass er nicht mehr Richard, sondern »Dick« genannt werden will. Im College belege er nur Kurse in Sexualpraktiken, außerdem legt er seinen Fuß unter dem Tisch in Pauls Schritt und beschimpft am Ende seine Mutter sowie alle Anwesenden im Hotel mit »Fuck you!«, bis er hinaus wankt. Diese amüsante Anekdote, die fast genauso auch im Buch zu finden ist, zeigt nicht nur die Sinnlosigkeit, die Richard in seinem Collegeaufenthalt sieht, und seine Ignoranz gegenüber dem Druck der Mutter, sondern auch die expliziten homosexuellen Anspielungen, die bei der Beziehung zwischen Paul und Sean fehlen und hier in übertriebener Art und Weise dargestellt werden. Eine homosexuelle Sex-Szene gibt es auch hier nicht: Vor dem gemeinsamen Zusamentreffen in der Hotelbar tanzen Richard/Dick und Paul in Boxershorts und Whisky trinkend zu George Michael's »Faith« eng und mit obszönen Einlagen auf dem Hotelbett. Mehr »Sexszene« gibt es nicht, da am Ende des Lieds zur Hotelbar geschnitten wird. Implizite und überzogene, immer unter Drogeneinfluss geschehene »queere« Anspielungen (von Nebencharakteren) sind somit im Mainstream-Kino der Post-Production-Code-Zeit zu finden.

6. Fazit

> James Dean was the perfect embodiment of an eternal struggle. [...] It might be innocence struggling with experience, youth with age, or man with his image. But in every aspect this struggle was a mirror to a generation of rebels without a cause.[342]

Dieser Kampf, der in der vorliegenden Arbeit als existenzielle Rebellion bezeichnet wird und den Andy Warhol hier beschreibt, ist prophetisch für Generationen von Jugendlichen seit REBEL. Dieser Film, und mit ihm die Person James Dean bzw. die Rolle Jim Stark, legten den Grundstein für alle darauf folgenden Filme, die sich mit dem Aufwachsen junger Menschen beschäftigen. François Truffaut bezeichnet den Einfluss des Schauspielers wie folgt: »James Dean's acting flies in the face of fifty years of filmmaking; each gesture, attitude, each mimicry is a slap at the psychological tradition«.[343] Die psychologische Erklärung für die Rebellion, die in dem Film zentral ist, wurde hier auf Filme nach der Jahrtausendwende angewendet. Dabei wurde erkannt, dass sich seither eine komplexere Sichtweise auf psychologische Erklärungsversuche entwickelt hat, insbesondere in der Art, wie Eltern oder Autoritätsfiguren dargestellt werden. Diese waren sowohl in REBEL als auch in den Filmen der 1980er Jahre stark überspitzt und einseitig dargestellt worden. Anhand geschichtlicher und gesellschaftlicher Untersuchungen wurde das Image von James Dean auf die Jugendkultur der 1980er und 1990er Jahre angewendet, in denen die Teenager und jungen Erwachsenen der »Generation X« gegen die »Yuppie-Kultur« rebellierten. Dies en-

342 Andy Warhol zit. in Frascella, a.a.O., S. 296
343 François Truffaut zit. ebd.

dete allerdings vor allem seit den 1990er Jahren eher in Antriebslosigkeit und im sogenannten Slackertum, einer weiteren Gruppe von »causeless rebels«.[344] Donald Spoto bezeichnet REBEL passend als Film, der alle Faktoren, die zur persönlichen Verwirrung beitragen, in sich trägt: »an excess of material comfort, inadequate fathers and an alarming desire for death«.[345] Outfit, Mimik und Gestik, die bei James Dean stark an ›Coolness‹-Faktoren wie Narzissmus, ironische Distanz und Hedonismus geknüpft waren, sind typische Merkmale, die auch die existenziellen Rebellen der Folgegenerationen ausmachen. Film wie Image spielten eine Schlüsselrolle, Jugendliche auf sich selbst zurückzuwerfen, sie zu »rebels of their own mind«[346] zu machen und sogar – implizit – Raum für schwule und andere Randgruppen zu kreieren.[347]

Dies sieht man an der immer direkter werdenden ambivalenten Sexualität des Rebellen: Ob er nun Freunden gegenüber offen Gefühle zeigt oder seine Vergangenheit aufbereitet (was in jedem Film zum Ausdruck kommt), Geschlechtergrenzen verwischt (Charlie Bartlett beim Vortragen des Monologs) oder explizite Begierde gegenüber Gleichgeschlechtlichen ausdrückt (Smith in KABOOM, X und Jordan in THE DOOM GENERATION, Paul in THE RULES OF ATTRACTION). Diese Zweideutigkeit war schon im Image von James Dean enthalten und wurde auch von Marlon Brando geprägt. Beide Schauspieler repräsentieren »male identity as unfixed and uncertain«[348], was Claudia Springer als die sogenannte »hypersexuality«[349] des Dean-Icons bezeichnet. Diese findet man auch in

344 Ebd., S. 289
345 Spoto, a.a.O., S. 215
346 Frascella, a.a.O., S. 289
347 Vgl. ebd.
348 Springer, a.a.O., S. 38
349 Ebd., S. 42

den Filmen des New Queer Cinemas seit Ende der 1980er Jahre vor; sie wurde anhand der Filme Gregg Arakis untersucht. Zusätzlich zu den sexuellen, gesellschaftlich verankerten und familiären Verbindungen zum Image des Rebellen wurde auch der Existenzialismus Sartres und die Philosophie Camus' herangezogen, um diesen »eternal struggle«, den Warhol oben erwähnt, noch genauer zu beschreiben. Der Existenzialismus empfindet die Welt als absurd und der Mensch muss, um dieses Leben voll auszukosten, selbst einen Sinn finden und diesen weiterverfolgen, egal wie hoffnungslos die Zukunft erscheint – wie Sisyphos, der seinen Fels jeden Tag aufs Neue auf den Berg hinaufrollen muss.

Die Sinnsuche sowie der Kampf gegen das Absurde ziehen sich durch jeden der besprochenen Filme in dieser Arbeit. Die Jugendlichen in THE BREAKFAST CLUB lernen, dass sie trotz ihrer unterschiedlichen Herkünfte und Vorstellungen vom Leben vor dem gleichen Dilemma stehen: Nicht zu wissen, wie sie sich von den Eltern abgrenzen, deren Druck standhalten oder sich den Stereotypen, denen sie angehören, entziehen sollen. Ferris Bueller, der Champion des erfüllten Lebens eines ›All American Guys‹, wird in FERRIS BUELLER'S DAY OFF einem »echten« Jugendlichen gegenübergestellt: Cameron, der sich nie gegen seinen Vater durchsetzen konnte und erst durch einen Unfall am Ende des Films einsieht, dass er diesen Konflikt nicht ewig aufschieben kann. Troy Dyer in REALITY BITES hat ein ähnliches Problem, da er nicht in die Fußstapfen des Vaters treten will, das heißt ewig in einem Unternehmen zu arbeiten, bis er alleine an Prostatakrebs stirbt. Daher verachtet er die Yuppies in seinem Umfeld, allen voran den neuen Freund seiner besten Freundin. Er lebt das Leben eines philosophischen Freigeists, bis er bemerkt, dass auch diese Lebensweise alleine keinen Sinn bereitet. Der nachdenkliche Tyler Hawkins aus REMEMBER ME wiederum arbeitet im Gegensatz zu Cameron und Tyler direkt auf der Leinwand einen lange verdrängten Konflikt mit seinem Vater durch ein Streitgespräch auf. Die drei Filme enden mit der Einsicht, dass man alleine für sein Leben verantwortlich ist.

Diese Idee wurde im vierten Kapitel vertieft, in dem die Entwicklung des von REBEL vorgegebenen psychologischen Erklärungsansatzes für auffälliges Verhalten untersucht wird. Diesmal geschieht dies nicht in Verbindung mit jugendlichen Straftätern und deren Sozialarbeiter, sondern mit Jugendlichen bzw. jungen Erwachsenen aus reichem Elternhaus. Da wäre Charlie in CHARLIE BARTLETT, der Drogen an seiner Schule verkauft, die er von seinen zahlreichen Psychiatern erhält, und nebenbei psychologische Ratschläge an seine Mitschüler verteilt, anstatt sich um seinen eigenen Konflikt zu kümmern: Dass seine Mutter depressiv und sein Vater im Gefängnis sitzt und er sich alleine fühlt und nicht weiß, wie er jemals mit beiden Beinen im Leben stehen soll. Dies wird erst durch den Zusammenstoß mit einer Vaterfigur, dem Direktor der Schule, möglich. Andrew Largeman in GARDEN STATE hat eine pharmazeutische Vergangenheit aufgrund einer Familientragödie, die er mit Hilfe seiner alten Freunde und seiner Freundin aufarbeitet und danach entscheidet, dass die Ruhigstellung durch Drogen für ihn keine Option ist, egal was sein von dieser Behandlung überzeugter Vater sagt.

Erst im letzten Kapitel geht es nicht mehr allein um familiäre Konflikte, da das absurd-sinnlose Umfeld der Jugendlichen in den Vordergrund gerückt wird. Donnie erkennt im Laufe von DONNIE DARKO, dass er sich in einem Paralleluniversum befindet, dessen Ausweg für ihn die Opferung seines Lebens ist, um seine Freunde und Familie vor Tragödien zu bewahren. Smith in KABOOM muss lernen, dass er Teil eines großen Untergrundkults ist, gegen den die Mitarbeiter der Resistance ganz umsonst versuchen anzukämpfen, da das vorausgesagte Ende der Welt ohnehin eintrifft. In THE DOOM GENERATION fahren drei Jugendliche (Amy, Jordan und X) durch karge Industriegebiete Kaliforniens, töten unterwegs aggressive Menschen und haben jede Menge Sex. Was wie ein amüsantes Roadmovie erscheint, das durch absurde Elemente stark humoristisch wirkt, endet mit der Hinrichtung von Jordan durch homophobe Neonazis und einer abgeklärten Weiterfahrt von Amy und X in eine ebenso karge Zukunft. Auf dem College von Sean, Paul und Lauren in THE RULES OF ATTRACTION wiederum regieren Alkohol, Drogen und Sex. Gefühle gibt es nur einseitige und auch nur auf wackeliger Basis durch die falsche Einschätzung der Gefühle des jeweils anderen. Alle drei sind am Ende des Films alleine und müssen erkennen, dass es keine Regeln gibt, die ihnen das Leben vorschreibt.

Nicht alle Filme enden mit einem Happy End, jedoch wird im Lauf der Filme das existenzielle Dilemma aufgeworfen und die jeweilige Reaktion des Rebellen darauf, mit einer stetigen Tendenz in das Absurde oder der Verweigerung an der Teilnahme an der (absurden) Gesellschaft. Timothy Shary erhofft sich durch die immer komplexeren Darstellungen des Rebellen einen positiveren Aspekt der Rebellion: »Styles of rebellion will continue to come and go, and all the while youth will continue to become more conscious of their reasons for rebelling and, perhaps, become more effective at it.«[350]

Ein Gedanke, der von dieser Untersuchung fortgeführt werden könnte, ist die Frage nach der weiblichen Rebellion. Wie sieht da die Entwicklung aus? Wenn man von Amy Heckerlings Regiedebüt FAST TIMES AT RIDGEMONT HIGH / ICH GLAUB', ICH STEH' IM WALD (USA 1982) ausgeht, in denen Entjungferung und Teenage-Schwangerschaft im Mittelpunkt stehen und realitätsnah und ungeschönt dargestellt werden, gibt es seitdem vergleichbare Filmcharaktere. Beispielsweise ist JUNO (Jason Reitman, USA 2007) ein Film, der sich mit gleicher Thematik beschäftigt und eine selbstbewusste junge Frau in den Mittelpunkt stellt. So wäre es interessant zu klären, inwieweit sich eine weibliche Rebellin, die nicht verschönert und angepasst werden muss wie beispielsweise Allison in THE BREAKFAST CLUB, mit dem Erbe James Deans in Verbindung bringen lässt oder in welchen Punkten sich die Darstellung unterscheidet. Mittlerweile hat sich auch die Zusammensetzung des jugendlichen Kinopublikums verschoben: Immer mehr junge Mädchen und Frauen gehen ins Kino, während die Jungen vermehrt mit Videospielen ihre Freizeit verbringen. Daher werden starke weibliche Hauptcharaktere immer öfter in den Fokus gerückt und Filme mit der weiblichen Zielgruppe im Hinterkopf beworben. Katniss Everdeen in der HUNGER GAMES-Trilogie ist ein typisches Beispiel dafür und wäre ein guter Ausgangspunkt für die Untersuchung des weiblichen Rebellen, da sie den Kampf gegen die Regierung ihres Heimatlandes Panem anführt.

350 Shary, a.a.O., S. 282

Diese Arbeit beschäftigte sich zudem nur mit amerikanischen Filmen und auch nur mit Jugendlichen, die in reichen Vororten angesiedelt sind. Das existenzielle Dilemma wurde über James Dean in die ganze Welt verbreitet, und in Filmen wie Georg Tresslers DIE HALBSTARKEN (D 1964), Jean-Luc Godards À BOUT DE SOUFFLE / AUSSER ATEM (F 1960), Nagisa Ôshima's SEISHUN ZANKOKU MONOGATARI / GRAUSAME GESCHICHTEN DER JUGEND (JAP 1960) wird dieser Einfluss deutlich.[351] »Their reasons are our reasons, their honor our honor, their madness ours. ... By merit, they have acquired the dignity of tragic heroes«,[352] schreibt der französische Filmkritiker und Regisseur Eric Rohmer über die Charaktere in REBEL. Somit wäre eine Untersuchung über eben diese Rebellion in (inter)nationalem Rahmen interessant, um zu sehen, welche Gemeinsamkeiten oder Unterschiede sich dort herauskristallisieren. Timothy Shary hat ein umfassendes Werk diesbezüglich herausgebracht, *Youth Culture in Global Cinema*, das als Basis dafür dienen könnte. Es wäre ebenso interessant, einen konträren Prozess näher zu beleuchten: Den immer populärer werdenden, gewissenlosen, rebellischen Antagonisten in Filmen, insbesondere Mainstream-Filmen, wie beispielsweise die Figur des Jokers in Christopher Nolans THE DARK KNIGHT (USA 2008). Dieser möchte einfach nur die Welt in Chaos stürzen, um zu sehen, was dann passiert, ähnlich wie die *Destructors*, die in DONNIE DARKO angesprochen wurden. Wenn nichts Sinn ergibt, ist Chaos nicht ebenfalls eine Alternative, das Leben voll auszukosten? Der destruktive Lebensweg ist sehr wohl auch in der Figur des Jugendkriminellen Jim Stark zu finden, der nur mit Hilfe des Psychologen und des Entgegen-

351 Vgl. Frascella, a.a.O., S. 293f.

352 Eric Rohmer zit. ebd., S. 293

kommens der Eltern sowie vor allem der Freundschaft zu Judy und Plato von diesem negativen Weg abkommt. Bei den Charakteren im letzten Kapitel, die keine oder kaum Unterstützung von außen erhalten, endet die Geschichte im schlimmsten Fall mit dem Tod oder der Zerstörung der Welt – ab wann ist eine Rebellion also destruktiv?

Ebenso sind die Filme Francis Ford Coppolas über amerikanische Jugendrebellion in ärmerem, weißem Umfeld, wie RUMBLE FISH (1983) und THE OUTSIDERS / DIE OUTSIDER (1983), nicht zu vergessen, in denen die Eltern quasi gar nicht existieren und das Ende der Rebellen schon zu Beginn des Films besiegelt zu sein scheint. Diese Tendenz ist in den hier besprochenen Filmen bei THE DOOM GENERATION zu finden. Über den Motorcycle Boy (Mickey Rourke) in RUMBLE FISH schreibt beispielsweise Jon Lewis:

> Unlike Jim Stark in REBEL WITHOUT A CAUSE, who is so conflicted he desperately wants someone to tell him what to do, the Motorcycle Boy is so bored as he just wants someone to take him out. [...] But while Jim desperately wants to grow up, the Motorcycle Boy has seen enough to know better.[353]

Die Weigerung, sich der Gesellschaft anzupassen, wird in RUMBLE FISH und THE OUTSIDERS mit dem Leben bestraft. Ebenso kann man auch BONNIE AND CLYDE in diese Untersuchung mit einschließen und mit aktuelleren amerikanischen Produktionen, wie Sean Penns INTO THE WILD (Sean Penn, USA 2007), vergleichen, die sich beide mit der Idee der vermeintlichen totalen Freiheit beschäftigen sowie gleichzeitig auf wahren Begebenheiten beruhen. Eine direkte Verbindung der existenziellen

353 Lewis, 1993, S. 144f.

Rebellion mit Filmen des *New Hollywood* ließe sich hier also besonders gut ziehen: Eine Rebellion bis zum endgültigen Ausstieg aus der Gesellschaft (durch den Tod).

Das existenzielle Dilemma bietet sich bei Filmen an, in denen die Protagonisten ohnehin auf der Schwelle ins richtige (Erwachsenen-)Leben stehen: nach der Schule, in oder nach dem Studium. Dennoch ist die Sinnsuche ein lebenslanger Prozess, wie beispielsweise Mason im Coming-of-Age-Film BOYHOOD (Richard Linklater, USA 2014) erkennt: »I like my mom, but she's just as confused as I am« – was bedeutet, dass nicht nur er als gerade 18jähriger sich selbst definieren muss, sondern dass dies ebenso seine Mutter betrifft und für ihn für den Rest des Lebens eine Rolle spielen wird. Dennoch lässt sich das existenzielle Dilemma nicht direkt fassen, da es ein Konstrukt ist, das auch vom Rezipienten aus entschlüsselt werden muss. Nicht jeder sieht eine homoerotische Beziehung zwischen Sean und Paul in THE RULES OF ATTRACTION, nicht jeder identifiziert sich mit dieser Sinnsuche gleichermaßen und für jeden können die Entwicklung und die Entscheidungen unterschiedlich ausfallen.

James Dean hat den Ursprung der Sinnkrise von Jugendlichen auf der Leinwand stark geprägt. Er ist selbst ein sehr ambivalenter Charakter gewesen, um den sich bis heute viele Mythen ranken. Doch dies passt auch gerade gut auf das polyseme Image des Rebellen. Wie sagte James Dean selbst – und wieder lässt es sich auch auf jeden Folgerebellen anwenden: »Whatever's inside making me what I am, it's like a film.

Film only works in the dark. Tear it all open and let in the light and you kill it.«[354]

Literaturverzeichnis

Primärliteratur

Barthes, Roland: *Mythen des Alltags*, übers. von Horst Brühmann, Berlin: Suhrkamp, 2010

Camus, Albert: *Der Mythos des Sisyphos*, übers. von Vincent von Wroblewsky, Reinbek bei Hamburg: Rowohlt, 2000

Coupland, Douglas: *Generation X: Tales for an Accelerated Culture*, London: Albacus, 1991

Beauvoir, Simone de: *Das andere Geschlecht: Sitte und Sexus der Frau*, übers. von Eva Rechel-Mertens [Erstes Buch] und Fritz Montfort [Zweites Buch], Reinbek bei Hamburg: Rowohlt, 1986

Ellis, Bret Easton: *The Rules of Attraction*, New York: Picador, 2011

Miller, Arthur: *Death of a Salesman*, London [u. a.]: Continuum, 2008

Salinger, J.D.: *The Catcher in the Rye*, New York [u. a.]: Little, Brown and Company, 1951

Sartre, Jean-Paul: *Das Sein und das Nichts: Versuch einer phänomenologischen Ontologie*, übers. von Hans Schöneberg /Traugott König, Reinbek bei Hamburg: Rowohlt, 2006

Wolfe, Tom: *I Am Charlotte Simmons*, New York: Picador, 2004

354 James Dean zit. nach Duncan, a.a.O., S. 85

Sekundärliteratur

Aaron, Michele (Hrsg.): *New Queer Cinema: A Critical Reader*, Edinburgh: Edinburgh University Press, 2004

Alexander, Paul: *Boulevard of Broken Dreams: The Life, Times, and Legend of James Dean*, New York: Viking, 1994

Antor, Heinz: *Die Narrativik der Angry Young Men: Eine Studie zur literaturdidaktischen Bedeutung rezeptionslenkender Gruppenstereotopien*, Würzburg Univ., Phil. Diss., Heidelberg: Winter, 1989

Bordwell, David/Staiger, Janet/Thompson, Kristin: *Classical Hollywood Cinema. Film Style and Mode of Production to 1960*, London/New York: Routledge, 1985

Boulé, Jean-Pierre/McCaffrey, Enda (Hrsg.): *Existentialism and Contemporary Cinema: A Sartrean Perspective*, New York/Oxford: Berghahn Books, 2011

Brickman, Barbara Jane: *New American Teenagers: The Lost Generation of Youth in 1970s Film*, New York: Continuum, 2012

Brown, Sarah Annes/Silverstone, Catherine (Hrsg.): *Tragedy in Transition*, Malden [u. a.]: Blackwell, 2007

Bronfen, Elisabeth: *Die Diva: Eine Geschichte der Bewunderung*, München: Schirmer/Mosel, 2002

Bushnell, Rebecca: *Tragedy: A Short Introduction*, Oxford [u. a.]: Blackwell, 2008

Butler, Judith: *Gender Trouble: Tenth Anniversary Edition*, http://site.ebrary.com/lib/frankfurtm/Doc?id=10054731&ppg=209, via Universitätsbibliothek Johann Christian Senckenberg Frankfurt, London: Routledge, 1999

Christie, Thomas A.: *John Hughes and Eighties Cinema: Teenage Hopes and American Dreams*, Maidstone: Crescent Moon, 2009

Clarke, Jaime: *Don't You Forget About Me: Contemporary Writers on the Films of John Hughes*, New York: Simon Spotlight Entertainment, 2007

Cohan, Steven: *Masked Men: Masculinity and the Movies in the Fifties*, Bloomington/Indianapolis: Indiana University Press, 1997

Dalton, David (Hrsg.): *James Dean Revealed!*, New York: Delta, 1991

De Angelis, Michael: *Gay Fandom and Crossover Stardom: James Dean, Mel Gibson, and Keanu Reeves*, Durham [u. a.]: Duke University Press, 2001

Doherty, Thomas: *Teenagers and Teenpics: The Juvenilization of American Movies in the 1950s*, Philadelphia: Temple University Press, 2002

Duncan, Paul (Hrsg.): *Movie Icons: Dean*, Köln: Taschen, 2007

Dyer, Richard: *The Matter of Images: Essays on Representation*, London/New York: Routledge, 1993

Elsaesser, Thomas, King, Noel, Horwath, Alexander (Hrsg.): *The Last Great American Picture Show: New Hollywood Cinema in the 1970s*, Amsterdam: Amsterdam University Press, 2004

Faludi, Susan: *Männer – das betrogene Geschlecht*, übers. von Ursula Locke-Gross/Sabine Hübner/Angela Schumitz, Reinbek bei Hamburg: Rowohlt, 2001

Fleischmann, Yvonne M: *War Kafka Existentialist? Gracchus, Orestes, Sisyphos - Literarische, mythologische und philosophische Brücken zu Sartre und Camus*, Univ. Diss. Freiburg/Schweiz 2008, Marburg: Tectum, 2009

Frascella, Lawrence/Weisel, Al: *Live Fast, Die Young*, New York: Touchstone, 2005

Hart, Kylo-Patrick R.: *Images for a Generation Doomed: The Films and Career of Gregg Araki*, Plymouth [u. a.]: Lexington, 2010

Hastedt, Heiner: *Sartre*, Leipzig: Reclam, 2005

Howlett, John: *James Dean: A Biography*, London: Plexus, 1997

Juett, JoAnne C./Jones, David M. (Hrsg): *Coming Out to the Mainstream: New Queer Cinema in the 21st Century*, Newcastle: Cambridge Scholars Publishing, 2010

Klant, Michael/Spielmann, Raphael: *Grundkurs Film 1: Kino, Fernsehen, Videokunst*, Braunschweig: Schroedel, 2008

Köhnemann, Andreas: *Liebe in alle Richtungen: Sexuell ambivalente Dreiecksbeziehungen im Film*, Frankenthal: Mühlbeyer, 2014

Laine, Tarja: *Feeling Cinema: Emotional Dynamics in Film Studies*, New York: Continuum, 2011

Lee, Christina: *Screening Generation X: The Politics and Popular Memory of Youth in Contemporary Cinema*, Farnham [u. a.]: Ashgate, 2010

Lewis, Jon:

- *The Road to Romance and Ruin: Teen Films and Youth Culture*, New York [u. a.]: Routledge, 1992
- *The End of Cinema As We Know It: American Film in the Nineties* (Hrsg.), New York: New York University Press, 2001

McCann, Graham: *Rebel Males: Clift, Brando and Dean*, London: Hamish Hamilton, 1991

Newton, K. M.: *Modern Literature and the Tragic*, Edinburgh: Edinburgh University Press, 2008

Oei, Bernd: *Camus: Sisyphos zwischen dem Absurden und der Revolte*, Berlin: LIT, 2010

Palmer, William J.:

- *The Films of the Eighties: A Social History*, Illinois: Southern Illinois University Press, 1993
- *The Films of the Nineties: A Decade of Spin*, New York: Palgrave Macmillan, 2009

Poschardt, Ulf: *Cool*, Frankfurt: Zweitausendeins, 2000

Prince, Steven: *A New Pot of Gold: Hollywood Under the Electronic Rainbow, 1980-1989*, Berkeley/Los Angeles: University of California Press, 2002

Sellmer, Jan/Wulff, Hans J.: *Film und Psychologie – nach der kognitiven Phase?*, Marburg: Schüren, 2002

Shary, Timothy: *Generation Multiplex: The Image of Youth in Contemporary American Cinema*, Austin: University of Texas Press, 2002

Shary, Timothy/Seibel, Alexandra: *Youth Culture in Global Cinema*, Austin: University of Texas Press, 2007, http://site.ebrary.com.ubproxy.ub.uni-frankfurt.de/lib/frankfurtm/docDetail.action?docID=10245828, via Universitätsbibliothek Senckenberg Frankfurt, 01.02.2013

Spoto, Donald: REBEL: *The Life and Legend of James Dean*, New York: Harper Collins Publishers, 1996

Springer, Claudia: *James Dean Transfigured: The Many Faces of* REBEL *Iconography*, Austin: University of Texas Press, 2007

Suhr, Martin: *Sartre zur Einführung*, Hamburg: Junius, 1987

Tanitch, Robert: *The Unknown James Dean*, London: BT Batsford Ltd, 1997

Thompson, Graham: *American Culture in the 1980s*, Edinburgh: Edinburgh University Press, 2007

Tindall, George Brown/Shi, David E. (Hrsg.): *America: A Narrative History, Brief Sixth Edition*, New York [u. a.]: W.W. Norton & Company, 2004

Winter, Rainer: *Filmsoziologie: Eine Einführung in das Verhältnis von Film, Kultur und Gesellschaft*, München: Quintessenz, 1992

Young, Skip Dine: *Psychology at the Movies*, Malden [u. a.]: Wiley-Blackwell, 2012

Unselbständige Sekundärliteratur

Black, Gregory D.: »Hollywood Censored: The Production Code Administration and the Hollywood Film Industry, 1930-1940«, S. 167f., via JSTOR, http://www.jstor.org/stable/3814976, 7.12.2011

»BREAKFAST CLUB - DER FRÜHSTÜCKSCLUB« in *Munzinger Online/Film - Kritiken aus dem film-dienst*, http://www.munzinger.de.ubproxy.ub.uni-frankfurt.de/document/10000025145, via Universitätsbibliothek Johann Christian Senckenberg Frankfurt, 8.10.2012

Davies, James: »Blu-Ray Review: DONNIE DARKO: 2 Disc Ultimate Edition (rerelease)«, http://www.cine-vue.com/2010/07/dvd-releases-donnie-darko-2-disc.html, 21.01.2013

DONNIE DARKO: The Tangent Universe, http://www.donniedarko.org.uk/, 18.01.2013

Ebert, Roger:

- »REMEMBER ME«, 10.03.2010, http://rogerebert.suntimes.com/apps/pbcs.dll/article?AID=/20100310/REVIEWS/100319993, 4.12.2012
- »KABOOM«, 16.02.2011, http://www.rogerebert.com/apps/pbcs.dll/article?AID=/20110216/REVIEWS/110219989/1023, 22.01.2013

Emerson, Jim: »CHARLIE BARTLETT«, 22.02.2008, http://www.rogerebert.com/reviews/charlie-bartlett-2008, 14.10.2014

G., Anna: »The Case Against Troy Dyer from REALITY BITES: Selling Out to Not Sell Out«, *broke-assstuart's goddamn website: You are young, broke and beautiful*, http://brokeassstuart.com/blog/2009/11/30/the-case-against-troy-dyer-selling-out-to-not-sell-out/, 27.11.2012

Hebdige, Dick: »SUBCULTURE. Die Bedeutung von Stil«, in: Diedrich Diederichsen, Dick Hebdige, Olaph-Dante Marx: *Schocker. Stile und Moden der Subkultur*, Reinbek bei Hamburg, 1983, S. 8-120

Holden, Stephen: »High School's the Same; the Drugs Have Changed«, 22.02.2008, http://www.rogerebert.com/reviews/charlie-bartlett-2008, 14.10.2014

Kluger, Jeffrey: »Hollywood's Smoke Alarm«, in: *Time Magazine*, 12.04.2007, http://www.time.com/time/magazine/article/0,9171,1609773,00.html, 4.12.2012

Kempley, Rita: »REALITY BITES (PG 13)«, in: *Washington Post*, 18.02.1994, http://www.washingtonpost.com/wp-srv/style/longterm/movies/videos/realitybitespg13kempley_a0a417.htm, 25.11.2012

Kois, Dan: »Everything You Were Afraid to Ask About DONNIE DARKO«, 23.07.2004, http://www.salon.com/2004/07/23/darko/, 18.01.2013

LaSalle, Mick: »KABOOM Review: Sci-Fi Sex Comedy«, auf: San Francisco Chronicle, 18.02.2011, http://www.sfgate.com/movies/article/Kaboom-review-Sci-fi-sex-comedy-2529441.php#ixzz2Ii6Rk4Xd, 22.01.2013

Lowry, Stephen: »Stars und Images: Theoretische Perspektiven auf Filmstars«, S. 10-35, http://www.montage-av.de/pdf/062_1997/06_2_Stephen_Lowry_Stars_und_Images.pdf, 26.9.2012

Miller, Arthur: »Tragedy and the Common Man«, in: *New York Times,* 27. 2.1949, http://www.nytimes.com/books/00/11/12/specials/miller-common.html, 14.11.2012

Moran, James M.: »Gregg Araki: Guerrilla Film-Maker for a Queer Generation«, in: *Film Quarterly*, Vol. 50, Nr. 1, 1996, S. 18-26

Morris, Wesley:

- »A high school comedy with brains«, http://www.boston.com/ae/movies/articles/2008/02/22/a_high_school_comedy_with_brains/, 18.11.2014
- »REMEMBER ME: Pattinson in a Brood for Love«, auf *boston.com*, http://www.boston.com/ae/movies/articles/2010/03/12/pattinson_in_a_brood_for_love_in_remember_me/, 29.11.2012

Reesman, Bryan: »Controversial REMEMBER ME Ending Dividing Critics and Audiences«, http://blog.moviefone.com/2010/03/15/remember-me-ending-controversy/, 4.12.2012

Römers, Holger: »GARDEN STATE« in *Munzinger Online/Film - Kritiken aus dem film-dienst*, http://www.munzinger.de.ubproxy.ub.uni-frankfurt.de/document/10000037069, via Universitätsbibliothek Johann Christian Senckenberg Frankfurt, 08.12.2012

Sontag, Susan: »Notes on ›Camp‹«, herausgegeben 1964, http://www9.georgetown.edu/faculty/irvinem/theory/sontag-notesoncamp-1964.html, 24.01.2013

Thomas, E.C.: »GARDEN STATE: Zach Braff Is Lost In Jersey«, 10.08.2004, http://www.glidemagazine.com/articles/47699/garden-state-zach-braff-is-lost-in-jersey.html, 08.01.2012

Thomas, Kevin: »Movie Review: KABOOM: Gregg Araki Lets His Absurdist Imagination Run Wild«, in: *Los Angeles Times*, 04.02.2011, http://articles.latimes.com/2011/feb/04/entertainment/la-et-capsules-20110204, 22.01.2013

Tobias, Scott: »The New Cult Canon: RULES OF ATTRACTION«, The A.V. Club, 07.05.2008, http://www.avclub.com/articles/the-new-cult-canon-the-rules-of-attraction,2290, 24.01.2013

Westphal, Sascha: »Wem die Stunde schlägt: Allen Coulter macht in REMEMBER ME aus der Allgegenwart des Todes ein unseliges Geheimnis«, *Die Welt*, 25.03.2010, http://www.welt.de/welt_print/kultur/article6919576/Wem-die-Stunde-schlaegt.html, 4.12.2012

Williams, Wyatt: »Bret Easton Ellis Talks Film Adaptions at SCAD«, 19.06.2010, Creative Loafing Atlanta, http://clatl.com/freshloaf/archives/2010/06/19/1534716-bret-easton-ellis-talks-film-adaptations-at-scad, 29.01.2013

Winkler, Willi: »James Dean«, in: *Stern Biografie*, Nr. 2/2005, S. 10-39

Wulff, Hans J.: »Deanophilie: Bemerkungen zu einem Idol im Wandel der Zeiten«, in: *Kinoschriften 2: Jahrbuch der Gesellschaft für Filmtheorie*, Wien: Verb. d. Wiss. Ges. Österreichs, 1990, S. 7-31

Tertiärquellen

A-Z Lyrics Universe, http://www.azlyrics.com

Duden Online Wörterbuch, http://www.duden.de

Internet Movie Database, http://www.imdb.com

Munzinger Online/ Film-Kritiken aus dem filmdienst, http://www.munzinger.de.ubproxy.ub.uni-frankfurt.de

The Numbers: Box Office Data, Movie Stars, Idle Speculation, http://www.the-numbers.com

Urban Dictionary, http://www.urbandictionary.com

Clips

CBS Telecast, »The Dark, Dark Hours«, Erstausstrahlung im General Electric Theater am 12. 12. 1954, http://www.youtube.com/watch?v=iqNDWEwP92o, 29.11.2012

»James Dean Remembered« (Dokumentation von Jack Haley Jr, 1974, zu finden auf der DVD REBEL WITHOUT A CAUSE / DENN SIE WISSEN NICHT, WAS SIE TUN, Nicholas Ray, USA 1955, Special Edition 2005)

REBEL WITHOUT A CAUSE-Trailer (zu finden auf der DVD REBEL WITHOUT A CAUSE / DENN SIE WISSEN NICHT, WAS SIE TUN, Nicholas Ray, USA 1955, Special Edition 2005)

»REBEL WITHOUT A CAUSE: Defiant Innocents« (Dokumentation von Eric Young, 2005, zu finden auf der DVD REBEL WITHOUT A CAUSE / DENN SIE WISSEN NICHT, WAS SIE TUN, Nicholas Ray, USA 1955, Special Edition 2005)

Robert Pattinson und Pierce Brosnan Interview, *Artist on myspace.com*, 03.05.2010, http://www.youtube.com/watch?v=fdjaXu9w0bo, 29.11.2012

Filme

A BEAUTIFUL MIND / A BEAUTIFUL MIND – GENIE UND WAHNSINN, Ron Howard, USA 2001

A STREETCAR NAMED DESIRE / ENDSTATION SEHNSUCHT, Elia Kazan, USA 1951

AMERICAN BEAUTY, Sam Mendes, USA 1999

AMERICAN GRAFFITI, George Lucas, USA 1973

BACK TO THE FUTURE/ ZURÜCK IN DIE ZUKUNFT, Robert Zemeckis, USA 1985, 1989, 1990

BLACKBOARD JUNGLE / DIE SAAT DER GEWALT, Richard Brooks, USA 1955

BONNIE AND CLYDE / BONNIE UND CLYDE, Arthur Penn, USA 1967

CHARLIE BARTLETT, Jon Poll, USA 2007

DIE HALBSTARKEN, Georg Tressler, Deutschland 1956

DONNIE DARKO / DONNIE DARKO – FÜRCHTE DIE DUNKELHEIT, Richard Kelly, USA 2001

EAST OF EDEN / JENSEITS VON EDEN, Elia Kazan, USA 1955

EASY RIDER, Dennis Hopper, USA 1969

FAST TIMES AT RIDGEMONT HIGH / ICH GLAUB', ICH STEH' IM WALD, Amy Heckerling, USA 1982

FERRIS BUELLER'S DAY OFF / FERRIS MACHT BLAU, John Hughes, USA 1986

FIGHT CLUB, David Fincher, USA 1999

FOOTLOOSE, Herbert Ross, USA 1984

GARDEN STATE, Zach Braff, USA 2004

GIANT / GIGANTEN, George Stevens, USA 1956

GIRL, INTERRUPTED - DURCHGEKNALLT, James Mangold, USA/D 1999

GREASE, Randal Kleiser, USA 1978

HAROLD AND MAUDE / HAROLD UND MAUDE, Hal Ashby, USA 1971

JUNO, Jason Reitman, USA 2007

KABOOM, Gregg Araki, USA/F 2010

LITTLE MAN TATE / DAS WUNDERKIND TATE, Jodie Foster, USA 1991

MATRIX, Andy und Lana Wachowski, USA 1999

ON THE WATERFRONT / DIE FAUST IM NACKEN, Elia Kazan, USA 1954

REALITY BITES / REALITY BITES – VOLL DAS LEBEN, Ben Stiller, USA 1994

REBEL WITHOUT A CAUSE / DENN SIE WISSEN NICHT, WAS SIE TUN, Nicholas Ray, USA 1955

REMEMBER ME, Allen Coulter, USA 2010

REQUIEM FOR A DREAM, Darren Aronofsky, USA 2000

RUMBLE FISH, Francis Ford Coppola, USA 1983

SCORPIO RISING, Kenneth Anger, USA 1963

STAND BY ME / STAND BY ME - DAS GEHEIMNIS EINES SOMMERS, Rob Reiner, USA 1986

THE BREAKFAST CLUB / DER FRÜHSTÜCKS-CLUB, John Hughes, USA 1985

THE CABIN IN THE WOODS, Drew Goddard, USA 2011

THE DARK KNIGHT, Christopher Nolan, USA 2008

THE DOOM GENERATION, Gregg Araki, USA/F 1995

THE GRADUATE / DIE REIFEPRÜFUNG, Mike Nichols, USA 1967

THE MEN / DIE MÄNNER, Fred Zinnemann, USA 1950

THE OUTSIDERS / DIE OUTSIDER, Francis Ford Coppola, USA 1983

THE RULES OF ATTRACTION / DIE REGELN DES SPIELS – THE RULES OF ATTRACTION, Roger Avary, USA/D 2002

THE SIXTH SENSE / SIXTH SENSE, M. Night Shyamalan, USA 1999

THE WILD ONE / DER WILDE, Laslo Benedek, USA 1953

Bildrechteverzeichnis

Abb. 1 bis 28: Warner Bros

Abb. 29: Zweitausendeins

Abb. 30 und 31: Universal Pictures

Abb. 32 bis 34: Paramount

Abb. 35 und 36: Universal

Abb. 37 bis 46: Concorde

Abb. 47 bis 51: MGM

Abb. 52 bis 59: Buena Vista

Abb. 60: MC One GmbH

Abb. 61 bis 67: Senator

Abb. 68 bis 72: Twentieth Century Fox

Abb. 73: Concorde

Weitere Veröffentlichungen des Verlages:

Andreas Köhnemann:

Liebe in alle Richtungen. Sexuell ambivalente Dreiecksbeziehungen im Film

232 Seiten, zahlr. Abb.
E-Book: 14,99 Euro, Print: 17,90 Euro

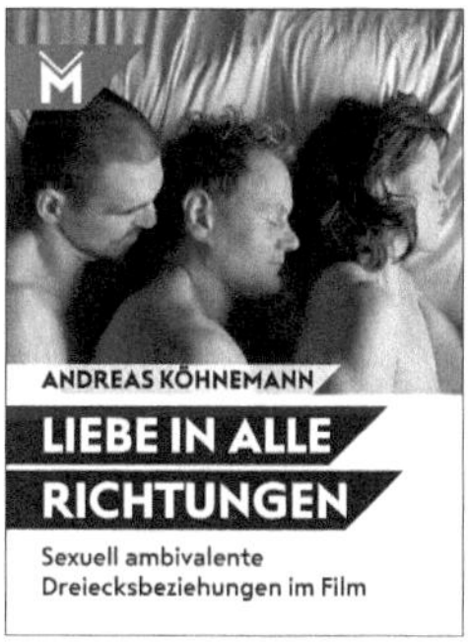

Seit jeher ist *boy meets girl* die Prämisse der Liebesfiktion – doch welche dramaturgischen und ästhetischen Herausforderungen ergeben sich, wenn es nicht (nur) um das Glück zu zweit, sondern zu dritt geht? Wenn die Liebe im Figuren- und Beziehungsdreieck in alle Richtungen verläuft und somit eine sexuelle Ambivalenz ins Spiel kommt? Wenn deshalb die Standards des Liebesfilms nicht mehr ausreichen?

Henriette Nagel:

Zukunft war gestern. Zeitreisemodelle im Film

96 Seiten, einige Abbildungen, viele Schaubilder.
E-Book: 9,99 Euro; Print: 12,90 Euro.

Filmwissenschaft trifft auf Astrophysik: An einer Vielzahl klassischer Zeitreisefilme zeigt Henriette Nagel auf, welchen Einfluss die Erkenntnisse von Albert Einstein, Stephen Hawking & Co. auf die lange Tradition des Zeitreisekinos haben – unter anderem an Beispielen von DIE ZEITMASCHINE und PLANET DER AFFEN über ZURÜCK IN DIE ZUKUNFT, TWELVE MONKEYS und DONNIE DARKO bis hin zu BUTTERFLY EFFECT, HARRY POTTER UND DER GEFANGENE VON ASKABAN und STAR TREK.

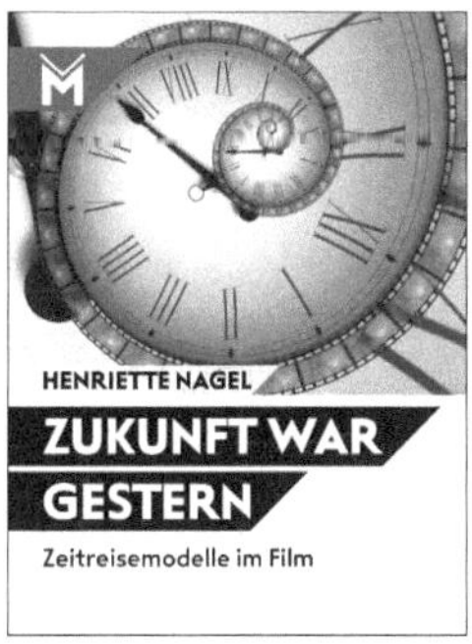

Julius Pöhnert:

Provokation in Rosa. Typen, Tunten, Charaktere in Rosa von Praunheims Filmen.

212 Seiten, zahlreiche Abbildungen.
E-Book: 14,99 Euro; Print: 19,90 Euro.

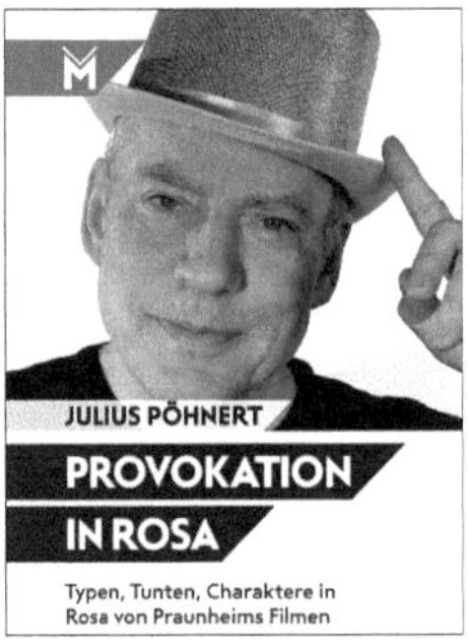

Eine Gesamtschau über Themen, Arbeitsweisen und Vielseitigkeit einer der streitbarsten Persönlichkeiten der deutschen Filmszene. Im Kampf gegen bürgerliche Konventionen und Sehgewohnheiten schafft Rosa von Praunheim unbequeme und aufregende Filme, deren Themen besonders heute, in einer scheinbaren Renaissance der Spießigkeit, von ungeminderter Aktualität sind.

»Ein sehr lesbares, informatives Buch über mein Schaffen.« (Rosa von Praunheim)

Moritz Rosenthal:

Das Monster im Blick. Repräsentationen des Weiblichen im Horrorfilm

96 Seiten, einige Abb.
E-Book: 9,99 Euro, Print: 12,90 Euro

Monster bahnen sich blutige Schneisen durch weibliche Körper, die Frau muss als Leinwand für Grausamkeiten herhalten. Doch ist der Horrorfilm tatsächlich bloß ein blutiges Körperspektakel mit eindeutiger Rollenverteilung? Mit seinen Fragen nach Genre und Gender kann das Buch auch als Einführung in die Thesen von Laura Mulvey, Linda Williams, Carol J. Clover, Julia Kristeva und Barbara Creed dienen.

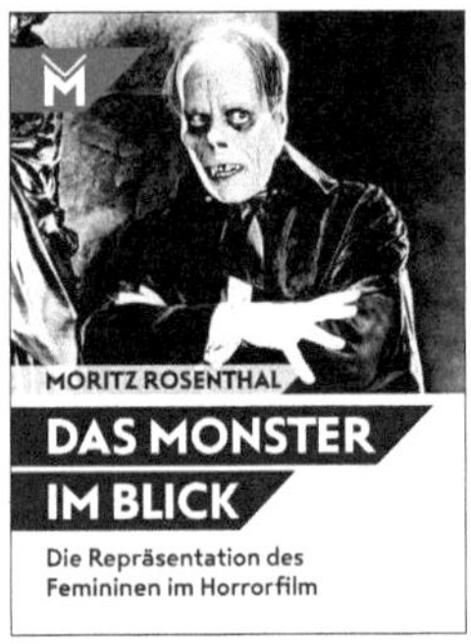